数字经济时代
需求驱动的质量管理策略

代婷 薛勋国◎著

知识产权出版社
全国百佳图书出版单位
—北京—

图书在版编目（CIP）数据

数字经济时代需求驱动的质量管理策略/代婷，薛勋国著. —北京：知识产权出版社，2024.9. —ISBN 978 – 7 – 5130 – 9481 – 8

Ⅰ. F713.32；F713.365.2

中国国家版本馆 CIP 数据核字第 2024SN0371 号

内容提要

数字经济时代，新零售模式整合线上线下优势资源，吸引顾客根据个人需求喜好、商品质量属性及渠道服务质量而自由切换购物渠道，从而使得购物行为呈现复杂性，给精准识别并分析顾客需求带来困扰。商品与顾客需求间的供需错配、商品质量属性与渠道间的不合理匹配、渠道间的商品质量不齐、商品质量监管不力等现象层出不穷。对新零售模式下的顾客需求进行系统分析，将为有效解决这一系列的冲突提供重要的管理依据。目前，将商品质量属性作为影响因素考虑在内，从顾客行为中挖掘需求，并以顾客需求为导向对商品质量进行管控的研究较少。本书立足于现实，以此对新零售模式下的顾客购物行为进行研究并挖掘其需求，并相应提出质量管理策略，具有深刻的理论和实践指导意义。

责任编辑：刘　鹗	责任校对：王　岩
封面设计：邵建文	责任印制：孙婷婷

数字经济时代需求驱动的质量管理策略

代　婷　薛勋国　著

出版发行：知识产权出版社有限责任公司	网　　址：http://www.ipph.cn
社　　址：北京市海淀区气象路 50 号院	邮　　编：100081
责编电话：010 – 82000860 转 8119	责编邮箱：liuhe@cnipr.com
发行电话：010 – 82000860 转 8101/8102	发行传真：010 – 82000893/82005070/82000270
印　　刷：北京九州迅驰传媒文化有限公司	经　　销：新华书店、各大网上书店及相关专业书店
开　　本：720mm×1000mm　1/16	印　　张：13
版　　次：2024 年 9 月第 1 版	印　　次：2024 年 9 月第 1 次印刷
字　　数：233 千字	定　　价：98.00 元
ISBN 978 – 7 – 5130 – 9481 – 8	

出版权专有　侵权必究

如有印装质量问题，本社负责调换。

序 言

党的二十大报告提出，要"加快发展数字经济，促进数字经济和实体经济深度融合，打造具有国际竞争力的数字产业集群"。在此背景下，新零售成为推动我国数字经济转型升级和实现高质量发展的重要抓手之一。满足顾客需求是零售业的生存之本，信息技术的快速发展和人们生活水平的不断提高，为零售业的发展提出了更多挑战。网络零售在经历了快速发展期后，增速逐步放缓，实体零售受到网络零售的冲击而逐步陷入萎靡，从而使得整个零售行业的发展呈现出增速下降的趋势，这说明单一的网络零售及实体零售模式已难以满足顾客的需求。顾客在购物过程中所呈现出的需求个性化、消费体验化、形式多元化等特征，促使零售业需要集成网络渠道和传统实体渠道的优势，更好地为顾客提供服务。线上、线下渠道间密切对接的新零售模式在这种背景下应运而生。

顾客在新零售模式下，根据个人需求与喜好、商品质量与属性及渠道服务质量而自由切换购物渠道，从而使得购物行为呈现复杂性，这给正确认识并分析顾客需求带来困扰，新零售商们往往由于对顾客购物过程中的渠道选择行为把握分析不当或者对经营模式理解存在偏差，而产生一系列渠道冲突，如商品与顾客间的供需错配、商品质量属性与渠道间的不合理匹配、渠道间的商品质量参差不齐等现象层出不穷。对新零售模式下的顾客购物行为进行系统分析，将为有效解决这一系列的冲突提供重要的管理依据。然而，在学术界，将商品质量属性作为影响因素考虑在内，从顾客行为中挖掘需求，并以顾客需求为导向对商品质量进行管控的研究较少。本书立足于现实，以此对新零售模式下的顾客购物行为进行研究并挖掘其需求，将具有深刻的理论和实践指导意义。

本书以技术接受模型（TAM）、顾客价值理论、任务-技术匹配理论等为基础，综合运用文献分析法、实证分析法、层次分析法、系统动力学方法及自组织映射神经网络方法等研究方法对顾客在新零售模式下的动态购物行为进行分析，从中挖掘顾客的行为规律，分析顾客需求，并据此对应提出了新零售模式下的商品质量管控策略。主要研究内容可以概括为以下四个方面：

第一，顾客在新零售模式下的渠道行为分析。本书将顾客的购物行为分为购前、购买、购后三个阶段，渠道选择行为是顾客在新零售模式下贯穿整个购物过程的重要行为方式，因此有必要首先对顾客的渠道选择行为进行分析。本书根据技术接受模型，建立了顾客在购物全过程中渠道选择行为的概念模型。采取线上及线下两种方式对新零售商的顾客进行问卷调查，实证分析了顾客行为、商品质量属性及渠道服务质量等各因素对顾客渠道选择行为的影响方向与程度。

第二，商品质量属性与渠道的匹配分析。任何商品都具有可感知性、功能性、安全性及经济性等质量属性。本书选取质量属性差异较大的商品为例，从与线上渠道匹配的角度，采用专家意见法及层次分析法对各类商品的质量属性进行赋值，分析各类商品与线上渠道的匹配度，从而便于从"量"的角度提出对各类商品在渠道间的管控策略。

第三，基于商品质量属性与渠道的匹配度，对顾客购物全过程的动态行为进行仿真分析。本书通过顾客价值理论及系统动力学理论建立顾客购物行为系统，将顾客的购物行为系统分为购前、购买及购后三个子系统，并对各系统进行因果反馈分析。利用系统动力学软件 Vensim 动态模拟了在不同商品质量属性、顾客网络偏好度及线上服务质量的组合背景下，顾客购前、购买及购后三个阶段主要行为指标的动态变化规律。

第四，顾客评论行为中的商品质量关注度及情感极性分析。顾客评论行为是顾客购物行为中最为显性的表达方式，能够直接反映顾客对不同商品的质量关注侧重点及情感态度。本书从天猫、淘宝、京东、苏宁等国内知名零售网站中，采用爬虫软件 Python 获取了顾客在（新零售商经营的）八类商品下的评论。利用 ICTCLAS 分词系统和 Python 语言对各条评论进行分词、标注词性，并利用自组织映射神经网络方法挖掘顾客所关注的商品质量属性及情感，对商品各质量属性的关注度及情感极性进行量化分析。然后，以关注度和情感极性为指标建立四分图，从而从"质"的角度对商品质量提出相应的管控建议。

本书将研究内容分为 8 个章节，各章节的内容安排如下。

第 1 章，绪论。本章首先介绍了本书的研究背景，在研究背景的基础上提出研究问题，并分析该问题的研究意义。然后，根据问题确定研究内容，对涉及的关键概念进行界定，拟定技术路线，并据此选择合适的研究方法。最后，介绍本书的创新之处。

第2章，文献及相关理论综述。本章依据研究目的，主要对新零售模式、顾客行为以及商品质量三个方面的相关文献进行梳理和分析，在把握研究前沿的基础上，发掘现有研究的不足，为后续研究指明方向。另外，对顾客价值理论、技术接受模型理论及任务技术匹配理论等进行综述，为本研究奠定理论基础。

第3章，新零售模式下顾客渠道选择行为的影响因素分析。新零售模式下顾客在购物全过程中的渠道选择行为，是顾客购物行为的重要组成部分。本章首先通过系统梳理顾客的购物全过程，应用 TAM 建立顾客渠道选择行为的概念模型。其次，对商品质量属性、顾客网络偏好度及渠道服务质量进行界定，确定影响顾客渠道选择行为的影响因素。然后，结合 TAM，并查阅相关文献，开发量表，在线上、线下两个渠道展开问卷调查。最后，经过实证分析各商品质量属性、顾客网络偏好度及渠道服务质量对顾客渠道选择行为的影响机制。

第4章，新零售模式下顾客购物行为的系统动力学分析。本章通过顾客价值理论及系统动力学理论建立顾客购物行为系统，将顾客的购物全过程分为购前、购买及购后三个子系统，并为各系统建立因果反馈图，从而为下一步的系统模拟仿真提供思路与依据。

第5章，基于商品质量与渠道匹配的顾客动态行为仿真分析。本章通过层次分析法及专家意见法对不同质量属性的商品、服务质量及顾客特征等影响因素进行赋值，并确定不同商品与渠道的匹配程度。然后利用系统动力学软件 Vensim 动态模拟了在不同商品质量属性、顾客网络偏好度及线上服务质量的组合背景下，顾客购前、购买及购后三个阶段主要行为指标的动态变化规律，从而更加直观地体现不同质量属性的商品在购物各阶段与渠道的匹配程度，并提出不同商品与渠道"量"的匹配策略。

第6章，顾客评论行为中的商品质量关注度及质量管控策略。顾客评论是新零售模式下顾客购物行为的一种显性表现形式，能够直接反映顾客对零售商及其商品的偏好程度。本章以新零售商为研究对象，选择了六类不同质量属性表现的商品，利用数据挖掘软件，对六类商品的顾客评论进行采集。然后，采用自组织映射神经网络方法在顾客评论中挖掘顾客对各类商品质量的关注度及情感极性表现，建立以关注度和情感极性为坐标的四分图，从而对各类商品提出相应的"质"的管控策略。

第7章，直播电商中的不标准现象分析及标准体系构建。直播电商是当今新零售的风口，对直播电商中的不标准现象进行分析，结合不标准现象及顾客需求，建立标准体系。

第8章，结论与展望。本章对研究中的重要发现进行总结，并进一步说明本研究的理论贡献与实践意义，阐述研究中存在的不足、有待改进之处，探索需要进一步深入研究的方向，从而为本领域的后续研究提供依据。

本书的创新之处主要体现在以下几方面。

第一，对顾客在新零售模式下的购物行为进行了动态模拟仿真。通过文献梳理发现，当前学者们对顾客（消费者）行为展开的研究主要集中在理论、实证、统计聚类分析以及单一渠道下的行为仿真等几个方面，尚没有对顾客在多渠道零售环境下的动态购物行为进行模拟仿真。本研究将顾客的动态购物行为分为购前、购买、购后三个阶段，对顾客购物行为的整个流程进行了系统性研究，并考虑商品质量属性、顾客特征及渠道服务质量为顾客行为的影响因素，对顾客在完整的购物过程的行为进行了模拟仿真，弥补了当前研究对顾客行为仅关注某个阶段行为或个别影响因素的缺陷，同时，也为研究顾客行为提供了一种新思路。

第二，对各类质量属性的商品与渠道的匹配程度进行了量化分析。在新零售环境下，对商品与渠道的匹配程度进行分析，可以有效为顾客及零售商带来更大收益。通过查阅现有相关文献，目前学术界主要集中于对商品质量及渠道分别进行研究，而从商品与渠道匹配的角度进行研究，目前尚属空白。本研究选取了六类质量属性各异的商品作为对象，按照专家意见法及层次分析法，从与渠道相匹配的角度，对各类商品的质量属性进行赋值，并采用系统动力学方法对顾客购物全过程中的渠道选择行为进行模拟仿真，从而分析各类质量属性的商品在购物各阶段与渠道的匹配程度。该研究为新零售模式下，如何在线上及线下渠道间合理分配不同质量属性的商品方面，提供重要依据。

第三，根据顾客评论挖掘分析了顾客对各类商品质量属性的关注点及情感极性，并据此提出有针对性的质量管控建议。顾客评论是一种显性的顾客行为，可以为其他顾客、零售商及其他相关方提供重要的可参考信息。目前对顾客评论的研究主要集中于挖掘手段、内容分析等方面。将顾客评论与商品质量管控相联系，从顾客评论中挖掘顾客的需求，并结合直播电商，建立标准体系，可以为商品质量提供有效的管控建议。

目 录

第1章 绪论 / 1

1.1 背景及研究意义 / 1
  1.1.1 背景 / 1
  1.1.2 研究目的与研究问题 / 6
  1.1.3 研究意义 / 6

1.2 研究内容 / 8
  1.2.1 基本概念的界定 / 8
  1.2.2 研究对象 / 9
  1.2.3 技术路线 / 10

1.3 研究方法 / 11
  1.3.1 文献分析法 / 11
  1.3.2 实证分析法 / 12
  1.3.3 层次分析法 / 12
  1.3.4 系统动力学方法 / 12
  1.3.5 自组织映射神经网络方法 / 13

1.4 创新点 / 13

第2章 文献及相关理论综述 / 15

2.1 新零售模式的文献综述 / 15
  2.1.1 新零售模式的界定 / 16
  2.1.2 新零售模式管理措施的相关文献综述 / 18

2.2 顾客行为的文献综述 / 21
  2.2.1 顾客行为的界定 / 22

2.2.2 顾客的渠道选择行为 / 23
　　2.2.3 顾客行为的应用 / 26
2.3 商品质量及商品质量管理的文献综述 / 28
　　2.3.1 商品质量的相关文献综述 / 28
　　2.3.2 零售商品质量管理的相关文献综述 / 31
2.4 技术接受模型（TAM）理论及其应用 / 33
　　2.4.1 TAM 理论 / 33
　　2.4.2 TAM 理论的应用 / 35
2.5 顾客价值理论及其应用 / 36
　　2.5.1 顾客价值理论综述 / 36
　　2.5.2 顾客价值的驱动因素 / 40
　　2.5.3 顾客价值理论的应用 / 42
2.6 任务-技术匹配（TTF）理论及其应用 / 43
　　2.6.1 TTF 理论 / 43
　　2.6.2 TTF 理论的应用 / 45
2.7 本章小结 / 46

第 3 章　新零售模式下顾客渠道选择行为的影响因素分析 / 48

3.1 购物行为的概念模型 / 49
3.2 理论模型及假设 / 49
　　3.2.1 商品质量 / 50
　　3.2.2 顾客因素 / 53
　　3.2.3 渠道因素 / 55
3.3 实证设计 / 57
　　3.3.1 变量分析 / 57
　　3.3.2 数据来源 / 60
　　3.3.3 数据分析 / 62
　　3.3.4 结构模型及假设检验 / 64
3.4 结论与启示 / 65
　　3.4.1 商品质量对购物三阶段渠道选择的影响 / 65
　　3.4.2 顾客因素对购物三阶段渠道选择的影响 / 66
　　3.4.3 渠道因素对购物三阶段渠道选择的影响 / 67

3.4.4　对新零售商的渠道管理建议 / 67
　3.5　本章小结 / 68

第4章　新零售模式下顾客购物行为的系统动力学分析 / 69

　4.1　模型建立的目的及模型假设 / 70
　4.2　系统的边界 / 71
　4.3　系统中的因果关系分析 / 71
　　4.3.1　购前（搜索）子系统的因果关系分析 / 72
　　4.3.2　购买子系统的因果关系分析 / 73
　　4.3.3　购后子系统的因果关系分析 / 75
　　4.3.4　购物过程的因果关系及反馈结构分析 / 76
　4.4　存量流量图的建立 / 80
　4.5　本章小结 / 84

第5章　基于商品质量与渠道匹配的顾客动态行为仿真分析 / 85

　5.1　系统中的变量分析 / 85
　　5.1.1　系统中的常量 / 85
　　5.1.2　辅助变量的建立 / 91
　　5.1.3　速率指标的计算 / 99
　　5.1.4　状态变量的计算 / 100
　　5.1.5　系统中的变量汇总 / 100
　5.2　模型检验 / 102
　5.3　顾客动态购物行为的仿真分析 / 105
　　5.3.1　商品质量影响因子灵敏度分析 / 106
　　5.3.2　子系统的指标对比分析 / 113
　　5.3.3　仿真结果分析 / 119
　5.4　新零售模式下商品与渠道"量"的匹配策略 / 121
　5.5　本章小结 / 122

第6章　顾客评论行为中的商品质量关注度及质量管理策略 / 125

　6.1　顾客评论行为 / 125
　　6.1.1　顾客评论行为的特征 / 126

6.1.2 顾客评论的应用 / 126

6.1.3 顾客评论的挖掘方法 / 127

6.2 顾客评论的抓取及分析 / 128

6.2.1 顾客评论的抓取 / 129

6.2.2 基于自组织映射的质量属性识别 / 130

6.3 商品质量属性的关注度与情感分析 / 138

6.3.1 顾客对商品 i 质量属性 k 关注度（d_{ik}）的计算与分析 / 142

6.3.2 顾客对商品 i 质量属性 k 情感极性（E_{ik}）的计算与分析 / 144

6.3.3 各类商品质量的四分图分析 / 147

6.4 基于关注度及情感极性的商品质量管控策略 / 150

6.5 本章小结 / 153

第7章 直播电商中的不标准现象分析及标准体系构建 / 154

7.1 相关政策及学术研究 / 154

7.1.1 政策及标准 / 154

7.1.2 学术研究 / 156

7.2 直播电商中的不标准现象分析 / 157

7.2.1 商户方面的不标准现象分析 / 157

7.2.2 平台方面的不标准现象分析 / 158

7.2.3 主播方面的不标准现象分析 / 158

7.3 直播电商标准体系构建 / 158

7.3.1 编制原则 / 159

7.3.2 编制的依据 / 159

7.3.3 标准体系结构图 / 159

7.4 标准明细表 / 160

7.4.1 直播电商通用基础标准体系 / 160

7.4.2 直播电商服务保障标准体系 / 162

7.4.3 直播电商服务提供标准体系 / 167

7.5 结语 / 171

第8章 结论与展望 / 172

8.1 研究结论 / 172

8.2　管理启示 ／ 175

8.3　研究局限与展望 ／ 176

附录 1　顾客评论爬虫程序编码 ／ 177

附录 2　质量属性提取 Python 源代码 ／ 180

参考文献 ／ 183

第1章 绪论

1.1 背景及研究意义

1.1.1 背景

数字经济时代,新零售成为刺激消费、拉动经济增长及创新创业的新引擎,对我国释放双循环发展活力影响显著。零售业由卖方市场向买方市场转变,顾客购物行为所呈现出的需求个性化、消费体验化、形式多元化等特征,对零售业的发展提出了更高的要求,需要聚焦需求,线上线下齐发力,促进新零售业态健康发展。然而,新零售模式的发展,却存在着一系列的问题。

1. 网络零售快速发展,给实体零售带来巨大冲击

网络渠道的方便、快捷、成本低等优势,迎合了顾客的求方便、求廉等动机,使得网络零售模式一度得到飞速发展,为网络零售商带来丰厚利润,并对实体零售造成巨大冲击。根据全国电子商务公共服务网数据,网络零售交易额由2017年的7.17万亿元增加至2023年的15.42万亿元(如图1-1所示),增长了8587倍,成为拉动中国零售市场整体向上的重要力量[1]。这对实体零售的市场份额造成了明显分流,出现了实体零售关门潮,如万达百货2015年关闭46家门店,沃尔玛2016年在中国关闭13家门店、2017年关闭24家、2018

---

[1] 中国互联网络信息中心. 第39次中国互联网络发展状况统计报告[R]. 北京:中国互联网络信息中心, 2017, 2: 44.

年关闭 21 家❶。也有相关经济部门统计，从 2012 年到 2015 年，全国共有 138 家百货店关闭，同期还有 262 家超市、6209 家体育品牌店、9464 家服装专卖店关闭❷。

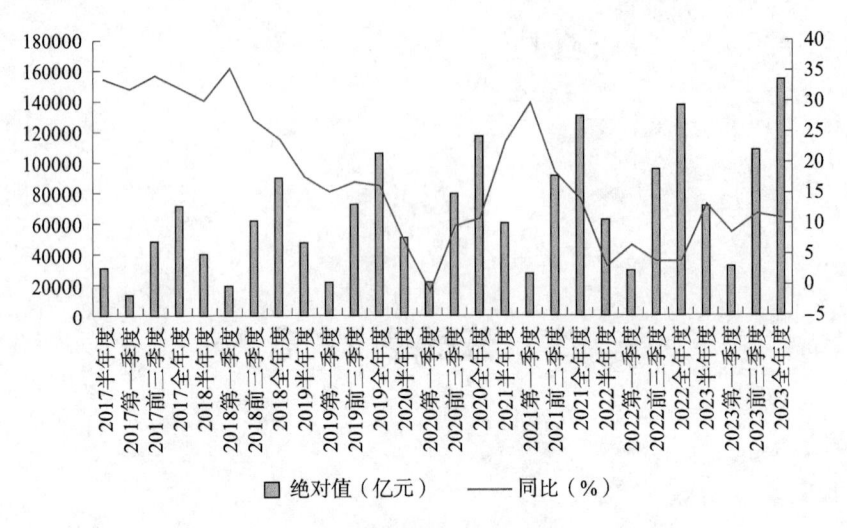

图 1-1　中国网络零售市场交易额及增速发展趋势

2. 实体零售渠道仍有自身优势，不会被网络渠道完全取而代之

鲜明的数据是否说明零售业将走向网络渠道取代实体渠道的道路？答案是否定的。以国内著名网络购物平台——淘宝为例，尽管网络购物平台几乎提供了顾客所需的所有消费品，但销量较大的商品种类还是集中于小额日用生活品，价格较高昂的商品在网络平台的销售情况并不理想。此外，顾客在实体店的购物过程，是人类实现融入社会和满足体验情绪的重要途径。尽管网络渠道的购物体验不断得以改善，但从"方便"性的角度看，实体店仍然占有绝对优势。并且，党的十八大以来，习近平总书记在不同场合反复强调实体经济的重要性，并指出实体经济一定要抓在手里。尤其是近年来，实体零售积极开展数字化、智能化转型，选址热门商圈，提供全方位服务。由此可见，实体零售渠道不会被网络渠道取而代之。这一点从网络零售交易额的另一组数据中也可以得到证实，如图 1-1 所示，尽管网络交易额的总量指标呈现出了直线式的增

---

❶ 快资讯. 沃尔玛关闭门店背后：开店也疯狂 [Z]. [2019-6-23] https://www.360kuai.com/pc/94da933302d36cd5e? cota=3&kuai_so=1&sign=360_57c3bbd1&refer_scene=so_1.

❷ 中国报告大厅. 中国实体零售现状 [Z]. [2018-08-14] https://www.chinabgao.com/k/lingshou/38188.html.

长趋势,但如果从增长速度这个相对指标来分析,可以发现,网络交易的增速却在逐步下降。因此,单一的网络零售已经度过了发展的黄金期,需要注入新的发展动力。

3. 顾客需求的多元化,促使线上线下融合成为零售行业发展的必然趋势

在当前电商增速放缓和实体零售利润下滑的背景下,我国整个零售行业的发展呈现出增速下降趋势,增长速度从2010年的18.5%下滑到2023年的7.4%。随着直播电商的兴起加之政府刺激消费政策的实施,一度使得零售增速再度提升,但是短暂提升后再度降低(如图1-2所示),产生这种现象的原因除全球经济增长的不确定因素之外,主要在于网络及实体零售自身的弊端,例如相对于实体渠道,通过网络渠道购物,顾客通常抱怨送货时间太长、对商品缺乏体验、交流不便利、交易完成后的后续服务得不到保障、商品质量与描述不符等。通过实体渠道购物的顾客往往又抱怨价格高、商品的可选择性较低等。因此,顾客为最大程度地在购物过程中满足需求,便会充分利用各渠道优势,选择跨渠道购物,如顾客可能会利用线上渠道的便利性,选择在线上搜索商品信息,利用线下渠道的可体验性和可靠性,选择线下购买,购买后如有疑惑,再选择购后线上咨询服务。基于顾客所产生的新的购物行为特征,处于买方市场中的零售商们若想生存下去,便必须基于顾客的消费行为,改进自身的经营模式。反应敏锐的零售商意识到转型升级刻不容缓,发现集成网络(包括移动客户端)渠道和实体零售渠道的优势,通过线上和线下融合,促进同步操作,能更好地为顾客提供服务,增强顾客黏性,这种多元渠道的虚实融合的模式,也更有利于企业系统化地改善各渠道,提高企业竞争力。

大范围的传统零售商在2013年前后作出战略调整,抓住机遇,迎接挑战。据中国连锁经营协会发布的《传统零售商开展网络零售的研究报告(2014)》显示,传统零售百强企业中有67家开展了网络零售业务,开始探索全渠道零售模式❶。2013年,苏宁电器基于线上线下融合、全品类经营的模式,宣布改名为"苏宁云商"。此外,万达集团电商平台挂牌,国美电器、银泰等传统零售企业也先后"试水"电商,国际零售巨头沃尔玛也通过收购1号店,成为中国B2C零售业中的重要力量。与此同时,也有一些大型的传统的纯电商为了弥补自身缺乏体验、交流不便等不足,通过线上线下合作来快速获得竞争优

---

❶ 中国连锁经营协会. 传统零售商开展网络零售研究报告(2014)[R]. [2014-10-30]. http://www.ccfa.org.cn/portal/cn/xiangxi.jsp?id=417005&ks=%E4%BC%A0%E7%BB%9F%E9%9B%B6%E5%94%AE&type=33.

势，如京东入股永辉超市、阿里巴巴与苏宁云商宣布实现交叉入股等。电商渠道和实体零售渠道整合优化各自优势资源，进行线上线下融合发展成为大势所趋。现今，越来越多的传统零售商都在积极开展数字化转型。

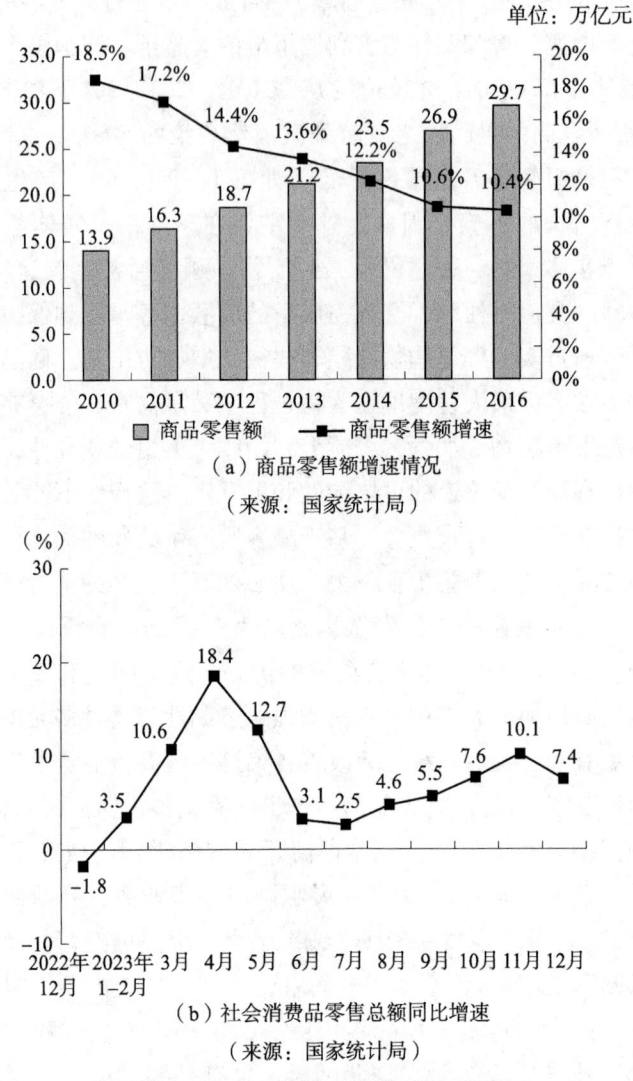

（a）商品零售额增速情况
（来源：国家统计局）

（b）社会消费品零售总额同比增速
（来源：国家统计局）

图1-2 中国零售市场交易增速趋势

4. 现行新零售模式优势显著，但仍存有渠道冲突、供需矛盾、质量不齐等问题

随着大数据、人工智能、物联网、区块链等数字技术的迅猛发展，数字经

济成为全球经济增长的"新引擎"。根据美国经济分析局统计数据，数字经济涨势强劲，占美国经济总量的比重从 2005 年的 7.3%（9484 亿美元）增长到 2020 年的 10.2%（2.1 万亿美元）❶。在零售领域，零售商利用数字技术将线上的时间、价格优势与线下的服务优势集于一身，形成新的经营模式，为顾客带来更加完善的消费体验，也为企业带来更多的利润。近年，随着直播电商的崛起，实体零售开展数字化转型的比例更是节节上升。

  尽管新零售模式具有明显的优势，但在实践过程中也存在着一些弊端亟待解决。对于零售商而言，新零售模式不等同于线上与线下渠道的单纯叠加，也不等同于线上与线下的恶性竞争，而是在线上与线下渠道间进行资源整合，以便获取最大利润。另外，在新零售模式下，顾客需求仍然是零售商经营模式的出发点，同时，满足顾客需求也是零售商追求的目标，这就需要零售商根据顾客的喜好及行为特征，在不同的渠道配置符合顾客需求的商品和服务，以提高收益和顾客满意度。然而，在多渠道零售模式下，不同的顾客根据自身的需求和喜好会选择不同的渠道或者跨渠道进行购物，顾客在整个购物流程中不断动态地选择渠道与商品及服务的最佳组合方式，形成比在单一渠道购买更为复杂的行为模式，从而给零售商正确地认识并分析顾客行为带来困扰，零售商们往往由于对顾客购物过程中的渠道选择行为把握分析不当或者对经营模式理解存有偏差，而产生一系列渠道冲突。首先，由于顾客个人特征及喜好不同，不同的顾客可能会在不同的购物阶段选择不同的渠道，如果线上和线下渠道所提供的商品或服务不能合理地与顾客需求相对应，则必然会导致销售对象冲突（线上、线下顾客的流失或转移），呈现较为明显的供需错配；其二，零售商们采用线上及线下两个渠道销售商品，渠道间由于成本结构不同（线上渠道影响成本的重要因素是订单选择和包装、货运、处理退货等，而影响实体店成本的重要因素是房租、水电费、质量保证成本、推销成本及人工成本等），如果处理不当，则必然会带来价格冲突；其三，由于商品质量属性的不同，以及渠道间的监管方式及力度不同，可能会产生质量冲突（如商品与销售渠道的不匹配、相同商品在不同渠道的质量水平不齐等），这些冲突会严重影响零售商的经营效益，违背新零售模式的根本理念。

---

  ❶ Nicholson J R. New Digital Economy Estimates ［EB/OL］. (2020 – 08 – 01)［2022 – 08 – 27］. https：//www. bea. gov/system/files/2020 – 08/New – Digital – Economy – Estimates – August – 2020. pdf.

1.1.2 研究目的与研究问题

基于新零售模式的发展现状及存在的问题,零售商要建立有效的新运行模式,在不同渠道最大程度满足顾客需求,为顾客带来放心、满意的购物体验,迫切需要科学依据和理论指导。另外,在新零售模式下,顾客需求的表现形式以及对商品质量的表达方式越来越丰富,线上线下的顾客行为中产生了大量的有用信息。如何挖掘顾客对质量的反映及回馈,对于实行新零售模式的企业在线下和线上不同渠道间进行商品的精准投放,以及提高线上线下的商品质量管控水平,显得尤为重要。因此,有必要对数字经济时代顾客在新零售模式下的动态购物行为进行研究,并基于此,探讨如何在不同渠道精准投送与顾客需求相匹配的商品,如何对各类商品在销售渠道上进行优化配置,并对各类质量属性的商品进行精准管控。在理论层面上,这样的相关研究非常少。因此,本书的研究目的是,将商品质量属性作为因素考虑在内,对顾客在新零售模式下的购物行为进行系统分析,并利用顾客行为在线上线下产生的大量有用信息,获得商品、渠道与顾客之间的匹配策略,以及顾客对不同质量属性商品的关注侧重点及情感态度,从而针对数字经济时代,基于顾客的需求,对商品质量提供管控策略。

根据研究目的,确定本书需要解决的问题:

(1) 数字经济时代,顾客消费行为的影响因素及影响机制是怎样的?如何实现线上线下的流量对接?

(2) 在不同的商品质量属性及渠道服务质量情境中,顾客在新零售模式下的动态购物行为过程呈现什么规律?如何根据顾客的行为规律对不同质量属性的商品与渠道进行合理匹配?

(3) 顾客评论是顾客消费行为中的显性表现形式,如何充分利用顾客评论行为,挖掘顾客对不同商品质量属性的关注度及情感极性,从而基于顾客的需求,为实现精准、有效的商品质量管控提供依据?

1.1.3 研究意义

本书的主要目的是在考虑商品质量属性为影响因素的基础上,对新零售模式下的顾客动态购物行为进行研究,从而有针对性地对新零售模式提出商品质量管控策略,这对于我国零售业的发展具有深刻的理论意义和迫切的实践意义。

1. 理论意义

首先,新零售模式下的顾客行为具有多元性、复杂性及信息可追溯性。考虑商品质量属性、顾客特征及渠道服务质量等因素,对顾客的动态购物行为进行研究并模拟仿真,有助于把握顾客在多渠道购物环境中的行为规律,并为丰富现有的顾客行为理论提供依据。

其次,顾客的渠道选择行为是顾客在新零售模式下购物行为的重要组成部分。渠道是连接制造商和顾客的中间组织,现有理论研究大多是从制造商或渠道本身的角度探索分析其规律,而少有研究根据顾客行为来建立渠道理论。本书通过研究新零售模式下线上、线下渠道中的顾客行为,来分析商品与渠道的匹配度,从而有助于降低渠道间的冲突,对零售渠道理论的发展也具有重要的参考意义。

另外,在质量管理方面,目前大多数学者是从制造商角度对线下渠道的商品质量管控方式进行研究,对于线上商品的质量管理也主要是结合线下质量管理理论展开,对于新零售模式下的商品匹配及管控却鲜有研究。在大数据时代,通过挖掘顾客的购物行为,获取顾客需求信息来协调线上线下的商品质量管控方式,并对不同质量属性的商品的质量管理重点进行探讨,对形成对应的方法体系具有一定的理论意义,并对现有的质量管理理论研究有一定的启发和探索作用。

2. 实践意义

在考虑商品质量属性作为影响因素的基础上,对新零售模式下的顾客购物行为进行研究,可以为顾客、零售商及监管部门带来实践指导意义。第一,对于顾客,通过研究顾客的购物行为,从中挖掘顾客对购物渠道的偏好,以及对商品质量的评论意见,可以促进零售商为顾客提供更丰富、更全面、更优质的商品与服务,提高顾客的购物感知价值。第二,对于零售商,新零售模式充分利用了网络的跨地域、无边界、海量信息、海量用户等优势,顾客的购物行为产生了庞大的数据资源,通过对顾客行为进行研究,有利于零售商充分挖掘顾客喜好,对零售渠道进行协调设计,规避渠道冲突,精准地为顾客提供所需的商品或服务,以此带来大规模、高黏度的顾客。另外,此项研究还可以指引商家开展一系列增值业务,并最终实现从多方面提高收益。第三,对于监管机构,在以顾客为导向的零售市场中,顾客行为产生了大量的对商家及商品质量的反馈信息,对顾客行为的内容进行挖掘、分析,掌握顾客对商家及商品质量评价的一手资料，有利于监管机构明确质量监管的方向及重点，提高监管的有效性，这对零售市场的健康可持续发展具有重要的指导意义。

1.2 研究内容

1.2.1 基本概念的界定

1. 新零售模式

新零售是一种将网络渠道和线下实体渠道相结合的商业模式，包括现行市场中的O2O、全渠道、社区零售、直播电商等。本书的研究范围界定于零售行业中的新零售模式，即零售商利用网络、移动客户端等线上渠道和线下实体渠道无缝协同、全面融合的方式销售商品，为顾客提供服务，从而方便顾客在购物过程中自由切换渠道，获得全方位体验的一种商业模式。

2. 新零售模式下的顾客购物行为

本书所涉及的顾客购物行为，包括购前、购买及购后三个阶段。界定于新零售模式下的顾客购物行为，主要表现为顾客在购物前根据自身需求、兴趣、条件等影响因素进行信息搜索、产品及渠道选择，根据价值理念、交易成本等进行渠道间的比较及转换、对商品质量及相关信息进行鉴别，然后支付购买，购买后进行商品使用及处置、咨询、接受售后服务、对商品及服务做出评论等活动，在购物的任一阶段，顾客可以自由切换渠道。

3. 商品质量

商品质量是商品在一定使用条件下，适合于其用途所需要的各种特性的综合，这些特性不仅包括预期的功能和属性，还涉及顾客对其价值和利益的感知，能够代表顾客的真正需求（万融，2010）❶。温德成（2009）❷根据ISO 9000中的质量定义，提出商品质量是商品的一组固有特性满足要求的程度，这里的要求不仅包括顾客的要求，也包括法律法规的要求，甚至包括企业为提高自身竞争力而自己附加的要求，要求的多样性决定了商品质量的多面性，如

---

❶ 万融. 商品学概论 [M]. 4版. 北京：中国人民大学出版社，2010，5：78-79.
❷ 温德成. 质量与责任 [M]. 北京：中国计量出版社，2009，7：22-29.

质量的可感知性、质量的功能性、质量的安全性、质量的经济性等。

根据文献分析，并结合研究目的，本书提出商品质量，即商品的一组固有特性满足要求的程度，这些特性包括可感知性、功能性、安全性及经济性等，即任何商品质量都是由可感知性、功能性、安全性及经济性等属性集合而成，但对于不同种类的商品，各类属性的表现程度存在差异。在新零售模式下，本书将商品质量的可感知性定义为，购前通过查阅商品信息便可感知到商品质量，并据此可将商品分为搜索型商品和体验型商品。商品质量的功能性，即商品强调其实际使用性能或效果的程度，根据商品实用性能程度的高低，可将商品分为功能型商品和享乐型商品。商品质量的风险性，即商品本身可能会对人体健康、环境等带来危害的程度，或者由于商品的工艺技术复杂以及价格昂贵带来的风险程度，为便于与其他属性保持相同的标度方向，本研究将此处商品质量的风险性逆向定义为商品质量的安全性。商品质量的经济性，不同于以往企业视角的定义方式，本书从顾客的角度进行界定，即商品的使用寿命及其在产品周期内的使用维护成本的高低，使用维修成本越低，则说明经济性越强。

1.2.2 研究对象

根据前面对新零售模式下顾客购物行为的界定，首先，确定了研究对象中的顾客，即实行新零售模式的零售商处的顾客。本书研究的对象是顾客在新零售商处的购物行为，其行为内容主要包括购前信息搜索行为，购买过程中的商品质量鉴别、信息对比、渠道转换及支付行为，购后的咨询、维修、退换、评论等行为。其中，顾客的渠道选择行为贯穿购物的全过程，是新零售模式下顾客行为的重要组成部分，顾客的评论行为是最便于体现顾客喜好及态度的显性行为方式，因此，文章将着重对此展开分析。

另外，本书之所以将商品质量属性作为影响因素考虑在内，主要是出于对商品进行质量管控的目的对顾客的购物行为进行研究。本书拟依据研究所发现的顾客行为规律，从两个方面提出商品质量管控建议：一是对各类质量属性的商品进行"量"的管控，即通过研究商品质量属性与渠道的匹配性，从而确定商品在线上与线下渠道的投放比例；二是对各类属性商品"质"的管控。属性不同的商品，顾客对其质量的关注侧重点及重视程度存在明显差异。基于此，针对属性不同的商品，给予不同的管理策略。

1.2.3 技术路线

本研究根据研究内容，按照以下思路展开：首先，通过查阅文献，界定新零售模式下的顾客购物全过程，然后以技术接受模型（TAM）为依托，建立顾客购物全过程的概念模型，以商品质量属性、顾客特征及渠道服务质量为影响因素，对顾客在全过程中的渠道选择行为进行实证分析，以确定各类商品质量属性、顾客特征及渠道服务质量对线上（相对于线下）的影响方向及影响程度。其次，在明确了各影响因素后，确定顾客动态购物行为系统的界限及系统中的各类变量。利用层次分析法分析各影响因素与渠道的匹配程度，并对各影响因素进行赋值。通过不断改变自变量的赋值，对顾客的动态购物行为进行模拟仿真，从而发现在不同的商品质量属性、顾客偏好及渠道服务质量组合背景下，顾客购物全过程的动态行为规律。基于此，对不同渠道分配不同质量属性的商品"量"提出管理建议。第三，充分利用顾客评论这一显性行为方式，从中挖掘顾客对各类商品质量属性的关注度及情感极性，并依据关注度及情感极性两个指标建立四分图，发现顾客对各质量属性的关注度及质量现状，从而对商品提出"质"的管控策略。

根据上述分析，本研究的技术路线如图 1-3 所示。

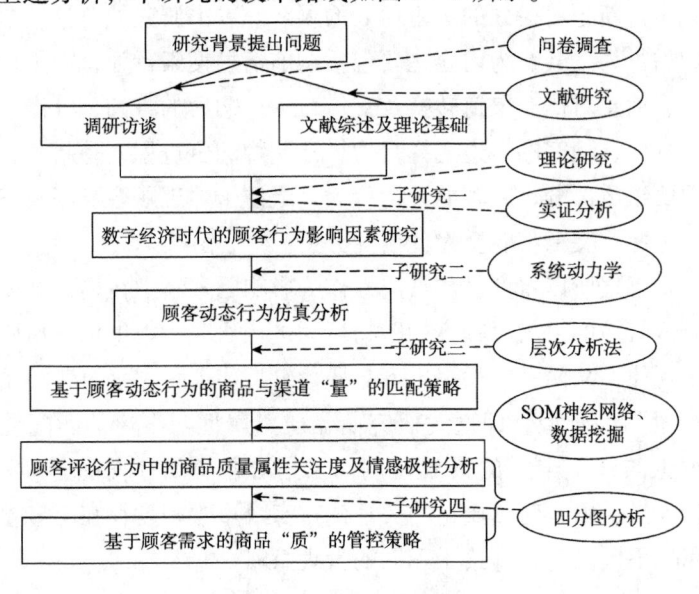

图 1-3 技术路线图

1.3 研究方法

根据以上对研究内容及技术路线的分析,本书拟采用理论分析与实证研究相结合、定性与定量相结合的研究方法,从商品质量属性、顾客偏好及渠道匹配的角度对新零售模式下的顾客购物行为展开系统分析,并提出相应的管控策略。采用的研究方法具体如下。

1.3.1 文献分析法

文献分析法是指通过对某一研究主题的相关文献资料进行搜集、分辨、整理,并对文献内容开展系统、客观、量化分析,从而获取信息,并形成对事实科学认识的一种研究方法❶。

在本研究中,文献分析法主要应用于对主要概念进行辨析,虚实融合(Click and Mortar)模式、顾客购物行为及商品质量等是本书的研究关键词,需要根据研究目的加以界定,因此本书采用文献分析法对以上概念、相关理论及研究方法等方面做出述评。在应用于概念辨析方面,本书以"虚实融合""数字经济""线上线下""O2O""电子商务""新零售""online shopping""multi-channel""omni-channel""digital"等为关键词对国内外相关文献进行搜索,为本书拓展和细化数字经济时代的"新零售模式"概念奠定了基础;在相关文献综述方面,主要从数字经济、新零售模式、顾客行为及质量管理三个方面收集文献,总结分析了国内外相关文献在这三个方面的研究现状,挖掘当前研究的不足之处,从而在为本书研究内容提供文献基础的同时,挖掘本书的研究价值;在理论和研究方法的文献分析方面,本书主要对顾客价值理论、技术接受理论、任务技术匹配理论及系统动力学等理论方法进行搜集分析,研究这些理论方法的内容、基本原理、应用过程等,从而为本研究提供理论基础及技术支持。

---

❶ 黄李辉,阮永平. 文献分析法在我国管理会计研究中的应用——基于33篇样本文献的分析 [J]. 财会通讯,2017,(04):39-43.

1.3.2 实证分析法

实证分析法是一种社会科学研究方法,是对经济现象、经济行为及其发展趋势进行客观分析,从而得出一般性规律的一种方法。该方法的本质是进行推理,其基本思想是,通过对经济现象进行分析、归纳,从而得出理论假设,将这些假设作为逻辑分析的起点,基于此,结合调研数据进行逻辑演绎,推导出一系列结论,然后逐步放松一些假设,使结论在一定条件下能够真实地反映现实情况。

本书拟通过文献及理论分析,构建顾客购物行为的理论模型,并提出相关假设。通过访谈及问卷调查等方法获得实验数据,对模型假设进行验证,从而通过采用实证分析的方法对新零售模式下顾客购物行为的影响因素进行研究,得出各因素对顾客购物行为的影响方式及影响程度的一般性规律。

1.3.3 层次分析法

层次分析(AHP)法是一种定性与定量相结合的,系统化、层次化的分析方法,由于在处理复杂决策问题上的明显优势,普遍应用于经济管理、军事、运输、医疗、农业、教育等各个领域。该方法的基本思想是,首先根据问题的性质和要求,提出一个总目标,然后将问题逐层分解,并对同层次内的因素进行两两对比,从而确定各因素相对于上一目标层的影响权重。逐层分析下去,获得所有因素相对于总目标的重要度排序。

本书采用AHP法对顾客动态购物过程中的渠道选择行为进行分析,确定顾客特征、商品质量属性及渠道服务质量等因素对顾客作出渠道选择决策的影响权重。同时,本书在对各类商品质量影响因子的赋值过程中,也采用了AHP法,对各类质量特性进行了权重决策分析。

1.3.4 系统动力学方法

系统动力学(SD)方法,是以反馈控制理论为基础,以计算机仿真技术为手段,有效解决动态性、时变性、非线性复杂问题的一种重要方法。这种方法不是依据抽象的假设,而是以现实存在为前提,不是追求最优解,而是从整体出发，以改善系统行为的机会为目的。因此 SD 方法在信息反馈及模拟仿真方面存在着独特优势，由于这种优势，被广泛应用于经济、能源、生态、军事、医学等各类社会现象中。

本书拟采用 SD 方法，将顾客在新零售模式下的动态购物行为系统分为购前、购买及购后三个相互关联的子系统，对各子系统的因果关系进行分析，并对不同商品质量、顾客渠道偏好及渠道服务质量水平下的顾客动态行为进行模拟仿真。

1.3.5 自组织映射神经网络方法

自组织映射（self-organization map，SOM）神经网络是一种广泛应用于聚类的神经网络，其主要功能是将输入的 n 维空间数据映射到一个低维（通常是一维或者二维）空间中输出，同时保持数据原有的拓扑逻辑关系。SOM 神经网络可以采用各神经元（特征参数）之间的自动组织去寻找各类型间的内在特征，从而进行映射分布和类别划分。因此，SOM 神经网络对于解决各类别特征不明显、特征参数相互交错混杂的、非线性分布的类型识别问题行之有效❶。

本书采用 SOM 神经网络方法对顾客的评论进行挖掘分析，从中挖掘顾客对各类商品质量的关注度及情感极性，以便为各类商品的质量管理重点提供有参考价值的管理建议。

1.4 创新点

本研究考虑商品质量属性、顾客特征及渠道服务质量三个影响因素，对新零售模式下的顾客动态购物行为进行分析，将顾客的购物行为分为购前（搜索）、购买及购后（评论、退换货）三个阶段，分析顾客在不同商品质量属性、顾客网络偏好及渠道服务质量组合下的动态行为特点及规律，从而在商品与渠道的匹配、各类商品质量的管控等方面提出建议，实现了以下三个方面的

---

❶ 陈伯成，梁冰，周越博，等. 自组织映射神经网络（SOM）在客户分类中的一种应用 [J]. 系统工程理论与实践，2004，24（3）：8-14.

创新。

（1）对顾客在不同渠道间的购物行为进行了动态模拟仿真。通过文献梳理发现，当前学者们对顾客（消费者）行为展开的研究主要集中在理论、实证、统计聚类分析以及单一渠道下的行为仿真等几个方面，尚没有研究对顾客在多渠道零售环境下的动态购物行为进行模拟仿真。本研究将顾客的动态购物行为分为购前、购买、购后三个阶段，对顾客购物行为的整个流程进行了系统性研究，并综合考虑商品质量属性、顾客特征及渠道服务质量为顾客行为的影响因素，对顾客在完整的购物过程的行为进行了模拟仿真，弥补了当前研究对顾客行为仅关注某个阶段行为或某个别影响因素的缺陷，同时，也为研究顾客行为提供了一种新思路。

（2）对各类质量属性的商品与渠道的匹配程度进行了量化分析。在虚实融合的零售环境下，对商品与渠道的匹配程度进行分析，可以有效为顾客及零售商带来更大收益。通过查阅资料发现，现有相关文献主要集中于对商品质量及渠道分别进行研究，而从商品与渠道匹配的角度进行研究，目前尚属空白。本研究选取了六类质量属性各异的商品作为对象，按照实证分析法及 AHP 法，从与渠道匹配的角度，对各类商品的质量属性进行赋值，并采用 SD 方法对顾客购物全过程中的渠道选择行为进行模拟仿真，从而分析各类质量属性的商品在购物各阶段与渠道的匹配程度。该研究为虚实融合模式下，如何在线上或线下合理分配不同质量属性的商品，提供重要依据。

（3）根据顾客评论挖掘分析了顾客对各类商品质量属性的关注点及情感极性，并据此提出有针对性的质量管控建议。顾客评论是一种显性的顾客行为，可以为其他顾客、零售商及相关方提供重要的可参考信息。目前对顾客评论的研究主要集中于挖掘手段、内容分析等方面。将顾客评论与商品质量管控相联系，从顾客评论中挖掘顾客对商品质量属性的关注度及情感极性，将为商品质量提供有效的管控依据。

第 2 章 文献及相关理论综述

根据研究目的及研究内容，本章将对新零售模式、顾客行为及商品质量的相关文献进行梳理分析，同时对研究中涉及的相关理论进行阐述，为后文提供坚实的理论基础。

2.1 新零售模式的文献综述

随着互联网的快速发展，电子商务经历了雏形期、发展期、稳定期、成熟期四个阶段❶，在 B2B、B2C、C2C 这些利用单一网络渠道进行销售的基础上，逐步扩充线下业务，实体零售也不断开拓线上业务。从而，线上线下两个渠道，不断打破、超越原有边界，将网络渠道和线下实体渠道深度融合，形成一种新的商业模式，有学者把这种模式称为虚实融合（click and mortar）模式（Steinfield，Bouwman，Adelaar，2002❷；Fernando，Zheng，2008❸；Chen，Cheng，2009❹），当前盛行的 O2O、全渠道及新零售等销售模式，本质上都可统称为线上线下虚实融合的模式。

在 EBSCO、Web of Science 及 CNKI 电子数据库中，分别以"click and mortar"/"multi-channel"/"cross channel"/"omni channel"/"O2O"/"全渠

---

❶ 王娟娟. 一带一路战略区电子商务新常态模式探索 [J]. 中国流通经济，2015 (5)：46-54.

❷ Steinfield C, Bouwman H, Adelaar T. The Dynamics of Click-and-Mortar Electronic Commerce: Opportunities and Management Strategies [J]. Internal Journal of Electronic Commerce, 2002, 7: 93-120.

❸ Fernando Bernsteina, Xiaona Zheng. "Bricks-and-mortar" vs. "clicks-and-mortar": An equilibrium analysis [J]. European Journal of Operational Research, 2008, 187 (3): 671-690.

❹ Chen C W, Cheng C Y. Understanding consumer intention in online shopping: A respecification and validation of Delone and Mclean model [J]. Behavior & Information Technology, 2009, 28 (4): 335-345.

道"/"新零售"等为关键词查阅相关文献,发现自2004年至今,在Web of Science查到相关文献580篇,主要研究方向的分布情况如图2-1所示。其中,将新零售模式应用于商业经济的比例最高,主要研究内容集中于新零售模式下的顾客行为、渠道及价格管理、模式应用等方面;此外,新零售模式下的数据管理及计算应用是理论扩展的重要途径,因此,将计算方法应用于新零售模式中,不断促进新零售模式的发展,也是该领域内的重要研究方向。

字段:研究方向	记录数/个	占580篇的百分比	柱状图
BUSINESS ECONOMICS	337	58.103%	
COMPUTER SCIENCE	289	49.828%	
ENGINEERING	127	21.897%	
MATHEMATICS	55	9.483%	
OPERATIONS RESEARCH MANAGEMENT SCIENCE	47	8.103%	
INFORMATION SCIENCE LIBRARY SCIENCE	29	5.000%	
SOCIAL SCIENCES OTHER TOPICS	22	3.793%	
SCIENCE TECHNOLOGY OTHER TOPICS	17	2.931%	
GOVERNMENT LAW	14	2.414%	
AUTOMATION CONTROL SYSTEMS	13	2.241%	

图2-1 新零售模式的研究方向分布情况

在CNKI数据库中查询SCI、CSSCI、EI来源期刊及核心期刊,搜索到自2006年至今,已发表相关论文上千篇,充分反映了新零售的话题近二十年经久不衰。主要研究方向集中在对新零售模式的界定及演化过程的分析、新零售模式下的理论研究、新零售模式的渠道、价格运营管理、新零售模式下的顾客行为分析及新零售模式的实践应用、数据挖掘等方面。

2.1.1 新零售模式的界定

Steinfield, Bouwman, Adelaar (2002)[1]认为采取实体和电子商务渠道相结合的虚实融合模式,有利于企业实现协同增效,这种效果是实行单一渠道的企业无法比拟的。研究从顾客行为的视角将新零售模式下的购物流程分为购前、购买、购后三个阶段,每个阶段都存在线上和线下两个渠道,顾客在整个

---

[1] Steinfield C, Bouwman H, Adelaar T. The Dynamics of Click-and-Mortar Electronic Commerce: Opportunities and Management Strategies [J]. Internal Journal of Electronic Commerce, 2002, 7: 93-120.

购物过程中可以在渠道之间随意相互迁移,图 2-2 展示了新零售模式下顾客在完成一项交易的不同阶段可能从某一渠道转向另一渠道的过程,如顾客可以在线上 A_1 收集商品信息,在线下 B_0 购买和支付,在线上 C_1 咨询获得售后服务等,或者在购物同一阶段于不同渠道间同时进行交易(如在实体店检验商品的同时进行线上比价)。

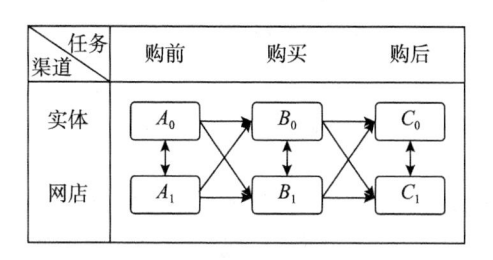

图 2-2 顾客跨渠道购物过程示意

Fernando,Song,Zheng(2008)[1] 认为新零售模式是将传统零售渠道与线上销售渠道进行整合的模式,这种整合并非简单的物理存在的延伸,也不是对客户关系、业务流程及分布系统的相互补充,而是一种深度融合的新零售模式,这种商业模式受到经营理念、管理水平等因素的影响,未必会为零售企业带来丰厚利润,但必然会为顾客带来更多便利。

李飞(2012)[2] 认为以顾客体验为中心,是鼠标加砖头加移动网络,线上线下渠道全面整合的一种商业模式,这里的渠道整合不同于渠道组合,渠道组合是企业采取多条完整独立的零售渠道进行销售活动,而新零售模式中的渠道零售整合是指企业采取多条非完整的零售渠道开展销售活动,各渠道在销售活动中并非独立存在。实现多渠道经营仅仅是新零售模式的出发点,而促进线上线下渠道协同配合,增强企业整体竞争力,实现顾客价值,并提升企业绩效,才是新零售经营的目标(张武康,郭立宏,2014)[3]。齐永志,张梦霞(2014)认为线上线下渠道融合模式的零售业态,其产生源于顾客需求和技术的双重推动,与传统经营模式不同的是,新零售是一种严格以顾客为中心的经营模式。从行为的视角,新零售模式下的顾客购买过程及零售商的销售过程,可以通过

---

[1] Fernando Bernsteina, Zheng Xiaona. "Bricks – and – mortar" vs. "clicks – and – mortar": An equilibrium analysis [J]. European Journal of Operational Research, 2008, 187 (3): 671–690.

[2] 李飞. 迎接中国多渠道零售革命的风暴 [J]. 北京工商大学学报(社会科学版), 2012 (3): 1–9.

[3] 张武康,郭立宏. 多渠道零售研究述评与展望 [J]. 中国流通经济,2014,28 (2): 88–96.

图 2-3 来展示。

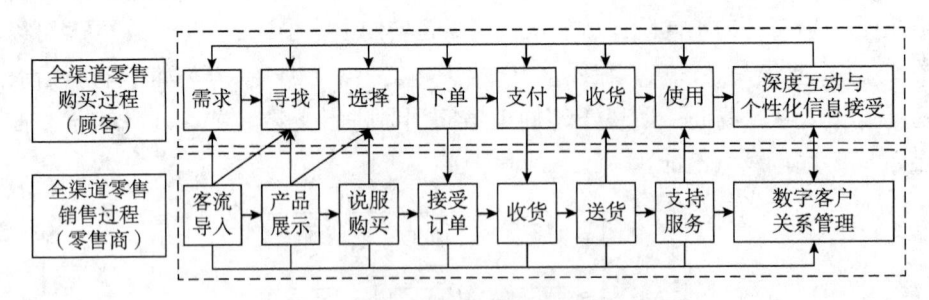

```
全渠道零售          需求 → 寻找 → 选择 → 下单 → 支付 → 收货 → 使用 → 深度互动与
购买过程                                                           个性化信息接受
（顾客）

全渠道零售          客流 → 产品 → 说服 → 接受 → 收货 → 送货 → 支持 → 数字客户
销售过程            导入   展示   购买   订单                服务   关系管理
（零售商）
```

图 2-3　新零售模式下的购买及销售过程❶

Verhoef, Kannan, Inman (2015)❷认为新零售模式是一种线上线下无缝融合的零售体验、经营模式，顾客便于在线上与线下自由切换渠道。研究对线上与线下渠道的范围进行了界定，认为线上渠道主要包括网络店铺、移动客户端及个人社交媒体等，线下渠道主要指实体店铺及体验展览馆等。

2.1.2　新零售模式管理措施的相关文献综述

新零售模式在零售业中的实施是顾客需求及行业发展的必然趋势，但能否为零售商切实带来竞争优势，还需要零售商采取正确的管理措施，这也成为学术界的研究热点。

Steinfield, Adelaar (2002)❸ 在研究中通过10个不同类型的案例来分析图 2-4 中新零售模式的资源整合、实现协同的管理策略及协同效益。该模型从资源整合、管理策略方面提出新的具体做法，以达到降低成本、差异化增值服务、提高诚信、开拓市场四个方面的协同效益。

Saeed, Grover, Hwang (2003)❹认为新零售模式给企业既能带来机遇也能带来挑战，作出新零售模式的重大决策时，企业应评估这种模式给品牌及渠

---

❶ 齐永智，张梦霞. 全渠道零售：演化、过程与实施 [J]. 中国流通经济，2014 (12)：115-121.
❷ Verhoef P C, Kannan P K, Inman J J. From Multi-Channel Retailing to Omni-Channel Retailing: Introduction to the Special Issue on Multi-Channel Retailing [J]. Journal of Retailing, 2015, 91 (2): 174-181.
❸ Steinfield C, Bouwman H & Adelaar T. The Dynamics of Click-and-Mortar Electronic Commerce: Opportunities and Management Strategies [J]. Internal Journal of Electronic Commerce, 2002, 7: 93-120.
❹ Saeed K A, Grover V, Hwang Y. Creating synergy with a clickandmortar approach [J]. Communications of the ACM, 2003, 46 (12): 206-212.

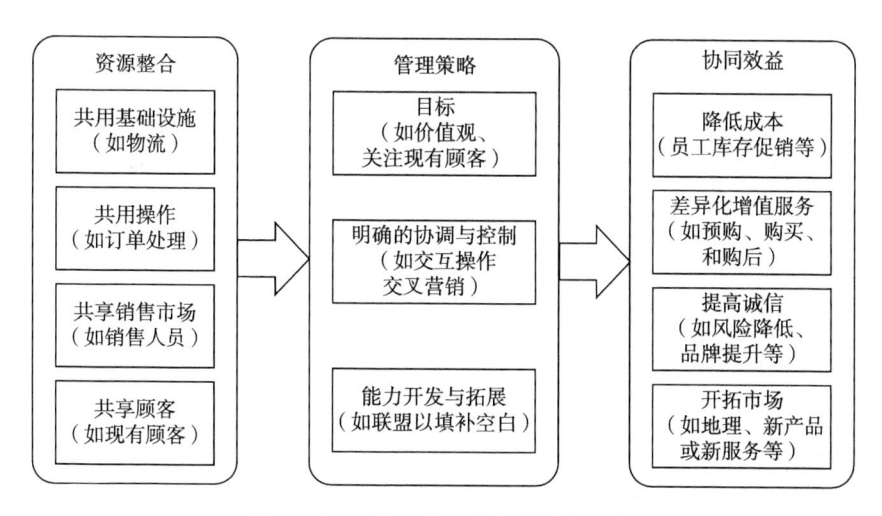

```
┌─────────────┐      ┌─────────────┐      ┌─────────────┐
│  资源整合    │      │  管理策略    │      │  协同效益    │
│ ┌─────────┐ │      │ ┌─────────┐ │      │ ┌─────────┐ │
│ │共用基础设施│ │      │ │  目标   │ │      │ │降低成本  │ │
│ │(如物流) │ │      │ │(如价值观、│ │      │ │(员工库存 │ │
│ └─────────┘ │      │ │关注现有顾客)│     │ │促销等)  │ │
│ ┌─────────┐ │      │ └─────────┘ │      │ └─────────┘ │
│ │共用操作  │ │ ===> │ ┌─────────┐ │ ===> │ ┌─────────┐ │
│ │(如订单  │ │      │ │明确的协调│ │      │ │差异化增值│ │
│ │处理)   │ │      │ │与控制   │ │      │ │服务(如预购│ │
│ └─────────┘ │      │ │(如交互操作│ │      │ │购买、和购后)│
│ ┌─────────┐ │      │ │交叉营销)│ │      │ └─────────┘ │
│ │共享销售市场│ │      │ └─────────┘ │      │ ┌─────────┐ │
│ │(如销售人员)│      │ ┌─────────┐ │      │ │提高诚信  │ │
│ └─────────┘ │      │ │能力开发 │ │      │ │(如风险降低│
│ ┌─────────┐ │      │ │与拓展   │ │      │ │品牌提升等)│
│ │共享顾客  │ │      │ │(如联盟以│ │      │ └─────────┘ │
│ │(如现有顾客)│      │ │填补空白)│ │      │ ┌─────────┐ │
│ └─────────┘ │      │ └─────────┘ │      │ │开拓市场  │ │
└─────────────┘      └─────────────┘      │ │(如地理、新│
                                           │ │产品或新服务等)│
                                           │ └─────────┘ │
                                           └─────────────┘
```

图 2-4 新零售模式的协同操作流程

道可能会带来的冲突。例如，将一个品牌转移至线上渠道，可能会提高顾客信任，但也可能同时造成渠道之间的冲突。因此当企业对新零售模式集成的程度以及采取的类型作出决策时，需要进行全面系统的辨析。由此，研究提出了新零售模式的价值网格图，便于为企业提供一种机制作出决策。价值网格图的工作原理为，公司首先对客户必须实体接触产品的程度，以及客户与公司实体店地理位置的远近程度进行评估。然后，对实体店的分布状态进行评估，形成价值网格图的两个维度，相应形成四个象限，每个象限分别代表公司所处的一个经营状态，如图 2-5 所示。

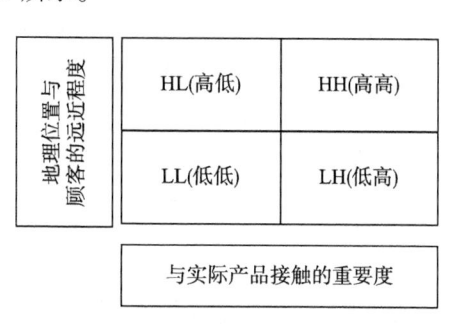

```
              ┌──────────┬──────────┐
  地          │ HL(高低) │ HH(高高) │
  理顾        ├──────────┼──────────┤
  位客        │ LL(低低) │ LH(低高) │
  置的        └──────────┴──────────┘
  与远
  近
  程
  度
           与实际产品接触的重要度
```

图 2-5 新零售模式的价值网格图

LH 象限反映了公司所处的状态为最悲观的状态，公司销售顾客亟需接触的产品，但没有能力为顾客提供现场服务，处于这个网格中的企业，实施新零售模式需要提高其实体存在感；HL 象限反映了公司需要提高不同渠道之间的协同作用，公司在当地已经有较高的存在感，线上可以简化购物过程，其服务也可以通过线上渠道满足；在 HH 象限的公司，线下渠道将作为主要渠道，线上渠道可用来传播信息，同时线上渠道可用于维护客户关系，吸引客户到线下来体验、试用和购买；在 LL 象限的公司应着力发展线上渠道，如图书、电影票等，公司经营的产品可以是数字化产品，也可以是可通过网络渠道提供的服务，否则，公司应与快递公司展开合作。在四个象限类型中，LH 和 HL 象限最容易挖掘新零售模式的协同效应。但该研究只是从地理位置和顾客体验的角度对企业实施的线上线下经营方式给出决策模型，而影响顾客渠道选择的因素远不只这两个因素，另外，亦没有考虑商品本身的特征，因此该模型仅提供借鉴作用，实际可靠性如何还有待探讨。

  Yang，Huang（2008）❶ 用群体实体性理论实证分析了新零售模式下，信任从线下到线上的转移过程，并说明实施新零售模式有助于提高线上信任，增加顾客对电子商务的接受度，为了提高最初的线上信任，线上线下的存在形式应高度相似并整合，视觉信息的集成为信任转移提供了良好的基础，过程集成可用于相互宣传和联合服务。吴锦峰等（2014）❷ 从服务构造透明度、信息一致性、业务关联性及过程一致性四个维度对新零售模式下的渠道整合质量进行分析，并探索了渠道整合质量对顾客感知线上价值并形成线上购买行为的正向影响作用。

  以上研究认为，提高整合协同作用是提高新有效性的主要目标，也有研究对新零售模式下的冲突问题进行探索。任晓雪，于晓秋（2017）❸ 为解决新零售模式下的渠道价格冲突问题，以霍特林（Hotelling）模型为基础，建立双渠道收益函数模型，分析了新零售商的电子商务成熟度、给顾客造成的购物成本、服务质量对两种渠道价格差异的影响。结果发现，电子商务成熟度对渠道价格的影响存在临界值，当影响值大于临界值，则线上渠道价格应高于线下渠道价格。汪旭晖，王东明，郝相涛（2017）❹ 通过实验方法，分析了价格策

---

❶ Yang Q, Huang L, Xu Y. Role of trust transfer in e‑commerce acceptance [J]. Tsinghua Science & Technology, 2008, 13 (3): 279-286.

❷ 吴锦峰, 常亚平, 潘慧明. 多渠道整合质量对线上购买意愿的作用机理研究 [J]. 管理科学, 2014 (1): 86-98.

❸ 任晓雪, 于晓秋. O2O 实体渠道与网络渠道价格差异的竞争分析 [J]. 数学的实践与认识, 2017, 47 (12): 49-56.

❹ 汪旭晖, 王东明, 郝相涛. 线上线下价格策略对多渠道零售商品牌权益的影响——产品卷入度与品牌强度的调节作用 [J]. 财经问题研究, 2017 (6): 93-100.

略对新零售商的品牌权益的影响,将品牌权益分为品牌认知、品牌联想、品牌感知质量和品牌忠诚四个维度,并加入产品卷入度和品牌强度两个边界条件。研究对同价策略和异价策略分别在不同的品牌权益维度及产品卷入度组合下的影响进行了分析。研究结果对新零售商在两种渠道的定价策略方面具有重要的指导意义。

吴迪,李苏剑,李海涛(2013)[1]为降低新零售模式有可能带来的较高的配送成本及管理混乱问题,对动态策略下配送中心库存分配方式以及在线需求分配问题进行研究,文章建立了以满足顾客需求的期望总边际成本最优以及顾客收货时间满意度最优为目标的双目标优化模型,通过数据集仿真及算法对比,证明了动态库存及分配策略的优越性,从而为新零售商的库存管理作出理论贡献。Hübner,Wollenburg,Holzapfel(2016)[2]也对新零售商如何在线上线下渠道之间实现无缝融合进行研究,通过实证分析了采取新零售模式对库存物流进行合理整合,将为顾客及零售商带来收益。

综上可以发现,现有对新零售商管理措施方面的研究,主要集中在降低渠道价格、减少库存冲突、渠道协同整合以及提高效率等方面进行分析并提出管理策略,但尚未发现有研究将商品质量纳入新零售商的管理策略中。

2.2 顾客行为的文献综述

随着市场经济的不断深化,零售业由卖方市场向买方市场转变,满足顾客需求成为零售商获得竞争优势的根本途径。信息技术的发展及网络购物的流行,使得零售商通过捕捉顾客行为来分析顾客的需求成为可能。在新的零售模式下,顾客行为对企业的运营管理越来越重要。因此,对顾客行为的分析,成为国内外学术界的研究热点。根据研究目的,本书将从对顾客行为的定义、顾客的渠道选择行为、顾客行为的应用三个方面进行文献分析。

---

[1] 吴迪,李苏剑,李海涛. 混合渠道分销企业动态库存及分配策略[J]. 软科学,2013,27(10):39-44.

[2] Hübner A, Wollenburg J, Holzapfel A. Retail logistics in the transition from multi-channel to omni-channel [J]. International Journal of Physical Distribution & Logistics Management, 2016, 46 (6/7): 562-583.

2.2.1 顾客行为的界定

网络购物的发展,使得顾客的行为特征发生巨大改变,呈现出内容多元性、复杂性及信息可追溯性,学术界对顾客行为的界定也根据社会实践的发展需要不断调整更新。Glock,Nicos(1963)[1]认为顾客行为是描述或者解释顾客在某特定时刻或一段时期内所采取的商品及服务的选择行为与购买行为。研究将顾客的购物过程分为选择和购买两个阶段,将顾客行为界定为选择和购买的过程中所产生的内容。Walters,Paul(1970)[2]认为,顾客行为是人们在购买以及使用产品或者服务的过程中所涉及的决策与行为,相对于前者,Walters,Paul将顾客行为的范围扩展到了购买和使用过程中。Pratt(1974)[3]认为顾客行为是一种决策购买行为,明确将顾客的行为界定在购买支付过程中。其行为的本质是以现金、支票交换所需要的商品或者劳务。Willams(1982)[4],Mowen(1990)[5]将顾客行为所涉及的领域扩展到了一切与购买相关的活动,包括意见、活动及影响。Shiffman,Kannk(1991)[6]认为顾客的行为是将需求表现在需求、购买、使用及评估产品与服务中的一系列活动。Zaltman(1995)[7]提出顾客行为是针对人类如何取得、消费处置产品、服务的构想与行动,对顾客行为了解得越深入就越能发现其行为规律,Hoyer,MacInnis(2010)认为顾客在决策过程中与购买、支付、使用、处置产品,接受服务等活动相关的所有内容都属于顾客行为的范畴[18,19,20]。

综上可以发现,对于顾客行为的定义,经历了只包括购买过程到购买前、购买中及购买后的全过程,行为的内涵经历了仅包括选择和购买发展到购前咨

---

[1] Glock C Y, F M Nicosia. Sociology and the Study of Consumers [J]. Journal of Advertising Research, 1963 (3): 21 - 27.

[2] Walters C G, G W Paul. Consumer Behavior: an Integrated Framework [M]. Homewood: Richard Irwin Incorporation, 1970.

[3] Pratt, Jr. W Robert. Measuring Purchase Behavior, Handbook of Marketing [M]. Robert Ferber, McGraw - Hill Corporation, 1974: 3.

[4] Williams T G. Consumer Behavior Fundamental and Strategies [M]. St. Paul Minninberg: West Publishing Corporation. 1982: 5.

[5] Mowen. Consumer Behavior [M]. 2nd Edition. New York: Macmillan, 1990.

[6] Schiffman L G, L L Kanuk. Consumer Behavior [M]. Prentice Hall, New Jersey, 1991.

[7] Zaltman, Gerald, Robin Higgie Coulter. Seeing the Voice of the Customer: Metaphor - based Advertising Research [J]. Journal of Advertising Research, 1995 (35): 35 - 51.

询、选择产品、作出决策、接受购后服务等全方位的过程。但是以上对顾客行为的定义没有对顾客在购前、购买、购后可能出现的具体行为方式进行说明,并且定义内容仍然局限于单一购物环境中,尤其是在当今电子商务迅速发展、顾客行为方式发生巨大改变的情境下,没有对多渠道购物环境下的顾客行为进行界定,这将为本书提供研究方向。

2.2.2 顾客的渠道选择行为

随着新零售模式在零售业的快速发展,渠道管理成为零售业的制胜法宝。顾客的渠道选择行为成为顾客行为的重要组成部分。对顾客的渠道选择行为进行研究,有利于规避新零售模式中的渠道冲突,提高不同渠道间的协同性。顾客的渠道选择行为源于对渠道的喜好,因此,需要对影响顾客渠道选择的前因进行分析(Neslin et al.,2009)[1]。通过阅读文献发现,学者们一致认为影响顾客渠道选择的因素,可以从组织、顾客个体因素、渠道属性、社会环境等方面进行分析。如 Balasubramanian et al.(2005)[2]认为顾客使用渠道至少受 5 种不同目的的影响:经济目的(降低购买成本)、自我肯定(展示渠道使用的能力)、象征性目的(购买决策前的深思熟虑)、社交体验目的(融入购物环境)、日常购买(维持日常生活)。

在新零售模式下,顾客既可以选择在线下实体店进行消费,也可以选择在网店消费,或者以线下体验、线上比价支付、线下提货等渠道交互方式进行消费。顾客选择线上还是线下渠道购买,取决于对两个渠道属性的偏好及侧重程度,这些属性包括价格、商品质量、支付手段、售中服务、产品信息与体验、产品对比、购买过程中的谈判、售后服务政策等(Kacena, Hessa, Kevin, 2013)。Verhoef, Neslin, Vroomen(2007)[3]研究发现关注渠道保护隐私性表现的顾客,会更倾向于在网店购买。产品或服务的某种特性也使得有的商品与某一特定的渠道更加匹配,如体验品更适合在零售店购买,搜寻品更适合在网

---

[1] Neslin S A, Shankar V. Key Issues in Multichannel Customer Management [J]. Journal of Interactive Marketing, 2009, 23: 70 – 81.

[2] Balasubramanian S, R Raghunathan, V Mahajan. Consumers in a multichannel environment: Product utility, process utility, and channel choice [J]. Journal of Interactive Marketing, 2005, 19 (2): 12 – 30.

[3] Verhoef Peter C, Scott A Neslin, Björn Vroomen. Multichannel Customer Management: Understanding the Research – Shopper Phenomenon [J]. International Journal of Research in Marketing, 2007, 24 (2): 129 – 148.

上购买（Mathwick，Malhotra，Rigdon，2002）❶。当然，有的商品与实体渠道的匹配性格外突出，例如顾客通常会选择在实体店买调料、药品、生活日用品等（Schoenbachler，Gordon，2002）❷。

顾客自身的兴趣习惯也是影响渠道选择的因素，一般情况下，惯于线下消费的顾客很难去选择跨渠道消费，因此线下消费的习惯是选择跨渠道购物的障碍因素，对创新技术和各渠道优势的接受程度是促进顾客选择跨渠道购物的积极因素（Lu，Cao，Wang，2011）❸。Zhang，Farris，Irvin（2010）❹认为顾客对渠道的选择取决于渠道对商品有效分类的广度和深度，在多渠道购物环境下，寻求多样化的顾客可以通过跨渠道购买不同类别的商品来实现诉求。

Keen et al.（2004）❺根据顾客选择渠道的情况，定义了四种顾客群：通晓型，这类顾客把渠道选择作为整个购物体验过程的一部分；固定型，这类顾客非常注重购买渠道的选择，并且仅在线下实体店购买；价格敏感型，仅以价格最便宜为选择渠道的标准；经验主义型，顾客喜欢选择以前自己熟悉的渠道。Konuş，Verhoef，Neslin（2008）❻根据顾客的渠道选择偏好将顾客分为三种类型：多渠道爱好者，即对各种渠道都有积极态度，具有高创新性，并将多渠道购物作为一种愉快体验；实体店忠诚者，对线下渠道和品牌具有较高忠诚度；不参与购物者，对各种渠道都不感兴趣，且很少购物。两篇论文都对顾客选择渠道的情况进行了分类，但并没有对几类顾客群的具体属性及渠道的应用过程进行详细分析。

以上研究分别从渠道和顾客两个角度对顾客选择渠道的影响因素做了分析，但是对其中影响因素的考虑并不完善。另外，在新零售模式下，顾客在购前、购买及购后三个阶段都有可能发生渠道迁移，因此针对顾客的渠道迁移行

---

❶ Mathwick C, Malhotra N K, Rigdon E. The effect of dynamic retail experiences on experiential perceptions of value: an Internet and catalog comparison [J]. Journal of retailing, 2002, 78 (1): 51-60.

❷ Schoenbachler D D, Gordon G L. Multi-channel shopping: understanding what drives channel choice [J]. Journal of Consumer Marketing, 2002, 19 (1): 42-53.

❸ Lu Y, Cao Y, Wang B, et al. A study on factors that affect users' behavioral intention to transfer usage from the offline to the online channel [J]. Computers in Human Behavior, 2011, 27 (1): 355-364.

❹ Zhang J, Farris P W, Irvin J W, et al. Crafting Integrated Multichannel Retailing Strategies [J]. Journal of Interactive Marketing, 2010, 24 (2): 168-180.

❺ Keen C, Wetzels M, Ruyter K D, et al. E-tailers versus retailers Which factors determine consumer preferences [J]. Journal of Business Research, 2004, 57 (7): 685-695.

❻ Konuş U, Verhoef P C, Neslin S A. Multichannel Shopper Segments and Their Covariates [J]. Journal of Retailing, 2008, 84 (4): 398-413.

为，一些学者进行了研究。研究中最受关注的是顾客在线上搜索信息后转为线下购买支付的迁移路径。有学者将这种行为称作"跨渠道搭便车"行为，这一行为的产生受到顾客所感知的渠道整合和渠道转换成本的大小影响[1]；另一种研究热点便是线下购买转为线上购买。涂红伟，周星（2011）[2] 在文献分析的基础上对顾客发生渠道迁移的影响因素进行了总结，将顾客渠道迁移的影响因素从顾客、产品、渠道三个层面进行分析。其中，顾客方面的因素包括感知转换成本、自我效能、购物体验、感知渠道风险、信息搜索成本、评价努力程度、搜索努力程度、时间成本、价格敏感性、渠道忠诚度、感知购物时间长短等；产品方面的因素包括了产品类别、产品使用周期、产品技术变化速度、产品体积外形等；渠道方面的因素主要包括渠道传播能力、互动能力及其他吸引力。

Sandrine Heitz – Spahn（2013）[3] 实证分析了顾客购物动机、社会人口统计学特征及商品类别对顾客"跨渠道搭便车"行为的影响。许明辉，李叶林（2017）[4] 以产品估值与购买成本之差为依据，建立顾客购物选择效用模型，分析了顾客"搭便车"行为的产生原因以及对零售商的影响。研究结果发现，在双渠道购物环境下，保持实体店最优零售价策略时，线上渠道会采取低价优势吸引顾客，线上渠道的引入，会提高顾客总体流量，从而提高新零售商的整体利润；当线上购物风险较高时，顾客通过网上搜索信息的"搭便车"行为并不会有损零售商的利益。至于对顾客"搭便车"行为是否会对零售商的服务质量带来负面影响，这主要取决于顾客所感知的购物风险。

以上相关文献对顾客在选择渠道时的影响因素及特征做了分析研究，但没有考虑顾客可能在一次购物过程中的不同购物阶段选择不同渠道或渠道交互的情况。另外，顾客对于渠道选择是一种随着时间变化而呈现动态性的过程，以上文献没有从动态的角度对顾客的渠道选择进行分析，另外，顾客在购买过程

---

[1] Chiu H C, Hsieh Y C, Roan J, et al. The challenge for multichannel services: Cross – channel free – riding behavior [J]. Electronic Commerce Research & Applications, 2011, 10 (2): 268 – 277.

[2] 涂红伟，周星. 消费者渠道迁徙行为研究评介与展望 [J]. 外国经济与管理，2011, 33 (6): 42 – 49.

[3] Heitz – Spahn S. Cross – channel free – riding consumer behavior in a multichannel environment: An investigation of shopping motives, sociodemographics and product categories [J]. Journal of Retailing & Consumer Services, 2013, 20 (6): 570 – 578.

[4] 许明辉，李叶林. 搭便车行为影响下的零售商服务策略研究 [J]. 天津大学学报（社会科学版），2017, 19 (6): 489 – 495.

中可能会发生渠道迁移，而迁移的原因可通过渠道风险感知、价格搜索意图、评价成本和等待时间来预测，但在他们的研究中没有根据顾客行为推断人员特征，并分析人员特征与渠道迁移的关系，而这些都是本研究中需要关注的方面。

2.2.3 顾客行为的应用

随着网络购物及可追溯性技术的发展，顾客行为成为零售商提高竞争优势的重要参考依据，学术界也在顾客行为的应用方面做了大量研究。经查阅文献，顾客行为常应用于营销渠道设计、定价、提升服务质量、提高绩效指标等方面。

Keyser, Schepers, Konus（2015）[1] 在 Konus et al.（2008）的研究基础上，采用潜类分析法（LCCA），并假设顾客在购物的某个阶段到底采用哪个渠道受顾客在渠道所感知的效用影响。零售商可以依据顾客在各阶段的渠道选择行为对市场进行细分，同时根据心理统计特征对顾客进行分类，以便零售商对顾客及市场进行细分，从而提高经营绩效。田林，徐以汎（2015）[2] 基于顾客行为，以制造商、零售商及顾客为研究主体，采用博弈理论，探索零售商的渠道选择及定价最优方式，从而为零售商的渠道销售提供建议。

为提高线上线下的总体绩效水平，也有一些学者对线上、线下渠道的特征及关系进行研究，从而降低渠道冲突，提高经营绩效水平。由于线上线下渠道性质的不同，导致顾客在不同渠道的行为之间肯定存在差异，Danaher, Wilson（2003）[3] 通过建立狄利克雷模型，对顾客对线上线下的品牌忠诚度进行了对比。结果发现，高份额品牌比低份额品牌在线上更容易获得更高的品牌忠诚度。Andrews, Currim（2004）[4] 通过建立品牌选择 logit 模型对线上线下顾客

---

[1] Keyser A D, Schepers J, Konuş U. Multichannel customer segmentation: Does the after-sales channel matter? A replication and extension [J]. International Journal of Research in Marketing, 2015, 32 (4): 453-456.

[2] 田林, 徐以汎. 基于顾客行为的企业动态渠道选择与定价策略 [J]. 管理科学学报, 2015, 18 (8): 39-51.

[3] Danaher Peter J, Isaac W Wilson, Robert A. Davis. A Comparison of Online and Offline Consumer Brand Loyalty [J]. Marketing Science, 2003, 22 (4): 461-476.

[4] Andrews R L, Currim I S. Behavioural differences between consumers attracted to shopping online versus traditional supermarkets: implications for enterprise design and marketing strategy [J]. International Journal of Internet Marketing & Advertising, 2004, 1 (1): 38-61.

的行为特征进行了对比,线下顾客对价格具有较低的敏感度,对高质量的商品具有较强的忠诚度。Pozzi(2009)❶在研究顾客在线上线下两渠道选择产品的不同之处问题时,也得到同一个顾客线上渠道搜索产品的价格敏感度低于线下渠道的相应结论,而这一结论可能与人们的一般认知存在差议。Bravo,Iversen(2011)❷发现线上与线下渠道中的同一品牌之间存在回馈溢出效应,但顾客对品牌的功能性认知主要来源于线下渠道,而情感和承诺方面的认知则来自线上渠道。Dholakia,Kahn(2010)❸通过线上线下搜集市场数据,建立动力学模型来分析线上行为如何影响线上和线下的销量,并帮助零售商作出线上线下经营的决策。例如,结合建立的动力学模型通过案例分析发现,每100个顾客访问大概将会增加48美元的利润。这样通过结合产品优势和生成客户访问成本的信息,零售商便能确定追求线上行为所带来的经济效益。

Chen,Cheng(2009)❹通过扩展信息系统成功模型并结合三元行为(认知、情感、意向)过程提出与线上环境相关的三元因素(认知、情感、意向)来解释发生在线上的行为过程。文章提出系统质量和信息质量是线上主要观测的质量类目,环境质量和服务质量是线下主要观测的质量类目。通过实证分析,系统和信息质量通过线上满意间接与线下满意显著相关,系统质量在线上满意和线下满意中对线上满意具有最大的影响。而服务质量高于环境质量对线下满意具有强相关性。线下满意对网店忠诚和实体店忠诚都具有显著影响,并且对网店忠诚的影响明显高于实体店忠诚。本书对线上线下的行为之间的相互影响及交互性进行了分析,但没有将商品质量作为重要的属性与线上线下的买方行为结合进行分析。

查阅整理以上文献,将有助于本书分析线上线下的优势及劣势,便于分析买方对不同渠道的具体需求,但也存在不足之处:所研究的对象均是对线上和线下分别分析,没有考虑线上线下交互或者整合的情况下顾客的需求及偏好。

---

❶ Pozzi, Andrea. Shopping Cost and Brand Exploration in Online Grocery [J]. SSRN Electronic Journal, 2009. DOI:10.2139/ssrn.1499855.

❷ Bravo R, Iversen N M, Pina J M. Expansion Strategies for Online Brands Going Offline [J]. Marketing Intelligence & Planning, 2011, 29 (2): 195-213.

❸ Dholakia U M, Kahn B E, Reeves R, et al. Consumer behavior in a multichannel, multimedia retailing environment [J]. Journal of Interactive Marketing, 2010, 24 (2): 86-95.

❹ Chen C W, Cheng C Y. Understanding consumer intention in online shopping: a respecification and validation of Delone and Mclean model [J]. Behavior & Information Technology, 2009, 28 (4): 335-345.

2.3 商品质量及商品质量管理的文献综述

2.3.1 商品质量的相关文献综述

商品质量是顾客购物的核心关注点，也是市场经济的核心发展观念。随着市场经济的逐步深入，人们对商品质量的观念与评价标准不断发生改变。万融认为，商品质量，即商品在一定使用条件下，适合于其用途所需要的各种特性的综合。这种观点源于产品经济时期，从产品技术性能的角度对商品质量进行界定，正如当时《国务院关于发布〈工业产品质量责任条例〉的通知》【国发〔1986〕42号】（《工业产品质量责任条例》已于2022年废止）所规定的"产品质量是指国家的有关法规、质量标准以及合同规定的对产品适用、安全和其他特性的要求"，仅考虑了符合性，而未考虑适应性，因此，存在着把"商品质量"与"产品质量"相混淆的弊端❶。"商品质量"与"产品质量"两者之间固然有着内在的必然联系，实际却不可同等定义。作为产品，对质量的要求是其各种特性要符合规定性标准；而作为商品，这种"符合规定"仅仅是基础的必备条件，而"符合消费"才是对商品质量的根本要求。

随着科技进步和市场经济发展，市场逐渐由卖方主导转变为买方主导，市场竞争日趋激烈，这推动着人们的质量观念不断得以更新。对于质量的定义，人们从仅考虑商品的内在质量和个体性质量，发展到越来越注重商品的综合质量。综合质量主要表现在商品的内在质量、外观质量、社会质量、经济质量和市场质量等方面。商品内在质量，是指能够实现商品预定使用目的或规定用途，保证人身和财产不受伤害和损害所必须具备的基本质量要求，包括商品的实用性能（如化学性能、物理性能、机械性能、生物性能等）、寿命、可靠性、安全性与卫生性等；商品外观质量，是指商品能够满足人们审美和心理舒适需要的程度，包括结构外观、材料质地、色彩、气味手感和包装等；商品的社会质量，是指商品满足社会生态利益需要的程度，如对生态环境造成污染、浪费能源和资源等社会所关切的利益，无论一种商品如何高端，只要它有悖于

---

❶ 万融. 商品学概论[M]. 4版. 北京：中国人民大学出版社，2010，5：78-79.

社会的利益需求，就难以生存和发展；商品的经济质量，体现的是人们按照本质需求，期望以尽可能低的生产质量成本获得尽可能优良性能的商品，并且在消费（或使用）中付出较低的使用和维护成本❶。总之，商品质量可以认为是各类质量属性参数的综合。另外，商品质量对一定使用时间、地点、条件及使用主体而言，具有一定程度的相对性和可变性。

也有学者认为，商品质量的概念具有狭义和广义之分。狭义的商品质量属于"自然质量"，是评价商品使用价值优劣程度的各种自然属性的综合。商品的使用价值由商品的各种自然属性所决定，因此，商品质量是各自然属性的综合。另外，商品质量可以作为衡量商品使用价值的标尺，属于相对比较的范畴，具有一定的主观性。而广义的商品质量，是评价商品满足使用和消费需要程度的各种自然、经济、社会属性的综合。亦即，商品质量的评判标准是满足顾客需求，而顾客的需求是由时间、地点、年龄、性别、民族、习惯、爱好等不同条件限制的，因此，广义的商品质量与经济因素、社会属性因素的影响密切相关❷。

赵宝库（1993）❸也认同商品质量由自然属性和社会属性构成，提出自然属性是商品的客观存在之属性，社会属性则包括商品的有用性、效用、使用价值等，受顾客的主观意识所影响。商品质量包括的内容广泛，在品质特性方面，可分为第一质量、第二质量和第三质量。其中，第一质量由商品的自然属性和使用价值构成。内容主要包括商品的物理属性（如商品自身的材质、结构、重量、尺寸等）、化学属性（如成分、含量及其他化学性质）。将自然属性加以组合便形成动态的质量要素，如商品的功能、使用效果等。第二质量，是以第一质量为基础，对商品质量作出改善，从而能够刺激顾客的购买欲望或为顾客提供更好的购物体验。具体内容主要包括：形状、整洁性、掺杂物、外观、色彩、款式、嗅觉、心理刺激要素、包装等。第三质量，包括商品的品牌、标签、信誉、知名度及在顾客心目中的印象等。汪海涌（2015）❹从市场的角度对商品质量进行分析，认为商品之所以不同于产品，是因为商品具有市场属性，即一组固有特性满足市场需求的程度。要对商品质量进行提升和管理，需要从三个方面展开：第一，商品质量必须满足不断变化的市场需求；第二，商品质量必须考虑生产成本和市场购买力；第三，商品质量必须考虑生产

---

❶ 蔺哲. 商品质量定义之我见［J］. 山西财经大学学报, 1999（21）：59-61.
❷ 张晓文. 第二讲 商品质量与质量管理［J］. 商讯商业经济文荟, 1988（3）：47-49.
❸ 赵宝库. 论商品质量［J］. 海南大学学报（人文社会科学版）, 1993（3）：33-36.
❹ 汪海涌. 商品质量的市场属性与综合治理［J］. 管理观察, 2015（27）：79-81.

要素的构成,并能使生产者具有竞争优势。

随着网络购物的快速发展,人们又形成新的商品质量观。在网络购物环境中,买卖双方极易产生信息不对称的现象,卖方比买方更了解有关商品质量的各种信息,顾客没有足够的能力去准确地评估商品质量,于是,有学者从信号线索的角度,对商品质量重新加以界定。经研究发现,市场信号在一定程度上可以弥补交易双方的信息不对称问题,即顾客利用一定的启发式线索来度量商品质量❶。根据线索理论,表征质量的属性可分为内部线索和外部线索❷:内部线索是与商品的物理组成部分相关的特征,只有当商品本身的属性改变时,其内部线索才会发生变化,其内容主要包括商品大小、形状、味道等;外部线索则是与商品相关的特征,包括商品价格、品牌、包装、广告、质量保证、第三方认证、原产地、生产商名称及零售商的声誉等❸❹。在信息不对称的网络购物情境下,顾客难以利用所获信息准确地评估商品质量,只能利用一定的外部和内部启发式线索来评判商品质量❺。

线索理论在实体渠道及网络销售渠道的应用存在不同。在传统的实体市场中,顾客可以充分利用商品的内部线索(商品大小、形状、味道等)和外部线索(商品价格、品牌名称、包装、颜色等)判断商品质量❻,而在网络购物中,由于存在严重的信息描述与商品实物相分离、商品与销售平台相分离、交易双方在物理空间上相分离、支付与商品交付相分离等现象❼,无法像传统市场购物那样通过接触商品获得内外部线索,尤其是对于经验产品的质量判定显得更加困难。

---

❶ 王新新,杨德锋. 基于线索利用理论的感知质量研究[J]. 经济研究导刊,2007(4):97-102.

❷ Olson J C, Jacob Jacoby. Cue Utilization in the Quality Perception Process[A]. In M Venkatesan,(ed.). Proceedings of the Third Annual Conference of the Association for Consumer Research[C]. Iowa City:Association for Consumer Research,1972:167-179.

❸ Antonio J V J, Francisco J L M, Maria M F. Measuring Perceptions of Quality in Food Products:the Case of Red Wine[J]. Food Quality and Preference,2004,15:453-469.

❹ Maeyer P D, Estelami H. Consumer Perceptions of Third Party Product Quality Ratings[J]. Journal of Business Research,2011(2):1-7.

❺ Zeithaml V A. Consumer Perceptions of Price, Quality, and Value:A Means-End Model and Synthesis of Evidence[J]. Journal of Marketing,1988,52(7):2-22.

❻ Wheatley J J, Chiu J S Y, Goldman A. Physical Quality, Price, and Perceptions of Product Quality:Implications for Retailers[J]. Journal of Retailing,1981,57(2):100-116.

❼ Liao Z Q, Cheung M T. Internet-based E-shopping and Consumer Attitudes:an Empirical Study[J]. Information & Management,2001(38):299-306.

2.3.2 零售商品质量管理的相关文献综述

质量管理，即在质量方面指挥和控制组织协调的活动❶。在现实生活中，通常包括对产品和服务两个方面的质量管理。对质量管理的研究源于生产制造领域，后来逐步扩展至服务业、公共事业等领域。从现代质量管理的实践来看，按照解决质量问题的手段和方式，质量管理的发展过程大致可划分为三个历史阶段：质量检验阶段、统计质量控制阶段和全面质量管理阶段。其中，质量检验阶段主要采取事后检验的方式，是一种纠错型的质量管理；统计质量控制阶段主要在生产过程中实施质量控制，通过控制影响因素来实现预期目标，属于预防型的质量管理；全面质量管理阶段则集中了前两者的优势，是以满足顾客需求为目标，对产品的整个生命周期采取的一种过程（质量环）质量管理方式。

朱兰博士认为，若要实现质量管理目标，则需要频繁循环地应用质量计划、质量控制和质量改进三个质量管理过程，这些过程被称为"朱兰三部曲"或"质量管理三部曲"。质量计划指开发产品或服务的结构化的过程，其内容主要包括设立质量目标、识别顾客、确定顾客需求、开发顾客所需的产品特征、开发生产过程、建立过程控制措施、将计划转入控制过程等；质量控制是评价实际绩效，将实际绩效与目标进行比较、采取措施纠正偏差的一系列活动，其目的是提供稳定性；质量改进则是为将质量绩效提升至前所未有的水平而采取的一系列改进活动，其内容主要包括：提出改进的必要性并做好改进的基础工作，确定改进项目，建立项目小组，为小组提供资源、培训及激励，建立控制措施及巩固结果❷。

零售作为将商品或服务直接提供给消费者的销售行业，贯穿于生产和消费两个环节之间，使生产和消费密切对接。零售商在销售环节中的主要活动包括提供各种商品及服务组合、管理商品库存、提供售后服务等。由于在销售过程中，顾客价值的产生源于所感知的商品与服务的总价值，因此，零售商在日常管理中，既要注重商品质量管理，又要注重服务质量管理❸。电子商务的快速发展，使得零售模式发生巨大改变，为零售中的质量管理工作增添了新的内容。网络的虚拟性，使得买卖双方产生信息不对称及交易不确定等问题。这类

---

❶ 温德成，李韶南. 质量管理学 [M]. 北京：中国计量出版社，2009，1：2.
❷ J. M. 朱兰，A. B. 戈弗雷. 朱兰质量手册 [M]. 北京：中国人民大学出版社，2003.
❸ 李波. 网络购物商品质量管控研究 [D]. 济南：山东大学，2014.

问题的主要根源便是对商品质量的不确定。余芳（2017）❶对电商环境中的商品质量问题的成因进行分析，认为滞后的电子商务法律法规、买卖双方信息不对称、电商平台监管不严、政府监管存在漏洞、产品质量追溯体系不完善、卖家不诚信经营六方面造成商品质量问题层出不穷，并相应地从健全网络交易相关的法律法规、建立电子商务产品质量信息共享平台、加强政府监管、建立质量监管平台、完善电子商务产品质量追溯体系、提高卖家的诚信意识六方面提出整改建议。史宏伟（2016）❷认为电商平台的商品质量管控基础，便是对货源或工厂的质量进行控制，如果网络平台上的商家，在任何一种商品上架前，都必须向电商平台提交货源信息，由电商平台委托第三方机构对工厂进行审核并验证信息真实性（否则不准上架），商品质量则可以实现有效管控；其次，消费者众筹和频繁无规则的抽检可为电商商品质量提升提供动力；另外，检验检测、质量认证、合规溯源是商品质量提升的核心工具。

根据网络购物模式下出现的商品质量问题，电商平台采取了一系列的管控措施，这些措施主要包括：信誉反馈量化得分、文字评论、在线商盟、合作机构声誉、信息展示、第三方质量检验、平台质量抽检、产品试用、设置卖方准入门槛、质量保证和承诺、违规惩罚、第三方支付等❸。另外，政府也在宏观调控和微观监管方面做出一些工作，如大力推进社会信用体系建设，优化网络购物的物流配送、在线支付环境，制定政策法规和日常对网络购物平台、卖方等其他相关方在整个电子交易过程中的市场活动进行直接限制和约束。尽管电商平台和政府采用如此多的管控措施，但仍存在漏洞和不足，难以彻底解决商品质量问题。

另外，顾客对政府及平台采取的这些措施的反应如何，侧面体现了措施的有效性。在网络购物的过程中，顾客与商品相分离，只能依靠第三方评价、广告描述及价格等信息对商品质量作出判断，但顾客并不会对所有的第三方评价及广告描述持信任态度。当第三方评论中包括信息来源以及具体采取的行为活动等内容时，顾客将提高对该评论的信任度。如果顾客需要花费一定的成本才能获取第三方评价内容，则信任度更会得以提升❹。

---

❶ 余芳. 大数据背景下 C2C 电商平台商品质量管控研究 [J]. 吉林工商学院学报, 2017, 33 (3): 45-48.

❷ 史宏伟. 电商平台如何管控商品质量 [J]. 中国纤检, 2016 (3): 41-41.

❸ 李波. 网络购物商品质量管控研究 [D]. 济南: 山东大学, 2014.

❹ Maeyer P D, Estelami H. Consumer perceptions of third party product quality ratings [J]. Journal of Business Research, 2011, 64 (10): 1067-1073.

综上发现，很多研究对传统销售模式及网络销售中的质量管理方式进行分析，但是很少有学者针对目前新零售模式的质量管理模式进行探索，这为本书提供了研究机会。

2.4 技术接受模型（TAM）理论及其应用

2.4.1 TAM 理论

TAM 理论由 Davis（1986）在运用理性行为理论研究用户对信息系统接受情况时首次提出[1]，目的在于分析用户对计算机技术接受情况的影响因素，其具体结构如图 2-6 所示。

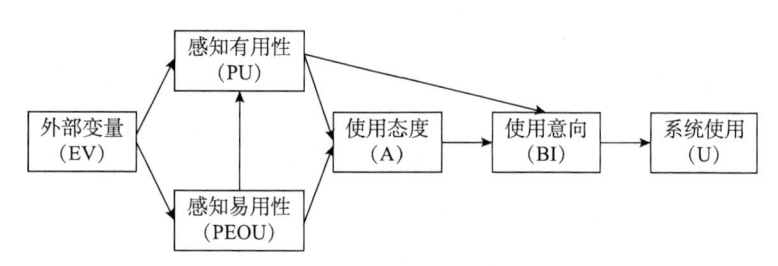

图 2-6 TAM 结构图[2]

Davis 认为，系统的实际采纳，取决于用户是否产生使用意向，而使用意向的产生，又取决于用户的使用态度和对系统有用性的感知程度，使用态度由用户对系统有用性和易用性的感知程度所决定。感知有用性是指用户对系统使用价值的主观判断，感知易用性是指用户对使用系统时所投入的精力及感知难易的主观评价。模型中的外部变量主要包括系统设置特征、用户特征、任务特征、政策影响等多方面因素，这些因素直接影响了顾客对系统的感知有用性和感知易用性。另外，感知易用性也对用户的感知有用性有直接影响。

模型中假设了八对相关关系，分别是：(1) 感知易用性→感知有用性；

---

[1] Davis F D. A technology acceptance model for empirically testing new end-user information systems: theory and results [Z]. Ph. D. dissertation, MIT Sloan School of Management, Cambridge, MA, 1986.

[2] 贾璐. 基于 TAM 和 IDT 的飞信业务用户行为研究 [D]. 成都：电子科技大学，2009.

(2) 感知有用性→使用态度；(3) 感知易用性→使用态度；(4) 感知有用性→使用意向；(5) 感知易用性→使用意向；(6) 使用态度→使用意向；(7) 使用态度→系统使用；(8) 使用意向→系统使用。截至目前，尚没有研究对这八对关系给出统一的结论，孙建军等（2007）[1]对相关的实证结论进行了汇总，如表2-1所示。

表2-1 关于TAM的实证结果汇总表

关系	(1)	(2)	(3)	(4)	(5)	(6)	(7)	(8)
正相关	21	12	10	16	10	7	3	10
不显著	5	1	3	3	3	4	0	1
负相关	0	1	0	0	0	0	0	0
未测试	2	14	15	9	15	17	25	17

汇总结果表明，大多数学者的实证分析都证明了八对关系呈现正相关，当然，由于研究对象的性质、规模及其他技术条件的区别，导致部分结果存在差异。这说明，模型中的条件还有改进空间，或者在应用该模型的过程中，还需要与其他方法或因素进行整合。Venkatesh, Davis（2000）[2]又对模型进行了修正与扩展。将社会和组织因素中的社会影响过程、认知工具性过程作为感知有用性的自变量纳入，对TAM原有模型中的感知有用性的影响因素进行了完善。扩展后的模型被称为TAM2，具体结构如图2-7所示。

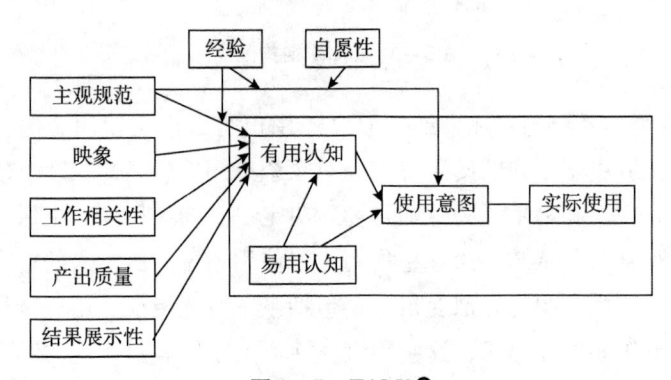

图2-7 TAM2[3]

---

[1] 孙建军，成颖，柯青. TAM模型研究进展——整合分析 [J]. 情报科学，2007，25（7）：961-965.

[2] Venkatesh V, Davis F D. A Theoretical Extension of the Technology Acceptance Model: Four Longitudinal Field Studies [J]. Management Science, 2000, 45 (2): 186-204.

[3] 孙建军，成颖，柯青. TAM模型研究进展——模型演化 [J]. 情报科学，2007，25（8）：1121-1127.

与 TAM 进行对比可以发现，扩展后的 TAM2 去掉了使用态度这一变量，另外，扩展了社会影响因素在内的外部因素，增加了工具认知过程的相关变量，如工作相关性、产出质量和结果的展示性，模型变量的清晰性使得模型更加易于操作，解释能力也得以提高。另外，也有学者对新增的变量进行了验证，如 Schepers（2007）❶ 对 TAM2 中增加的变量"主观规范"进行分析，验证了主观规范对感知有用性以及使用意向有显著正向影响。

2.4.2 TAM 理论的应用

TAM 理论为解释变量对用户采纳行为意向的影响提供了理论框架与依据，被广泛应用于电子商务、电子政务、信息技术等各个领域，国内外学者应用 TAM 理论展开了多项研究。

Gefen, Straub（2000）❷ 依据 TAM 理论对顾客使用网络渠道进行购物的意图进行研究。文章以图书网店为例，选取了 217 名 MBA 学生作为调查对象进行模拟实验，通过实证分析发现，当网站主要用于搜索时，感知有用性和感知易用性对使用意图都呈现显著正向影响；当网站用于支付购买时，感知易用性对使用意图没有显著影响，而感知有用性对使用意图呈现正向影响；另外，研究结果还验证了感知易用性对感知有用性的显著正向作用。Lin, Lu（2000）❸ 在研究顾客购物对网络渠道的接受程度时，采用了 TAM 来进行分析。研究结果发现，"感知易用性"并不会显著影响顾客的购买意图，只有通过"感知有用性"才会发挥其间接作用。Mccloskey（2008）❹ 在研究老年人对网购的心理接受程度时采用扩展后的 TAM，增加了"信任"这一变量，实证分析了感知易用性、感知有用性和信任对网络购物行为的影响。结果发现，感知有用性和信任对网购行为意向具有显著正向影响，感知易用性通过感知有用性对网购行

---

❶ Schepers J, Wetzels M. A meta-analysis of the technology acceptance model: Investigating subjective norms and moderation effects [J]. Information & Management, 2007, 44（1）: 90-103.

❷ Gefen D, Straub D W. The Relative Importance of Perceived Ease of Use in IS Adoption: A Study of E-Commerce Adoption [J]. AIS Educator Journal, 2000, 1（8）: 1-28.

❸ Lin C C, Lu H. Towards an understanding of the behavioural intention to use a web site [J]. International Journal of Information Management, 2000, 20（3）: 197-208.

❹ Mccloskey D W. The importance of ease of use, usefulness, and trust to online consumers: An examination of the technology acceptance model with older consumers [J]. Journal of Organizational & End User Computing, 2008, 18（3）: 47-65.

为产生正向作用，信任对感知易用性和感知有用性均有显著正向影响。

另外，还有许多学者对 TAM 与其他理论模型进行整合，用于分析用户对技术的接受应用程度。高平，刘文雯、徐博艺（2004）❶ 将 TAM 与任务-技术匹配（TTF）模型进行整合，用于分析和预测员工行为以及企业采用 ERP 的情况。研究将相互作用的因素分为三类：外部因素（包括工具功能、任务需求及任务技术匹配）、内部因素（包括个人态度及意向）、中间因素（感知易用性和感知有用性），从而将模型进行整合，从行为科学的视角分析了采纳 ERP 的影响因素。杨翾，彭迪云，谢菲（2016）❷ 对 TAM 与 Ajzen 提出的计划行为理论（TPB）❸ 进行整合，应用于互联网理财市场。文章将顾客的特征考虑在内，把感知风险划分为功能性风险和情感性风险两个维度，验证了顾客特征、感知风险以及信任三个因素对行为意向的影响，并且对各前置因素之间的逻辑关系进行探索。得出以下研究结果：首先，信任是影响顾客行为意向的最重要的关键因素；其次，不同类别的风险对信任的影响存在差异，相对于情感性风险，功能性风险对信任的负向影响更加显著；另外，不同的顾客特征对信任的影响也存在差异。

综上可以发现，TAM 可以有效解释用户采纳行为的态度及意向，并且可以根据实际需要，与其他理论模型进行整合，添加相关因素，广泛应用于电子商务及顾客行为的研究领域中。

2.5 顾客价值理论及其应用

2.5.1 顾客价值理论综述

顾客价值理论是研究顾客行为取向的理论基础，学者们从不同的角度对顾

---

❶ 高平，刘文雯，徐博艺. 基于 TAM/TTF 整合模型的企业实施 ERP 研究［J］. 系统工程理论与实践，2004，24（10）：74-79.

❷ 杨翾，彭迪云，谢菲. 基于 TAM/TPB 的感知风险认知对用户信任及其行为的影响研究——以支付增值产品余额宝为例［J］. 管理评论，2016，28（6）：229-240.

❸ Ajzen I. The theory of planned behavior［J］. Research in Nursing & Health, 1991, 14（2）：137.

客价值理论进行阐释。Zeithaml（1988）❶认为顾客价值即顾客感知价值（customer perceived value，CPV），是顾客所能感知到的利益与其在获取产品或服务过程中所付出的成本之差。他认为可以从四个方面反映顾客价值：（1）低廉的价格；（2）顾客从产品中所获取的东西；（3）顾客通过支付所买回的产品质量；（4）顾客付出全部所换来的收获。Zeithaml从收益和成本的角度对顾客价值进行分析，为顾客价值理论作出了重要贡献，但由于对收益和成本的具体内容、测算方法以及影响顾客决策的路径等方面都没有给出明确解释，因此在理论上还存在一定缺憾。

Kotler于1994年提出了顾客让渡价值（customer delivered value，CDV）的概念❷，认为顾客让渡价值等于顾客总价值减去顾客总成本，定义的本质其实与Zeithaml的顾客感知价值相同。Kotler认为顾客总价值即顾客在所购得的产品或服务中所获得的所有利益总和，包括产品价值、服务价值、人员价值、形象价值等。顾客总成本即顾客在评估、获得、使用及维护等过程中所产生的所有可能费用，包括货币成本、时间成本、风险成本、体力成本、精力成本等。Kotler对顾客价值的计算方法，以及相关概念所包括的内容都做了详细说明，从而有助于学者对顾客价值的测算。此外，Kotler还提出顾客的让渡价值与顾客满意具有强相关性，当顾客感知的价值超过预期，则会带来顾客满意，这一观点得到学术界的大力支持，并为相关理论的发展提供了理论基础。

Zeithaml（1988），Kotler（1994）所提出的顾客价值的测算思想，都是用顾客在购买和使用过程中所感受到的利益减去所付出的成本，即顾客价值＝感知的利益－成本＝（产品价值＋服务价值＋人员价值＋形象价值）－（货币成本＋时间成本＋风险成本＋体力成本＋精力成本），从绝对值差值的角度反映了顾客价值的大小，当产品的顾客价值较高时，顾客就会选择购买。把这种计算方法归结为"经济"导向的视角。

利用绝对差值来反映顾客价值，可以较为准确地了解顾客价值的水平，但这种计算方法容易导致一个错误的结论，即越贵的产品，顾客价值有可能会越高，然而顾客因对产品没有需求或者价格高于其支付能力，往往会选择放弃购

---

❶ Zeithaml V A. Consumer Perceptions of Price, Quality, and Value: A Means – end Model and Synthesis of Evidence [J]. Journal of Marketing, 1988, 52 (7): 2 – 22.

❷ Kotler B P, Brown J S, Mitchell W A. The Role of Predation in Shaping the Behavior, Morphology and Community Organization of Desert Rodents [J]. Australian Journal of Zoology, 1994, 42 (4): 449 – 466.

买，因此一些学者决定换一种方式来测算顾客价值。Reidenbach（1991）❶ 认为利用差值这样的绝对性指标不便于分析顾客价值，他借鉴价值工程的分析方法，提出顾客价值可以通过计算效用与支付的价格之间的比例来获得，即顾客价值（V）= 效用（U）/价格（P）。相对于利用差值来反映顾客价值，相对指标更便于人们对概念的理解和应用，因此 Reidenbach 的计算思想得到了大力推广，但是 Reidenbach 并没有对效用进行具体的界定，并且仅简单地将价格作为成本进行分析，因为对成本的界定过于狭窄，所以不能准确地分析顾客价值。因此，Grouroos（1997）❷ 从"价值"产生全过程的视角对顾客价值进行界定。他认为顾客在购物过程中所感知的价值不仅源于产品本身的质量，还与购买过程中享受的服务质量以及全过程中与企业持续发生的关系质量密切相关。因此，Grouroos 提出，顾客价值 =（核心产品 + 附加服务）/（价格 + 关系成本）。

张明立，胡运权（2003）❸ 对以上两种定义方式提出了质疑，若按照以上定义方式，对于顾客价值相同的产品，越是贵的产品，付出的价值也会越高，顾客必然会放弃购买贵重的产品，这与顾客的实际需求又产生了矛盾。因此，他们认为顾客需求作为决定顾客是否购买的重要因素，也应该考虑到顾客价值的计算中去。文章设定顾客价值的计算原理依然为顾客利得减去顾客利失，但在公式中增加了顾客需求强度作为权数，即顾客价值 = $(V-C)*w = \sum(V_i - C_i)*w_i$，式中 V_i 代表产品或服务的某个价值属性为顾客带来的绝对价值；C_i 代表顾客为获取产品或服务的某个价值属性而付出的绝对成本；w_i 代表顾客对产品或服务的某个价值属性的需求强度。这种计算方式，既计算了绝对价值量，又添加了顾客的主观需求，体现了价值质的特征，为顾客价值概念的发展作出了重要贡献。

顾客在购物过程中作出决策的过程主要是在竞争环境中作出选择的过程，而选择的结果主要通过对比的方法获得，因此，James C. Anderson，James A.

---

❶ Reidenbach R E, Sandifer - Smallwood B. Exploring perceptions of hospital operations by a modified SERVQUAL approach [J]. Journal of Health Care Marketing, 1991, 10 (4): 47 - 55.

❷ Christian Grönroos. Value - driven relational marketing: From products to resources and competencies [J]. Journal of Marketing Management, 1997, 13 (5): 407 - 419.

❸ 张明立，胡运权. 基于顾客价值供求模型的价值决策分析 [J]. 哈尔滨工业大学学报（社会科学版），2003, 5 (3): 45 - 49.

Narus（1998）❶ 认为有必要将竞争对手创造的顾客价值引入价值理论中。他们发展了 Kotler 的经济导向的顾客价值理论，提出了"竞争"导向的顾客价值理论，认为顾客价值是顾客在购买的产品中所获得的"净利益"，当顾客从企业 A 中所获得的"净利益"高于企业 B 时，即 $Value_A - Price_A > Value_B - Price_B$ 时，则顾客选择从企业 A 处购买商品，并获得满意。董大海（2004）❷ 将"竞争"导向的价值理论与价值导向的价值理论进行结合，提出当 $\frac{U_A}{C_A} > \frac{U_B}{C_B}$（式中，$U_A$、$U_B$ 分别为顾客从企业 A、B 处购买商品所获得的效用；C_A 和 C_B 分别为顾客从企业 A、B 处购买商品所支出的所有成本）时，顾客选择从企业 A 处购买商品。

王锡秋（2004）❸ 认为顾客价值可以从经济价值、物理价值及心理价值三个方面进行分析。经济价值即在实现同等功能时，节省的费用为顾客带来的价值；功能价值是指顾客从使用产品过程中，从产品的功能中所获得的价值；心理价值则是指收到或使用产品后顾客的心理满足程度。以此为基础，对顾客价值的测算方法进行述评，总结出价值工程法、利得利失差额法、SERVQUAL 模式法和顾客价值图法四种方法。其中，价值工程法是借鉴价值工程中价值的构造方法来评价顾客价值，即用企业所提供的产品或服务给顾客带来的效用与顾客为此所付出的成本的比值；利得利失差额法是指用顾客的利得函数减去顾客的成本函数；SERVQUAL 模式法从服务质量的测算指标——有形性、可靠性、响应性、确实性、移情性五个维度对顾客对某一服务的总体期望和顾客对企业所提供服务的感知水平进行评价，然后通过对顾客期望和顾客实际感知之间的差异进行比较，得出顾客价值；顾客价值图法是指将顾客感知利得和感知利失分别作为横坐标和纵坐标，每个维度分为高低两种表现结果，从而形成四分图，将各决策结果根据利失和利得情况归入对应象限，从而能够直观地展示顾客价值的高低。

通过以上对顾客价值的分析发现，尽管学者们对顾客价值给出了不同的计算方法，但一致认同顾客价值的本质是顾客在感知利得与感知利失之间的权

---

❶ James A. Narus, James C. Anderson. Master's Level Education in Business Marketing：Quo Vadis?［J］. Journal of Business - to - Business Marketing, 1998, 5（1-2）：75-93.

❷ 董大海, 金玉芳. 作为竞争优势重要前因的顾客价值：一个实证研究［J］. 管理科学学报, 2004, 7（5）：84-90.

❸ 王锡秋. 顾客价值及其评估方法研究［J］. 南开管理评论, 2005, 8（5）：31-34.

衡，只不过权衡的方法分为绝对差值和相对比值两种方式，顾客的利得和利失因素也有所区别。

2.5.2 顾客价值的驱动因素

Parasuraman（2000）[1] 认为顾客感知利得和利失主要受产品质量、服务质量和价格影响，因此他认为顾客价值产生的驱动因素可以从产品质量、服务质量和价格中挖掘。Woodruff（1997）[2] 认为顾客价值并不是单一层次的，而是从低到高分为属性层价值、结果价值和目标价值三个层次，他提出顾客价值是顾客感知到的对产品属性、属性表现以及由使用而产生的可能对顾客达成目标产生阻碍或促进作用的结果的偏好和评价。从低层往高层看，顾客在购买和使用某一具体产品时，会考虑产品的属性和属性效能，以及这些属性效能满足预期的能力，顾客会根据这些结果对目标的实现能力形成期望；从高层往低层看，顾客会根据自己的目标来确定某个结果对自己的重要性，同时，结果又会决定各属性及属性效能的相对重要程度。对于低层的产品属性价值，可以通过产品的功能、特性、品质、种类等产品相关属性来进行观测，产品属性价值是顾客价值的主要来源，也是决定顾客价值大小的重要因素；结果属性价值是指顾客在使用和处置产品的过程中，产品属性给顾客带来的效用，这里的效用不仅可以通过产品属性实现的价值进行测算，还可以通过顾客的情感价值进行测算；目标属性的价值在顾客价值三层次中处于最高层，产生于产品属性和使用属性价值得以实现之后，是顾客在使用和处置产品的过程中，产品的属性满足顾客在购买前对它期望的程度。从 Woodruff 对顾客价值的层次分析中可以发现，顾客价值的产生受到产品、使用结果产生的效用，以及和预期之间的差异三个方面影响。

杨龙，王永贵（2002）[3] 认为企业竞争的唯一战略武器便是创造和交付优异的顾客价值。他们认为驱动因素主要从感知利得和感知利失的影响因素中获得。其中，感知利得主要受到产品购买和使用中产品的物理属性、服务

---

[1] Parasuraman, A. The impact of technology on the quality – value – loyalty chain: a research agenda [J]. Journal of the Academy of Marketing Science, 2000, 28 (1): 156 – 174.

[2] Woodruff, B Robert. Customer value: the next source for competitive advantage [J]. Journal of the Academy of Marketing Science, 1997, 25 (2): 139 – 153.

[3] 杨龙，王永贵. 顾客价值及其驱动因素剖析 [J]. 管理世界，2002 (6): 146 – 147.

属性、可获得的技术支持等因素驱动，感知利失主要包括购买者在采购时所面临的全部成本，如购买价格、获得成本、运输、安装、订购、维护修理以及采购失败或质量不尽人意的风险。企业可以通过提高顾客的感知利得或降低顾客的感知利失来提升顾客价值。但需要注意的是，增加顾客的感知利得和降低顾客的感知利失并不是独立的，有些活动会在增加感知利得的同时可以降低感知利失。

张明立，樊华，于秋红（2005）[1] 认为顾客价值不仅具有层次性，且在每个层面上都具有动态性，因此在每个层面上的驱动因素是不断变化的。顾客在整个购物流程中的不同阶段对价值有着不同的评估标准，在购前、购买和购后阶段，顾客关注的焦点依次是产品属性、属性结果及与预期的对比，每个阶段对这些关注焦点的评价标准不同，且相对于经常购买使用的产品，顾客对初次购买使用的产品的价值感知也存在不同。王俊男（2010）[2] 根据 Woodruff 对顾客价值层次性的分析，认为顾客价值主要通过满足顾客产品需求、提出价值承诺、提高购后服务质量等方面，分别实现顾客的产品属性价值、情感价值及目标价值。

王锡秋（2005）[3] 在文中对顾客价值的影响因素（即测算指标）进行了分析，将顾客价值从经济价值、物理价值和心理价值三个方面进行评价，并建立矢量表达式。其中经济价值可以通过三个指标来测算：①实现相同功能的购买成本节省带来的价值；②降低使用成本带来的价值；③节约其他成本带来的价值，如消费者为购买产品与服务所花费的信息成本、时间成本、精力成本和体力成本节约带来的价值。物理价值可以从产品功能带来的价值、产品质量水平带来的价值、按期交货带来的价值三个方面来进行考察。心理价值可以通过产品品牌给顾客带来的价值、良好的服务给顾客带来的价值、产品环保性给顾客带来的价值来测算。

Timo Rintamäki，Kaisa Kirves（2017）[4] 将顾客价值的影响因素分为经济价值（economic value）、功能价值（functional value）、情感价值（emotional value）

---

[1] 张明立，樊华，于秋红. 顾客价值的内涵、特征及类型［J］. 管理科学，2005，18（2）：71-77.
[2] 王俊男. 基于顾客价值理论的顾客购后行为研究［J］. 技术与创新管理，2010，(31) 4：465-468.
[3] 王锡秋. 顾客价值及其评估方法研究［J］. 南开管理评论，2005，8（5）：31-34.
[4] Rintamäki T, Kirves K. From perceptions to propositions: Profiling customer value across retail contexts［J］. Pergamon, 2017. DOI: 10.1016/j.jretconser.2016.07.016.

和形象价值（image value）。其中经济价值和功能价值是顾客价值的功利性要素，情感价值和形象价值作为顾客价值的享乐性要素，属于顾客价值的社会来源。经济价值通过节约成本、产品价格水平的感知、产品折扣三个指标进行观测；功能价值则通过顾客获得产品的便利性、快捷性和准确性的角度进行观测；情感价值则通过调查顾客在获得及使用产品过程中心情的满足或愉悦程度来获得；形象价值则通过调查顾客对零售商及产品或相关服务的印象进行观测。

对学者们所分析的顾客价值驱动因素进行总结可以发现，学者们都大同小异地认为顾客价值受到产品质量、服务质量、顾客关系、企业形象及企业发展等因素的驱动，而顾客价值最终由顾客感知结果和预期目标之间的差异而产生。

2.5.3 顾客价值理论的应用

顾客价值的导向能够决定顾客采取的行为方式，同时又与顾客满意密切相关，因此顾客价值理论在营销领域得到了大力推广。陈新跃，杨德礼（2003）[1]认为顾客价值是顾客购买决策行为的重要依据，顾客的购买决策不仅基于产品本身，还应将顾客的需求及个性特征作为重要影响因素考虑在内，因此，基于顾客价值理论构建了以产品效用、顾客需求、顾客成本及顾客个性特征为基础的顾客价值评价模型，通过对比不同顾客特征下各类产品带来的顾客价值，从而作出购物决策。

Mohammed Ismail El – Adly，Riyad Eid（2016）[2] 实证分析了购物环境、顾客感知价值、顾客满意及顾客忠诚之间的关系，认为购物环境是顾客对该商场产生顾客价值的前因，而顾客价值对形成顾客满意和顾客忠诚有显著的积极作用。另外，顾客满意又作为购物环境和顾客忠诚之间关系的中介变量，为顾客价值与顾客满意和顾客忠诚之间的关系提供了理论支撑。Zhang，Guo，Hu（2017）[3] 基于顾客参与、价值共创、关系营销等理论，建立了顾客参与对顾

---

[1] 陈新跃，杨德礼. 基于顾客价值的消费者购买决策模型 [J]. 管理科学，2003，16（2）：59 – 62.

[2] El – Adly M I, Eid R. An empirical study of the relationship between shopping environment, customer perceived value, satisfaction, and loyalty in the UAE malls context [J]. Journal of Retailing & Consumer Services, 2016, 31: 217 – 227.

[3] Zhang M, Guo L, Hu M, et al. Influence of customer engagement with company social networks on stickiness: Mediating effect of customer value creation [J]. International Journal of Information Management, 2017, 37: 229 – 240.

客黏性的影响模型。根据顾客价值的概念，将顾客价值分为功能性价值、享乐型价值及社会价值，实证分析了顾客参与对各类顾客价值的影响关系，以及各类顾客价值对顾客黏性的影响程度，即顾客参与通过顾客价值对顾客黏性的作用，为公司指导客户参与，增强顾客对公司黏性起到了指导作用。

在网络购物快速发展的背景下，产品种类越来越多，Rebentisch，Günther Schuh，Michael Riesener（2016）[1]根据顾客价值理论，建立了以顾客价值的变化为自变量、产品种类为因变量的函数模型，通过不断优化顾客价值的五个属性指标——产品质量、供应商柔性、顾客导向、创新能力、顾客专业度，从而得到产品种类数量的优化值，论文对企业找到以优化顾客价值为目标的产品种类设定方法有重要的指导意义。

Hsiao，Chang，Tang（2016）[2] 从顾客价值的视角，探索了用户持续使用社交 App 的影响因素。作者将顾客价值作为自变量、用户满意及习惯作为中介变量、持续使用作为因变量，基于 TAM 理论建立了顾客持续使用社交 App 的模型。

由此可见，顾客价值理论的应用主要目的在于了解顾客的决策过程、提高顾客满意度、获得顾客忠诚等，为研究顾客的购物及相关过程也提供了重要的理论依据。

2.6　任务－技术匹配（TTF）理论及其应用

2.6.1　TTF 理论

任务－技术匹配（TTF）理论于 1995 年由 Goodhue，Thompson[3]首次提出，目的是基于对认知心理和行为特点的分析来揭示信息技术如何作用于用户

---

[1] Rebentisch E, Schuh G, Riesener M, et al. Determination of a Customer Value – oriented Product Portfolio [J]. Procedia Cirp, 2016, 50：82 – 87.

[2] Hsiao C H, Chang J J, Tang K Y. Exploring the influential factors in continuance usage of mobile social Apps：Satisfaction, habit, and customer value perspectives [J]. Telematics & Informatics, 2016, 33 (2)：342 – 355.

[3] Goodhue D L, Thompson R L. Task – technology fit and individual performance [J]. MIS Quarterly, 1995, 19 (2)：213 – 236.

的任务绩效，并反映信息技术和任务需求之间的内在逻辑关系。匹配是 TTF 理论的核心概念，通过观测任务技术匹配程度，能够有效地从用户与信息技术的互动中分析信息技术对任务的支持程度。Goodhue，Thompson（1995）用"技术－绩效链"（technology to performance chain，TPC）表征了任务技术匹配理论的基本框架（图 2 - 8），框架中有四个核心组成部分，分别是：任务特征、技术特征、人员特征及任务技术匹配。其中，任务特征是用户采用信息技术将信息输入转化为输出而采取的行动；技术特征是指用户执行任务所使用的工具或手段的特征；人员特征主要是指使用者对计算机信息技术或手段的使用动机、意愿、频率及熟练程度等特征；任务技术匹配本质上是任务的需求、使用者的能力和技术的功能三者之间的一致性程度，即信息技术能够有效地支持使用者完成任务的程度。Goodhue，Thompson（1995）实证检验了任务特征、技术特征及人员特征通过交互作用，共同影响任务技术匹配程度，而任务技术的匹配程度显著正向影响了使用绩效。

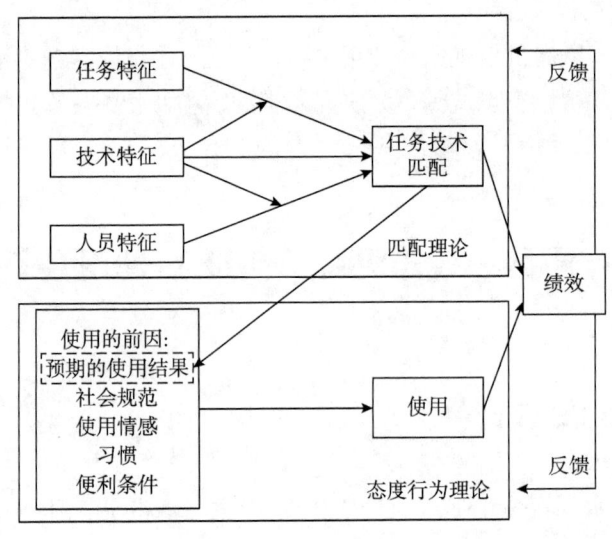

图 2 - 8 技术 - 绩效链（TPC）❶

随着 TTF 理论的提出，很多学者对此进行了拓展和更加深入的分析。

---

❶ 李雷，杨怀珍，谭阳波，等. 任务技术匹配理论研究现状述评与趋势展望［J］. 外国经济与管理，2016，38（1）：29－41.

Mark T. Dishaw, Diane M. Strong (1999)❶将 TTF 中的影响因素融入 TAM 中，使得 TTF 与 TAM 整合成一个新的模型（图 2-9），并实证检验了整合后的新模型比原有的两个模型能够更加有效地解释用户信息技术的使用行为意向、任务技术匹配程度对使用绩效的影响。

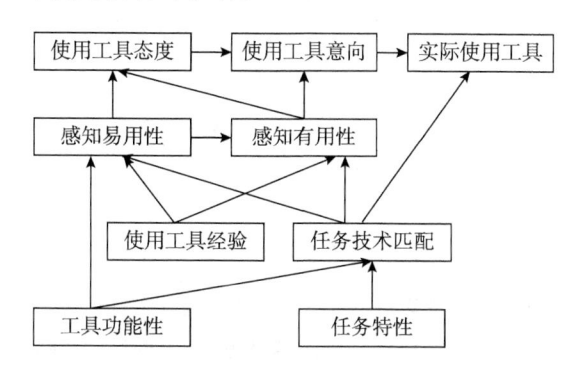

图 2-9　整合 TAM 与 TTF 的模型

2.6.2　TTF 理论的应用

TTF 理论中的三个重要构成要素——任务、使用者及信息技术的特性均具有多样性，因此，根据不同的要素特点，TTF 理论也广泛应用到各个领域。电子商务是以信息技术为手段，以供方和需求方为主体，以商品交换为中心任务的商务活动，同时包括了 TTF 理论中的三个重要构成要素，因此将 TTF 理论应用于电子商务领域是可行的。

Wells et al.（2003）❷根据 Goodhue（1995）研究中对任务技术匹配变量的测量方法进行了分析，开发了电子商务背景下的任务-技术匹配变量，分析了 TTF 理论在电子商务领域中得以应用的可行性，并根据电子商务的自身特征对技术特征变量、任务特征变量以及用户特征变量进行开发设计，分析了这些变量之间的关系，在此基础上建立了电子商务背景下的任务-技术匹配模

---

❶ Dishaw M T, Strong D M. Extending the technology acceptance model with task - technology fit constructs [J]. Information & Management, 1999, 36 (1): 9-21.

❷ Wells J D, Sarker S, Urbaczewski A, et al. Studying Customer Evaluations of Electronic Commerce Applications: A Review and Adaptation of the Task - Technology Fit Perspective [C] // 36th Annual Hawaii International Conference on System Sciences, 2003. Proceedings of the. IEEE, 2003. DOI: 10.1109/HICSS. 2003. 1174441.

型，并进行了实证分析，验证了任务特性和技术特性与移动设备的使用都呈现出正相关关系。Klopping，McKinney（2004）❶ 将 TTF 理论与 TAM 整合并应用到电子商务领域中，实证检验了任务 – 技术匹配程度对 TAM 中的感知有用性和易用性，以及顾客行为意愿均具有显著的正向影响。

高洋，王琳雅（2016）❷ 利用 TTF 理论分析了消费者的渠道选择行为的影响因素，从渠道特性、产品特性、消费者特性三方面对消费者渠道选择的影响因素了进行分析，但此研究存在不足之处，仅以相关性的分析来反映各因素之间的匹配程度略显单薄，且顾客的购买行为具有动态性，因此与真实的顾客购买行为特征会存有误差。

刘可（2006）❸ 结合顾客价值理论和竞争优势理论，对 TTF 理论中的"任务匹配"从供求的角度进行了拓展，建立了供求匹配理论。研究用匹配度来反映供应与需求之间的匹配程度，将顾客价值供求匹配度定义为企业提供的产品或服务 A 的属性向量对顾客群 C 所需求的产品或服务 A 的属性向量的满足程度；以及企业 E 的核心能力和资源供给偏好系数向量与顾客群 C 对产品或者服务 A 的属性权重向量的偏离程度。定义表明，顾客价值供求匹配度可通过满足度指标和一致度指标，来衡量企业顾客价值供给能力对市场顾客价值需求的满足和一致程度。根据实证分析得出结论，企业供求匹配的一致程度越高，企业的长期竞争优势就会越明显。

2.7 本章小结

本章主要对研究中涉及的新零售模式、顾客购物行为和商品质量三个重要概念，以及顾客价值理论、TAM 理论、TTF 理论进行了文献梳理，结合本书的研究目的产生以下思考，为本书的研究思路及研究方法指明方向。

随着社会实践的不断发展，学术界对顾客行为的界定也不断调整更新。通

---

❶ Klopping I M, McKinney E. Extending the Technology Acceptance Model Extending the Technology Acceptance Model and the Task and the Task—Technology Fit Model to Technology Fit Model to Consumer E Consumer E – Commerce Commerce [J]. Information Technology Learning & Performance Journal, 2004, 22 (1): 36 – 47.

❷ 高洋，王琳雅. 基于匹配理论的消费者渠道选择行为影响因素 [J]. 沈阳工业大学学报（社会科学版），2016, 9 (1): 91 – 96.

❸ 刘可. 顾客价值供求匹配理论及模型研究 [D]. 杭州：浙江大学，2006.

过文献分析发现，在新零售模式下的顾客行为，目前尚未形成统一的认识。基于此，本书拟首先从购物的全流程出发，系统、详细地对新零售模式中的顾客购物行为加以界定，然后再对顾客动态购物行为进行系统分析。另外，渠道选择行为是新零售模式下顾客行为的重要组成部分，目前，学者们对新零售模式中顾客购物行为的研究主要集中于渠道选择、渠道迁移等方面，采用的方法也多是实证分析及博弈论的方法，尚未发现对顾客在整个购物流程以及渠道选择中的购物决策过程进行系统、动态的研究的相关成果。因此，本书拟基于顾客价值理论、TAM 理论及 TTF 理论，探索顾客在新零售模式中购物全过程的动态行为规律，以丰富顾客行为的相关理论。

另外，在多渠道购物环境中，商品质量是引起渠道冲突的重要因素，然而对商品质量管理的相关研究还主要局限于实体销售渠道或网络渠道单一渠道中，很少有学者针对目前新零售模式的质量管理模式进行探索。在新零售模式中，不同质量属性的商品，与不同渠道的匹配性必然影响顾客的购物行为，按照商品与渠道的匹配性，在不同渠道对商品进行分配，能有效降低渠道冲突。因此，本书基于文献分析，发现研究方向，将商品质量属性考虑在内，对顾客的购物行为进行分析，将对新零售模式的管理提供依据。

第3章
新零售模式下顾客渠道选择行为的影响因素分析

在新零售模式下,顾客的渠道选择行为贯穿购物行为始终,是顾客购物行为的重要组成部分。许多学者对顾客的渠道选择行为进行了理论研究。其中,Schoenbachler, Gordon[1] (2002) 对顾客选择多渠道购物的驱动因素进行了分析,认为顾客的感知风险、购物经历、购物动机,以及商家的网页设计对顾客在购买阶段选择多渠道可能会有影响。Verhoef, Neslin, Vroomen[2] (2007) 从顾客和渠道特点两个方面对顾客在搜索及购买两个阶段中的渠道选择行为进行了研究。Blattberg, Kim, Neslin (2008)[3] 和 Neslin et al. (2006) 认为影响顾客渠道选择的因素包括渠道属性、顾客特征及购物市场行情。Frasquet, Mollá, Ruiz (2015) 对顾客在购前、购买、购后三个阶段选择渠道的影响因素做了相关性分析。上述研究在多渠道购物的影响因素及顾客的渠道选择行为方面作出了理论贡献,但普遍没有将商品质量纳入渠道选择行为的影响因素中。另外,多数研究也没有系统地从购前、购买、购后全过程的角度对顾客的渠道选择行为进行分析,Frasquet, Mollá, Ruiz (2015) 虽在购物三个阶段对渠道选择的影响因素进行了分析,但只是做了相关性分析,并没有进行验证,也没有将商品质量作为渠道选择的影响因素考虑在内。

基于以上对研究目的及文献的分析,本章试图综合商品质量、顾客及渠道

---

[1] Schoenbachler D D, Gordon G L. Multi‐channel shopping: understanding what drives channel choice [J]. Journal of Consumer Marketing, 2002, 19 (1): 42 – 53.

[2] Verhoef P C, Neslin S A, Vroomen B. Multichannel customer management: understanding the research‐shopper phenomenon [J]. International Journal of Research in Marketing, 2007, 24 (2): 129 – 148.

[3] Blattberg R C, Kim B D, Neslin, S. Database Marketing: Analyzing and Managing Customers [M]. New York: Springer + Business Media LLC (Chapter 28), 2008: 607 – 633.

特征等因素，分析它们如何影响顾客在购物全过程中的渠道选择行为。

3.1 购物行为的概念模型

根据前面对新零售模式下顾客购物行为的界定，本书将新零售模式下的顾客购物行为框架图用图 3-1 来表示，即顾客在购物前根据自身需求、兴趣、条件等影响因素进行信息搜索、产品及渠道选择，根据价值理念、交易成本等进行渠道间的比较及转换，对商品质量及相关信息进行鉴别，然后支付购买，购买后进行商品使用及处置、咨询、接受售后服务、对商品及服务做出评论等活动。在整个购物过程中，每个阶段的活动可以在某单一渠道进行，也有可能在两个渠道交互进行。

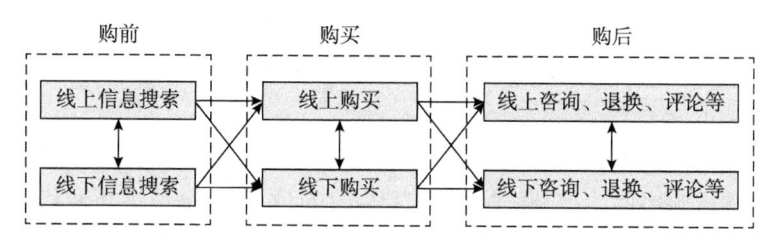

图 3-1 新零售模式下的顾客购物行为框架

3.2 理论模型及假设

学者们常用 Davis (1989)[1] 提出的 TAM 来解释顾客利用网络渠道的购物行为，该模型将渠道的有用性和易用性作为技术接受的主要决定因素。简约性和预测能力是 TAM 的主要优势，但是模型的简约性可能导致遗漏其他重要的影响因素，Davis 也承认存在这个缺陷，他建议通过增加变量来解释行为

---

[1] Davis F D. Perceived usefulnessperceived ease of use, and acceptance of information technology [J]. Mis Quarterly, 1989, 13 (3): 340-391.

(Venkatesh et al. 2003)❶。Frasquet，Mollá，Ruiz（2015）❷ 通过添加动机因素来扩展 TAM 这一模型，对顾客在多渠道购物环境中的渠道选择问题进行研究，将渠道的有用性、安全性及时间压力作为外部动机，将渠道的易用性、顾客的享乐取向和产品卷入度作为内部动机因素，研究顾客在购物过程中的渠道选择问题。Chen，Cheng（2013）❸ 认为商品质量也是一个重要的影响因素，但以上研究都没有验证其对渠道选择的影响。因此本书试图基于商品质量和顾客的视角扩展 TAM，对顾客购前、购买、购后的全过程进行渠道选择行为的分析。

3.2.1　商品质量

基于前文对商品质量的界定与分析，本书认为任何商品质量都是由可感知性、功能性、安全性及经济性等属性集合而成，但对于不同种类的商品，各类属性的表现程度存在不同。Morrison Pamela（1998）❹ 认为质量特性与渠道属性之间的匹配会影响顾客的渠道选择。对于各类质量属性，学者们对此也做了大量研究。

Nelson（1970）❺ 根据购前对商品质量信息的可感知程度，将商品分为搜索型商品和体验型商品。其中搜索型商品指的是在购买前通过查看相关信息就可以确定品质特征的商品，如书、电子产品等，这类商品的感知质量由客观性质决定，外观、材质或规格的标准化和同质化程度较高，商品属性可以比较容易地描述出来，顾客的购前感知和购后的实际感受差异也较小（李宗伟，张艳辉，2013）❻，因此，感知性强的搜索型产品更适合在线上进行搜索（Huang

---

❶ Venkatesh V，Morris M G，Davis G B，Davis F D. User acceptance of information technology：toward a unified view［J］. MIS Quarterly，2003：425－478.

❷ Frasquet M，Mollá A，Ruiz E. Identifying patterns in channel usage across the search，purchase and post－sales stages of shopping［J］. Electronic Commerce Research and Applications. 2015，14（6）：654－665.

❸ Chen C W，Cheng C Y. How online and offline behavior processes affect each other：customer behavior in a cyber－enhanced bookstore［J］. Quality & Quantity，2013，47（5）：2539－2555.

❹ Morrison P D，J H Roberts. Matching Electronic Distribution Channels to Product Characteristics：The Role of Congruence in Consideration Set Formation［J］. Journal of Business Research，1998，41：223－229.

❺ Nelson P. Information and consumer behavior［J］. The Journal of Political Economy，1970：311－329.

❻ 李宗伟，张艳辉. 体验型产品与搜索型产品在线评论的差异性分析［J］. 现代管理科学，2013（8）：42－45.

P，Lurie N H，Mitra S，2009）❶。体验型商品指那些直接接触和使用后才能感受到其品质的商品，如服装、乐器等，这类商品的外观、材质或规格等个性化程度较高，顾客的感知容易受到主观因素的影响，很难根据商品信息的描述和其他顾客的评论感受到商品的质量，因此本书认为感知性较低的体验型商品适合在线下进行搜索。Degeratu，Rangaswamy，Wu（2000）❷认为商品的可感知信息越多，则对顾客选择线上渠道的影响越大，反之越小。Mathwick，Malhotra，Rigdon（2004）❸认为体验型商品更适合在线下零售店购买，搜索型商品更适合在网上购买。由此可推测，可感知性是影响顾客渠道选择行为的一个重要的质量特性。

Okada（2005）❹认为商品还都具有功能属性和享乐属性。其中功能属性强调的是商品的实际使用性能或绩效，如微波炉、计算机等；享乐属性是指商品突出快乐或自我表现的能力，主要以顾客产生快乐体验为目标，如化妆品、奢侈型手表、游戏机等。当然，任何一件商品可能同时具有功能属性和享乐属性，因此本书认为，当商品的功能属性大于享乐属性时属于功能型商品，反之则为享乐型商品。享乐型商品提供的主要是愉悦的体验，而功能型商品给顾客带来的主要是实用效益。如果仅依赖线上信息，相对于功能型商品，顾客对享乐型商品的评价往往更为主观和个性化（Holbrook，Hirschma，1982）❺，这样顾客可能倾向于在线下搜索信息，同时，线上信息对于享乐型商品来说，也没有对功能型商品那样重要（Amar Cheema，Purushottam Papatla，2010）❻。这样，对于有形的享乐型商品，顾客很有可能通过线下渠道去亲自体验，再作出购买决策。功能型商品往往都有一定的标准化要求，这样线上线下的差异不大，为

---

❶ Huang P，Lurie N H，Mitra S．Searching for experience on the web：an empirical examination of consumer behavior for search and experience goods［J］．Journal of Marketing，2009，73（2）：55-69．

❷ Degeratu A M，Rangaswamy A，Wu J．Consumer choice behavior in online and traditional supermarkets：The effects of brand name，price，and other search attributes［J］．International Journal of Research in Marketing，2000，17（1）：55-78．

❸ Mathwick C，Rigdon E．Play，Flow，and the Online Search Experience［J］．Journal of Consumer Research，2004，31（2）：324-332．

❹ Okada E M．Justification Effects on Consumer Choice of Hedonic and Utilitarian Goods［J］．Journal of Marketing Research，2005，42（1）：43-53．

❺ Holbrook M B，Hirschman E C．The Experiential Aspects of Consumption：Consumer Fantasies，Feelings，and Fun［J］．Journal of Consumer Research，1982，9（2）：132-140．

❻ Amar Cheema，Purushottam Papatla．Relative importance of online versus offline information for Internet purchases：Product category and Internet experience effects［J］．Journal of Business Research，2010（63）：979-985．

了节约时间，顾客可能更倾向于在线上购买，并选择在线上进行购后的咨询、评论等，因此，本书认为商品的功能性也是影响顾客渠道选择的一个重要特性。

另外，有些商品本身可能会对人身安全、健康、环境以及产品本身带来危害，或者当商品的工艺、技术复杂，价格昂贵时也带来很大的风险，如药品、奢侈品等。顾客在购买安全性低的产品时会比购买安全性高的产品更注重渠道的安全可靠性。Bhatnagar, Misra, Rao（2000）认为商品的安全性越低，顾客在线上购买的可能性就越低。因此，本书认为商品的安全性也是影响顾客渠道选择行为的一个重要特性。

最后，理性的顾客在选购商品时，不仅会考虑其品质及价格，还会考虑商品的使用寿命及其在产品周期内的使用维护成本，本书将其定义为商品的经济性。对于经济性较低的商品，韩兆林，张晓燕（1999）❶认为对于购买和维修成本昂贵、生命周期较短的商品，顾客在选择渠道时更加慎重。本书认为对于经济性越高的商品，顾客感知的经济损失风险就越低，则越倾向于选择线上渠道进行搜索、购买，购后也倾向于接受线上渠道的服务。

基于以上讨论，并结合新的购物环境，本书将商品的质量特性界定为商品的可感知性、功能性、安全性和经济性。根据以上相关文献分析可推测，商品质量的可感知性越高，越倾向于选择线上渠道；功能性越明显，越倾向于选择线上渠道；安全性越强，越倾向于选择线上渠道；经济性越高，与线上渠道相关性越高。另外，结合购物过程的三个阶段，基于商品质量包括可感知性、功能性、安全性和经济性的前提下，本书提出以下假设。

H_{1a}：商品质量，在购前阶段，对顾客选择选择线上（相对于线下）渠道有显著正向影响。

H_{1b}：商品质量，在购买阶段，对顾客选择选择线上（相对于线下）渠道有显著正向影响。

H_{1c}：商品质量，在购后阶段，对顾客选择选择线上（相对于线下）渠道有显著正向影响。

---

❶ 韩兆林，张晓燕. 高科技企业分销渠道的模式、特征及影响因素研究［J］. 南开管理评论，1999（6）：37-41.

3.2.2 顾客因素

1. 购物动机

顾客在购物过程中的行为会受到人口统计学特征、行为及心理特征的影响（Dabholkar P A, Bagozzi R P, 2002）[1]。有研究认为顾客选择网络购物受到不同动机、特征的影响（e.g. Mathwick et al., 2001）[2]，同样在多渠道的购物环境中，顾客的渠道选择仍然受到动机的影响。Hoffman D L, Novak T P, Chatterjee (1995)[3] 按购物动机不同将顾客分为目标型顾客和体验型顾客。目标型顾客将购物作为一项任务，只关心与所购商品相关的信息，尽快完成购物；而体验型顾客，享受购物过程，有充足的购物时间，追求愉悦的购物体验，有寻找差异化产品的猎奇心态。Frasquet, Mollá, Ruiz（2015）认为体验型顾客更喜欢线下搜索和购买。Konuset et al. (2008)[4] 则认为享乐取向的顾客倾向于采用多渠道购物。Schröder, Zaharia (2008)[5] 发现，应用线下渠道搜索和购物的顾客比应用线上渠道的顾客有更高的享乐取向。另外，龙贞杰，刘遗志（2013）[6]认为，顾客双渠道购物的主要动机是求廉。网上购物不包括商场的相关费用，同时，方便快捷的网络购物也减少了消费者购物的隐性成本的支出。基于以上对购物动机的讨论，本书提出以下假设。

H_{2a}：顾客的购物动机，在购前阶段，对顾客选择线上（相对于线下）渠道有显著正向影响。

H_{2b}：顾客的购物动机，在购买阶段，对顾客选择线上（相对于线下）渠

---

[1] Dabholkar P A, Bagozzi R P. An attitudinal model of technology–based self–service: Moderating effects of consumer traits and situational factors [J]. Journal of the Academy of Marketing Science, 2002, 30 (3): 184.

[2] Mathwick C, Malhotra N, Rigdon E. Experiential value: conceptualization, measurement and application in the catalog and internet shopping environment [J]. Journal of Retailing, 2001, 77 (1): 39–56.

[3] Hoffman D L, Novak T P, Chatterjee P. Commercial scenarios for the web: opportunities and challenges [J]. Journal of Computer–mediated Communication, 1995, 1 (3): 0–1.

[4] Konus U, Verhoef P C, Neslin S A. Multichannel shopper segments and their 961 covariates [J]. Journal of Retailing, 2008, 84 (4): 398–413.

[5] Schröder H, Zaharia S. Linking multi–channel customer behavior with shopping motives: an empirical investigation of a german retailer [J]. Journal of Retailing & Consumer Services, 2008, 15 (6): 452–468.

[6] 龙贞杰，刘遗志. 网络购物行为影响因素实证研究——基于双渠道视角 [J]. 技术经济与管理研究，2013，10：60–65.

道有显著正向影响。

H_{2c}：顾客的购物动机，在购后阶段，对顾客选择线上（相对于线下）渠道有显著正向影响。

2. 网络涉入度

网络涉入度，即消费者接触网络的时间及对网络的熟悉程度。Goldsmith, Lafferty, Newell（2000）❶ 研究发现，消费者在购物过程中的涉入行为主要表现为顾客的信息收集行为、购买决策行为和购后评价行为。Bloch（1986）❷ 证明了涉入度对信息收集和信息处理结果有显著影响。Novak et al.（2000）❸ 的研究也表明个人利用网络的方式、经验和技能会影响个人对网络的满意度。因此，本书认为有网络购物经历的顾客更倾向于再次选择网络渠道进行购买。另外，对于购后行为，本书认为，网络涉入度高的顾客相比涉入度低的顾客也更倾向于选择线上渠道接受购后服务。

H_{3a}：顾客的网络涉入度，在购前阶段，对顾客选择线上（相对于线下）渠道有显著正向影响。

H_{3b}：顾客的网络涉入度，在购买阶段，对顾客选择线上（相对于线下）渠道有显著正向影响。

H_{3c}：顾客的网络涉入度，在购后阶段，对顾客选择线上（相对于线下）渠道有显著正向影响。

3. 感知风险

在多渠道的购物环境中，顾客倾向于选择风险较低的渠道进行购物，Alba et al.（1997）❹ 认为顾客对线上渠道的感知有用性受到感知风险的影响。对于期望使用渠道时能安全支付的顾客来说，感知风险作为外部动机，许多顾客选择线上搜索而拒绝线上购买，原因在于担心在线上泄露个人信用卡信息及其他个人隐私，因此，当感知风险较低时，顾客才会更倾向于选择线上渠道。因

---

❶ Goldsmith R E, Lafferty B A, Newell S J. The influence of corporate credibility on consumer attitudes and purchase intent [J]. Corporate Reputation Review, 2000, 3 (4): 304 – 318.

❷ Bloch. The effect of the brand on perceived quality of food products [J]. British Food Journal, 1986, 105 (10): 811 – 825.

❸ Novak T R, Hoffman D L, Yung Y F. Measuring the customer experience in online environments: A structural modeling approach [J]. Marketing Science, 2000, 19 (1): 22 – 42.

❹ Alba J, Lynch J, Weitz B, Janiszewski C, Lutz R, Sawyer A, Wood S. Interactive home shopping: consumer, retailer, and manufacturer incentives to participate in electronic marketplaces [J]. Journal of Marketing, 1997, 61 (7): 38 – 53.

此，本书认为感知风险会影响顾客对线上渠道的选择，并提出以下假设。

H_{4a}：顾客的感知风险，在购前阶段，对顾客选择线上（相对于线下）渠道有显著负向影响。

H_{4b}：顾客的感知风险，在购买阶段，对顾客选择线上（相对于线下）渠道有显著负向影响。

H_{4c}：顾客的感知风险，在购后阶段，对顾客选择线上（相对于线下）渠道有显著负向影响。

3.2.3 渠道因素

TAM 对用户采纳行为具有良好的解释能力，该模型提出了影响用户采纳行为差异的两个决定因素：感知有用性和感知易用性。很多研究常用感知有用性来反映顾客选择线上渠道购买的态度和意图（Childers et al. 2001[1]；Ha and Stoel 2009[2]）。在搜索阶段，由于线上渠道可以方便、快捷地搜索产品信息且便于对产品进行对比，搜索成本大大降低（Balasubramanian et al. 2005）[3]，因此，本书认为在搜索阶段，线上渠道比线下渠道更有优势。Frasquet M，Mollá A，Ruiz E（2015）[4] 经过对西班牙和英国两个国家购买服装和电子类产品的跨渠道顾客进行研究发现，感知有用性对搜索阶段和购买阶段选择线上渠道呈现正效应，而对购后阶段没有影响。对此，本书有不同的看法，目前，很多 multi-channel retailers 允许顾客线上购物线下退货（Chatterjee，2010）[5]，当顾客退换线上所买商品时，选择线上还是线下，受到渠道的感知有用性和交易成本两个因素影响（Liang，Huang，1998）[6]。由于顾客往往担心他们购后的需求无法

---

[1] Childers T L, Carr C L, Peck J, Carson S. Hedonic and utilitarian motivations for online retail shopping behavior [J]. Journal of Retailing, 2001, 77 (4): 511-535.

[2] Ha J, Stoel, L. Consumer e-shopping acceptance: antecedents in a technology acceptance model [J]. Journal of Business Research, 2009, 62 (5): 565-571.

[3] Balasubramanian S, Raghunathan R, Mahajan V. Consumers in a multichannel environment: product utility, process utility, and channel choice [J]. Journal of Interactive Marketing, 2005, 19 (2): 12-30.

[4] Frasquet M, Mollá A, Ruiz E. Identifying patterns in channel usage across the search, purchase and post-sales stages of shopping [J]. Electronic Commerce Research and Applications, 2015, 14 (6): 654-665.

[5] Chatterjee P. Multiple-channel and cross-channel shopping behavior: role of consumer shopping orientations [J]. Marketing Intelligence & Planning, 2010, 28 (1): 9-24.

[6] Liang T P, Huang J S. An empirical study on consumer acceptance of products in electronic markets: a transaction cost model [J]. Decision Support Systems, 1998, 24 (1): 29-43.

在线上得到有效的保障,从而会增加交易成本,因此顾客在感知到线上渠道的有用性后,才会选择线上渠道(Liang,Huang,1998;Teo,Yu,2005)[1]。因此,本书认为感知渠道的有用性对购物三个阶段都有正向影响。

H_{5a}:高度的渠道有用性,在购前阶段,对顾客选择线上(相对于线下)渠道有显著正向影响。

H_{5b}:高度的渠道有用性,在购买阶段,对顾客选择线上(相对于线下)渠道有显著正向影响。

H_{5c}:高度的渠道有用性,在购后阶段,对顾客选择线上(相对于线下)渠道有显著正向影响。

Lin,Judy(2000)[2]定义感知易用性为一个人容易使用一个具体系统的程度。Verhoef et al.(2007)[3]认为渠道的感知易用性受到顾客态度的影响,与易用性相关的态度又会影响搜索阶段的渠道吸引力。Rose et al.(2012)[4]认为,渠道的易用性能显著影响顾客在该渠道的购物态度和行为。因此,本书认为渠道的感知易用性能够影响顾客在购前和购买阶段的渠道选择行为。随着科技的发展及经营理念的改进,购后服务也逐步可以在线上开展,但其发生频率仍比搜索和购买阶段要低。如果顾客对网络渠道能感到易用的话,则会降低交易成本和时间成本(Teo,Yu,2005)[5],因此,提出如下假设。

H_{6a}:高度的渠道易用性,在购前阶段,对顾客选择线上(相对于线下)渠道有显著正向影响。

H_{6b}:高度的渠道易用性,在购买阶段,对顾客选择线上(相对于线下)渠道有显著正向影响。

H_{6c}:高度的渠道易用性,在购后阶段,对顾客选择线上(相对于线下)渠道有显著正向影响。

---

[1] Teo T S, Yu Y. Online buying behavior: a transaction cost economics perspective [J]. Omega, 2005, 33 (5): 451-465.

[2] Lin J C C, Lu H. Towards an understanding of the behavioural intention to use a web site [J]. International Journal of Information Management, 2000, 20 (3): 197-208.

[3] Verhoef P C, Neslin S A, Vroomen B. Multichannel customer management: understanding the research-shopper phenomenon [J]. International Journal of Research in Marketing, 2007, 24 (2): 129-148.

[4] Rose M J. Origination Channel, Prepayment Penalties and Default [J]. Real Estate Economics, 2012, 40 (4): 663-708.

[5] Teo T S, Yu Y. Online buying behavior: a transaction cost economics perspective [J]. Omega, 2005, 33 (5): 451-465.

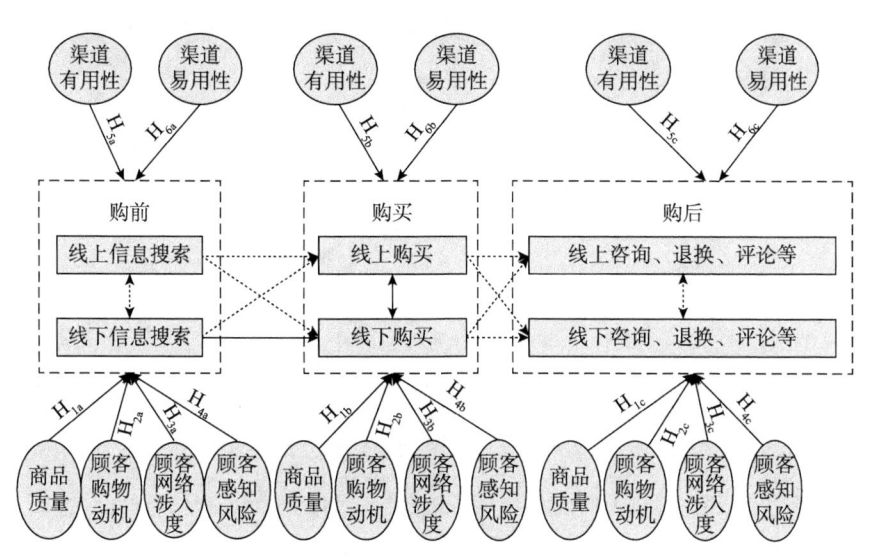

基于对以上文献的分析及提出的假设，本书的概念模型如图3-2所示。

图 3-2　渠道选择行为概念模型

3.3　实证设计

3.3.1　变量分析

本书共设定了九个构念，包括商品质量作为商品方面的自变量，顾客购物动机、网络涉入度及感知风险作为顾客方面的三个自变量，渠道有用性和易用性作为渠道方面的两个自变量，将"购前选择线上（相对于线下）渠道"（简称"线上购前"）、"购买选择线上（相对于线下）渠道"（简称"线上购买"）、"购后选择线上（相对于线下）渠道"（简称"线上购后"）作为三个因变量。问卷采用李克特五级量表来估计每个项目，1代表强烈反对，5代表强烈赞同。本书在正式调研前，先通过网络及现场发放问卷200份进行预调研，目的在于对问卷进行信度和效度检验。在进行因子分析前需对测量条款进行净化，如果CITC值小于0.4且删除项目后Cronbach α 值增加，则该测项应该在问卷中删除（Yoo，Donthu，2001），经验证，在商品质量的四个项目中，

Q2 的 CICT 值小于 0.4，且去除该项目后，Cronbach α 值增加（见表 3-1），因此删除题项 2。从现实角度考虑，顾客购买功能型商品和享乐型商品，和渠道的相关性并不强，主要还是与顾客的动机或习惯有关。

表 3-1 项目整体统计量

	去除该项目后的均值	去除该项目后的方差	CITC	去除该项目后的 Cronbach α
Q1	11.28	3.531	0.534	0.524
Q2	11.88	3.591	0.281	0.721
Q3	10.78	3.809	0.464	0.572
Q4	11.18	3.495	0.521	0.529

学者 DeVellis（1991）❶ 认为 Cronbach α 值如果在 0.60 至 0.65 之间，最好不要该项目，该值介于 0.65 至 0.70 之间是最小可接受值；Cronbach α 值介于 0.70 至 0.80 之间的项目信度相当好；Cronbach α 值介于 0.80 至 0.90 之间的项目信度非常好，基于此，表 3-2 展示了修正后的题项及信度。利用 SPSS19 进行的因子分析显示，KMO 值为 0.894，bartlett's 球状检验显著性水平小于 0.001，因子解释总变差达到 65.009%，高于因子解释总变差超过 60% 的标准，表明量表具有良好的信度，并适合做因子分析。

表 3-2 测量项目及信度展示表

构念	测量项目	来源	Cronbach α
商品质量	QUA1：我会选择从网上购物前就能感知到其外观、品质的商品	Nelson（1970）❷ Gehrt, Yan（2004）	0.721
	QUA2：我会避免在网上购买可能对我身体、财产等带来伤害的商品		
	QUA3：我会在网上购买便宜、维修成本低的商品		

---

❶ Devellis R F. Scale development: Theory and application. Applied Social Research Methods Series [M]. London: Sage, 1991.

❷ Nelson P. Information and consumer behavior [J]. The Journal of Political Economy, 1970: 311-329.

续表

构念	测量项目	来源	Cronbach α
顾客购物动机	MOT1：我认为，同样的商品，在网店购买更便宜 MOT2：我认为，网络购物更方便、快捷 MOT3：我认为，在网店购物比在实体店购物更能愉悦心情	肖煌（2004）	0.732
顾客感知风险	RS1：我认为，在网店买到的商品不能达到我的预期 RS2：我认为，网络购物会带来财产损失 RS3：我认为，在网店购物，退换货、送修不方便	Forsythe, Shi（2003）❶	0.758
顾客网络涉入度	INV1：接触网络的时间长度 INV2：接触网络购物的时间长度 INV3：每天上网的时间长度		0.8
渠道有用性	USF1：我认为，网络能够帮我完成购物 USF2：购物过程中，网络提供的信息对我很有用 USF3：购物过程中，网络能给我积极的回应	Davis（1989）❷ Childers, et al.（2001）❸ Ahn Tony, et al.（2004）❹	0.77
渠道易用性	EAS1：花费很少时间就能获得满意服务 EAS2：利用网络，能买到我想要的商品 EAS3：利用网络，能用自己喜欢的方式购物	Davis（1989） Rose, et al.（2012） Ahn Tony, et al.（2003）	0.752

---

❶ Forsythe S M, Shi B. Consumer patronage and risk perceptions in Internet shopping [J]. Journal of Business Research, 2003, 56 (11): 867-875.

❷ Davis F D. Perceived Usefulness, Perceived Ease of Use, and User Acceptance of Information Technology [J]. Mis Quarterly, 1989, 13 (3): 319-340.

❸ Childers T L, Carr C L, Peck J, et al. Hedonic and utilitarian motivations for online retail shopping behavior [J]. Journal of Retailing, 2001, 77 (4): 511-535.

❹ Ahn Tony, Seewon Ryu, Ingoo Han. The impact of the online and offline features on the user acceptance of internet shopping malls [J]. Electronic Commerce Research and Applications, 2004, 3 (4): 405-420.

续表

构念	测量项目	来源	Cronbach α
线上购前	PRE1：我在购物前，喜欢在网上搜索商品的信息 PRE2：我在购物前，喜欢在网上搜索其他顾客对商品的评价 PRE3：当我想购买某个商品时，会将网络作为搜索信息的首选	Parasuramanetal（2005）❶	0.812
线上购买	PER1：我喜欢在网店购买商品 PER2：我喜欢在网上支付 PER3：当想购买某个商品时，会将网络渠道作为购买的首选	Parasuramanetal（2005）	0.874
线上购后	POST1：购买某个商品后，我更喜欢在网上反馈对商品的评价 POST2：如果对商品或服务不满意，我喜欢选择网络渠道进行退（换）货、维修等 POST3：如果对商品或服务不满意，我会将网络渠道作为进行退（换）货、维修等的首选	Parasuramanetal（2005）	0.738

3.3.2 数据来源

本研究对中国的多渠道购物顾客进行问卷调查。调查分两部分进行，一部分是通过问卷网站采用"滚雪球"的方式进行发放，共收集245份，由于网络调查不受地域限制，回答者分布在全国各地，更有助于提高问卷结果的代表性和可靠性。考虑到在网络回答问卷的顾客很可能由于网络涉入度较高，而倾向于选择线上渠道，为消除这种可能性，本研究又选择线下商业密集区随机发放问卷，收回150份有效问卷，为便于统计，将线下回收的结果输入问卷系统，这样线上线下共收集有效问卷395份。问卷包括31个问题（其中个人基本资料4题），实证研究的问卷数与观察变量数要达到10∶1至15∶1的要求

---

❶ Parasuraman A, Zeithaml V A, Malhotra A. E‐S‐Qual：A Multiple‐Item Scale for Assessing E‐lectronic Service Quality [J]. Journal of Service Research, 2005, 7 (3)：213–233.

(Thompson, 2000)❶, 本研究的样本量可行。在 395 份有效问卷中, 56.71% 来自女性顾客, 43.29% 来自男性顾客, 考虑到女性比男性更喜欢购物, 所以抽样的性别比例在合理范围内。表 3-3 展示了具体的被调个人统计特征。被调人群的年龄显示, 累计 77.56% 的顾客集中在 21 岁至 40 岁之间, 说明年轻的顾客更倾向于多渠道购物; 累计 89.12% 的顾客学历在专科及以上, 说明学历高的顾客会选择多渠道购物, 样本的这些统计特征与实际情况相符。

表 3-3 被调查者的描述统计分析

	项目	次数	比例（%）
性别	男	171	43.29
	女	224	56.71
年龄	20 岁及以下	66	16.71
	21~30 岁	153	38.73
	31~40 岁	153	38.73
	41~50 岁	18	4.56
	51 岁及以上	5	1.27
职业	学生	116	29.37
	政府机关	74	18.73
	企、事业单位	115	29.11
	自由职业	35	8.86
	其他	55	13.93
教育水平	初中及以下	4	1.01
	高中/职业技校	39	9.87
	大专	138	34.94
	本科	151	38.23
	研究生及以上	63	15.95
线上购物经历	少于 1 年	6	1.52
	1（含）~3 年	38	9.64
	3（含）~5 年	55	13.96
	5（含）~7 年	57	14.47
	7 年及以上	239	60.41

---

❶ Thompson B. Ten *Commandments* of structural equation modeling [J]. American Psychological Association, 2000: 261-284.

3.3.3 数据分析

AMOS 默认采用极大似然估计（ML）法进行参数估计，经检验观察变量的数据符合正态性假定，Hu（1992）❶认为，当样本数据符合正态性假定时，使用 ML 法的样本数最好大于 500，若小于 500，采用 GLS 法可获得较佳的结果。本书的样本数为 395，所以采用 GLS 法进行模型分析。

3.3.3.1 测量模型

在运用结构方程模型（SEM）进行实证分析时，往往首先需要对测量模型进行评估，然后对结构模型进行检验。在很多情况下，SEM 中出现问题都可以通过验证性因子分析（CFA）对测量模型进行检验而识别出来。本书的模型中，前置变量包括商品质量、顾客因素和渠道因素三个部分，因变量分为"线上购前""线上购买""线上购后"分别进行 CFA 分析，具体结果如表 3-4 所示。本研究根据信度、聚合效度和判别效度来检验构念，并运用组合信度（CR）来检验构念的可靠性。Hair et al.（2006）❷提出用 0.7 作为 CR 的可接受水平，如表 3-4 所示，所有构念的组合信度值都满足要求。

表 3-4 验证性因子分析及测量模型适配度结果

潜变量		项目	标准负荷	项目信度	CR	AVE	χ^2/df	GFI	AGFI	CFI	RMSEA
商品质量		QUA1	0.7	0.795	0.72	0.5	2.826	0.993	0.964	0.948	0.068
		QUA3	0.64	0.747							
		QUA4	0.7	0.791							
顾客因素	购物动机	MOT1	0.69	0.848	0.74	0.50	2.86	0.97	0.936	0.986	0.069
		MOT2	0.73	0.825							
		MOT3	0.67	0.755							
	感知风险	RS1	0.99	0.967	0.98	0.97					
		RS2	0.98	0.966							
		RS3	0.34❸	0.557							

❶ Hu L T, Bentler P M, Kano Y. Can test statistics in covariance structure analysis be trusted? [J]. Psychologically Bulletin, 1992 (112): 351-362.

❷ Hair J F, Black B, Babin B, Anderson R E, Tatham R L. Multivariate Data Analysis [M]. 6th ed. Englewood Cliffs: Prentice-Hall, 2006.

❸ 未达到最低标准值，因素负荷量小于 0.5。

续表

潜变量	项目		标准负荷	项目信度	CR	AVE	χ^2/df	GFI	AGFI	CFI	RMSEA
顾客因素	网络涉入度	INV1	0.78	0.891	0.81	0.60	2.860	0.970	0.936	0.986	0.069
		INV2	0.89	0.862							
		INV3	0.62	0.783							
渠道因素	有用性	USF1	0.69	0.821	0.74	0.50	1.857	0.988	0.969	0.990	0.047
		USF2	0.70	0.811							
		USF3	0.69	0.796							
	易用性	EAS1	0.50❶	0.839	0.73	0.57					
		EAS2	0.73	0.838							
		EAS3	0.78	0.695							
渠道选择	线上购前	PRE1	0.7	0.852	0.80	0.57	2.666	0.964	0.932	0.901	0.065
		PRE2	0.73	0.841							
		PRE3	0.82	0.835							
	线上购买	PUR1	0.87	0.913	0.86	0.68					
		PUR2	0.87	0.898							
		PUR3	0.72	0.835							
	线上购后	POST1	0.40❷	0.907	0.86	0.75					
		POST2	0.89	0.885							
		POST3	0.84	0.622							

Fornell & Bookstein（1982）❸建议聚合效度要达到两个标准：所有的因子载荷均要显著超过0.5；每个构念的平均方差提取（AVE）应超过由于观测误差导致的方差（或平均方差提取高于0.5），如表3-4所示，大多数项目表明各自构念中的因子载荷高于0.7（除项目RS3、EAS1、POST1）。另外，表3-4显示所有的AVE均高于0.5，由此均达到聚合效度的两个标准。在检验判别效度时采用Fornell，Bookstein（1982）所提出的标准，AVE的平方根应高于构念与其他构念之间的相关系数，从而说明构念间具有较好的判别效度。表3-5显示

---

❶ 未达到因子负荷量明显高于0.5的最低标准。
❷ 未达到因子负荷量的最低标准0.5。
❸ Fornell C, Bookstein F L. Two Structural Equation Models: LISREL and PLS Applied to Consumer Exit-Voice Theory [J]. Journal of Marketing Research, 1982, 19 (4): 440-452.

了构念之间的相关系数,对角线上为 AVE 的平方根,每对构念间的相关系数均低于相应的对角线上的 AVE 的平方根,为判别效度提供依据,表 3-5 的结果表明判别效度令人满意。

表 3-5 模型的聚合效度与判别效度分析

	QUA	MOT	RS	INV	USF	EAS	PRE	PUR	POST
QUA	**0.71**								
MOT	0.69	**0.71**							
RS	0.47	0.63	**0.98**						
INV	0.29	0.26	0.19	**0.77**					
USF	0.52	0.69	0.62	0.26	**0.71**				
EAS	0.53	0.63	0.61	0.24	0.66	**0.76**			
PRE	0.58	0.61	0.33	0.23	0.65	0.71	**0.76**		
PUR	0.49	0.64	0.44	0.36	0.57	0.58	0.61	**0.82**	
POST	0.26	0.38	0.24	0.24	0.29	0.42	0.30	0.46	**0.87**

另外,本书采用 CMIN/DF、GFI、AGFI、CFI、RMSEA 指标检验模型的拟合优度,表 3-4 的结果表明,所有测量模型的适配度都满足 CMIN/DF≤3,CFI>0.9,AGFI&GFI>0.9,RMSEA≤0.08 的标准,说明模型拟合良好。

3.3.4 结构模型及假设检验

对测量模型进行检验,并获得了满意的结果后,本书用 Amos17 对结构模型进行检验,从而确定构念间的关系。购物全过程的渠道选择模型包括商品质量、顾客购物动机、顾客感知风险、顾客网络涉入度、渠道有用性、渠道易用性、线上购前、线上购买、线上购后 9 个构念,对整个模型估计其适配度,得到 CMIN/DF=1.556,GFI=0.929,AGFI=0.901,RMSEA=0.038,说明模型拟合良好。表 3-6 展示了结构模型中的路径系数及假设的验证结果。

由表 3-6 可得,假设 H_{2c}、H_{3c} 没有通过验证,H_{1c}、H_{6b}、H_{6c} 在 0.1 的显著性水平上通过验证,本书认为这些结果对假设是部分支持,其他结果均通过验证,认为假设得到支持。

表 3-6　结构模型的路径系数及假设检验

假设与路径	标准化路径系数	C.R	显著性	验证结果
H_{1a}：商品质量→线上购前	0.270	2.179	**	支持
H_{1b}：商品质量→线上购买	0.180	3.306	***	支持
H_{1c}：商品质量→线上购后	0.427	1.872	*	部分支持
H_{2a}：顾客购物动机→线上购前	0.346	2.012	**	支持
H_{2b}：顾客购物动机→线上购买	0.334	4.863	***	支持
H_{2c}：顾客购物动机→线上购后	0.175	0.541	—	不支持
H_{3a}：顾客网络涉入度→线上购前	0.373	5.921	***	支持
H_{3b}：顾客网络涉入度→线上购买	0.145	2.412	**	支持
H_{3c}：顾客网络涉入度→线上购后	0.034	0.541	—	不支持
H_{4a}：顾客感知风险→线上购前	-0.135	-2.855	***	支持
H_{4b}：顾客感知风险→线上购买	-0.127	-6.555	***	支持
H_{4c}：顾客感知风险→线上购后	-0.200	-2.090	**	支持
H_{5a}：渠道有用性→线上购前	0.172	5.285	***	支持
H_{5b}：渠道有用性→线上购买	0.257	5.921	***	支持
H_{5c}：渠道有用性→线上购后	0.204	4.218	***	支持
H_{6a}：渠道易用性→线上购前	0.259	2.055	**	支持
H_{6b}：渠道易用性→线上购买	0.269	1.931	*	部分支持
H_{6c}：渠道易用性→线上购后	0.450	1.727	*	部分支持

Note：* 代表 $P<0.1$；** 代表 $P<0.05$；*** 代表 $P<0.001$.

3.4　结论与启示

3.4.1　商品质量对购物三阶段渠道选择的影响

本书从商品质量的可感知性、功能性、经济性、安全性四个角度测量了顾客在购前、购买、购后三个阶段对线上、线下渠道选择的影响，为便于测量，以购物各阶段，选择线上（相对于线下）渠道为因变量。根据实证结果，商品质量的可感知性、经济性及安全性在购前搜索和购买阶段，与线上渠道显著相关，即商品质量的可感知性越强，顾客能通过网站感知到的商品信息越多、越可靠，顾客就越倾向于选择线上渠道；当商品本身的成本、使用维护费等需要顾客投入的价值越低,相对于线下,顾客就越倾向于选择线上搜索和购买;当商品的工艺、技术复杂,本身自带安全风险,或者价格昂贵时,顾客便会避免在搜索及购买阶段选择线上渠道。而在购后阶段,商品质量属性对顾客选择线上渠道呈现弱显著性,说明商品的质量属性对顾客选择线上渠道有部分影响。本书所界定的顾客"购后行为"主要包括使用咨询、评论、退换等,因此验证结果为部分支持的原因可能与被调查者的个人习惯及卖方所提供的售后服务水平有关,当顾客习惯选择线上渠道进行使用咨询、退换、评论,且卖方提供的线上服务又比较完善时,可能会与线上相关,反之影响则较小。

3.4.2 顾客因素对购物三阶段渠道选择的影响

本书将顾客的购物动机、网络涉入度、感知风险三方面界定为顾客因素,经验证,在顾客购物动机包括求廉、求方便、求享乐的前提下,顾客购物动机对选择线上搜索和线上购买有显著正向影响。经调查,超过65%的顾客认为线上比线下的价格更便宜,超过70%的顾客认为在线上搜索及购买更加便捷,超过50%的顾客认为在网络搜索信息及购买更能愉悦心情。但在本研究中,顾客购物动机对购后选择线上渠道没有影响。究其原因,购物动机会直接影响顾客采取搜索及购买的行为,而购后的行为取决于顾客使用产品或服务后的感受,因此,购物动机对顾客在购后选择线上没有影响也是符合常理的。

顾客网络涉入度越高,则顾客对网络的使用越熟练,就越倾向于在线上进行搜索信息并进行购买,而在购后,顾客网络涉入度对线上渠道并没有显著影响,说明即便顾客能够熟练运用网络进行购物,但购后的行为更多地受到其他因素的影响。

顾客感知风险,顾客担心其财产或隐私等个人利益受到损失,这必然影响顾客的渠道选择行为,本书在购买和购后阶段的结论与其他学者(Salisbury, et al. 2001[1], Chak, 2011[2])的结论相同,但是在购前阶段产生了与其他学者

---

[1] Salisbury W D, Pearson R A, Pearson A W, Miller D W. Perceived security and World Wide Web purchase intention [J]. Industrial Management & Data Systems, 2001, 101 (4): 165-176.

[2] Cha J. Exploring the internet as a unique shopping channel to sell both real and virtual items: A comparison of factors affecting purchase intention and consumer characteristics [J]. Journal of Electronic Commerce, 2011, 12 (2): 115-132.

不同的结论。Verhoef，et al.（2007）❶ 认为，购前搜索阶段，线上渠道并不会泄漏太多个人或财产隐私，感知风险并不影响线上渠道在搜索阶段的吸引力，而本研究的结果却表明顾客的感知风险在搜索阶段也会影响顾客对线上渠道的选择，究其原因，可能与现今网络购物平台的先进程度有关，网络平台具有记录顾客搜索历史的功能，常在顾客打开网页时用此功能主动向顾客推介产品或服务，这可能会给顾客带来泄露隐私的困扰。

3.4.3　渠道因素对购物三阶段渠道选择的影响

本书从渠道的有用性和易用性两个方面分析渠道特征对顾客渠道选择的影响，结果发现，网络渠道在搜索信息、购买支付及评论、退换等方面越有用，顾客就越倾向于选择线上渠道。渠道的易用性在购前阶段对顾客选择线上渠道有着显著影响，而对购买和购后阶段的影响较弱，究其原因，本书认为顾客在购买和购后的渠道选择中主要考虑渠道的有用性，只有在渠道有用的前提下，顾客才会考虑易用性。根据前人的研究（Wu，Wang，2005）❷，渠道易用性对有用性有正向影响。因此，本书认为，渠道的易用性通过有用性对线上渠道产生影响。

3.4.4　对新零售商的渠道管理建议

该研究结论会给多渠道零售商带来启示。从商品的渠道匹配角度，零售商可以选择顾客能够感知质量程度较高、经济性较高、安全性较高的商品与线上渠道相匹配，但是商品的质量并不一定恰好同时具有这些特性。为了提高渠道对各类商品的适配性，一定程度上，科技的发展可以弥补这一缺憾，例如对于可感知性较低的商品，零售商可以利用虚拟现实技术，提高顾客对商品质量的感知程度，从而最大程度地提高线上渠道在搜索阶段的优势。从顾客角度，多渠道零售商可以在线上设置相应商品和服务，迎合顾客求廉、求方便及享乐的动机，从而满足顾客需求。另外，选择多渠道购物的顾客年龄为 20~40 岁，

---

❶ Verhoef P C, Neslin S A, Vroomen B. Multichannel customer management: understanding the research-shopper phenomenon [J]. International Journal of Research in Marketing, 2007, 24 (2): 129-148.

❷ Wu J H, Wang S C. What Drives Mobile Commerce? An Empirical Evaluation of the Revised Technology Acceptance Model [J]. Information & Management, 2005, 42 (5): 719-729.

占双渠道顾客调查总数的 77.46%，接近 90% 的顾客拥有大学及以上学历，说明多渠道购物的顾客年轻、文化层次较高，善于从多渠道购物的模式中获取最大化的利益，具有较强的维权意识，对此，零售商应在保证商品质量的同时，注意服务质量（尤其是售后服务）的提高。根据调查所得结果发现，多数选择线上渠道购买的顾客，喜欢在线下接受售后服务，这就需要零售商在购买和购后两个阶段，做好渠道间的衔接。从渠道的角度，零售商应结合商品质量属性及顾客喜好，提供商品的完备信息，提高顾客对商品的可感知程度，增强渠道安全保障，降低顾客的感知风险，提高渠道的有用性，从而更好地为顾客服务。

此外，本研究假设都以"各因素对线上渠道（相对于线下渠道）的影响"这样的方式描述，对于线下渠道，零售商也可根据影响顾客选择线上渠道的因素，进行互补式管理，从而避免渠道冲突。

3.5 本章小结

本部分验证了商品质量对顾客渠道选择的影响，之前的研究一致认为商品质量因个体差异较大，不易得到综合性的分析。对此，本研究首先从属性的角度将商品质量界定为可感知性、功能性、经济性和安全性，得到结论，商品的可感知性、经济性和安全性越强，对顾客选择线上渠道的影响越大。其次，本研究还系统地将新零售模式的购物行为分成购前、购买、购后三个阶段，从商品质量、顾客、渠道三个角度进行了全方位、全过程的分析。

但本研究也存在一些不足之处。首先，为便于测量和分析，本研究的假设都以各因素"对线上（相对于线下）渠道的影响"这样的方式描述，易产生该研究在新零售模式下只重视线上渠道的误解，对于线下渠道，可以根据线上渠道的影响因素进行互补式管理，但必定会与线上渠道的影响因素有所不同，从而可能得到不同结论。

其次，本研究只是静态、独立地分析了购物各个阶段的渠道选择，还需要考虑三个阶段之间的动态发展关系及相互影响，这是新零售模式下的常见现象。另外，在整个购物过程的每个阶段，顾客也不尽然在某一特定阶段仅使用单一渠道，可能存在着渠道迁移及结合的行为，对此后面的章节将继续深入研究。

第4章 新零售模式下顾客购物行为的系统动力学分析

第3章从顾客、渠道及商品质量属性等三个方面对顾客在购物三阶段的渠道选择行为的影响方式及影响程度进行了静态独立的分析，但是在实际购物过程中，常会发生动态的渠道迁移行为，面对顾客需求及行为的不确定性、多样性及动态性特征，接下来的研究目的是希望通过建立系统动力学模型，对顾客在多渠道下的购物行为进行动态研究，并基于顾客的需求和渠道喜好，对各类商品与渠道进行匹配。通过第三部分的分析已知，各类商品质量都是由可感知性、功能性、安全性和经济性等属性组合构成，根据各类属性在影响顾客渠道选择时的重要性不同，利用专家打分法确定各类属性影响顾客选择渠道的权重，再对各类商品质量属性进行组合赋分，形成商品质量影响因子，然后基于顾客的需求，并结合顾客的渠道偏好，将商品与顾客的渠道喜好进行匹配，并分别在线上和线下渠道进行精准投送，从而达成顾客满意的同时也降低零售商的商品管理成本，具体的研究框架如图4-1所示。需要说明的是，这里的匹配是指商品的效用属性与顾客的效用需求的符合程度，符合程度越高，匹配程度便越高，顾客的满足感也就越强，零售商的管理成本也就越低。

系统动力学方法是一种研究信息反馈动态行为的计算机仿真方法，可用于处理社会、经济、生态和生物等高度非线性、高阶次、多变量、多重反馈、复杂时变大系统问题，可在宏观与微观的层次上对复杂、多层次、多部门的大系统进行研究。本书的研究对象包括顾客在购前、购买、购后三个购物阶段的动态行为，整个购物流程中的顾客行为由于受到顾客自身特征、渠道、商品质量等多因素的共同影响，因此呈现出复杂性，建立系统动力学模型可以对顾客在虚实融合模式下的购物流程进行仿真，通过反复模拟和运算，最终找出商品、顾客与渠道匹配的优化结构和参数。因此，本书选择系统动力学模型是有效、可行的。

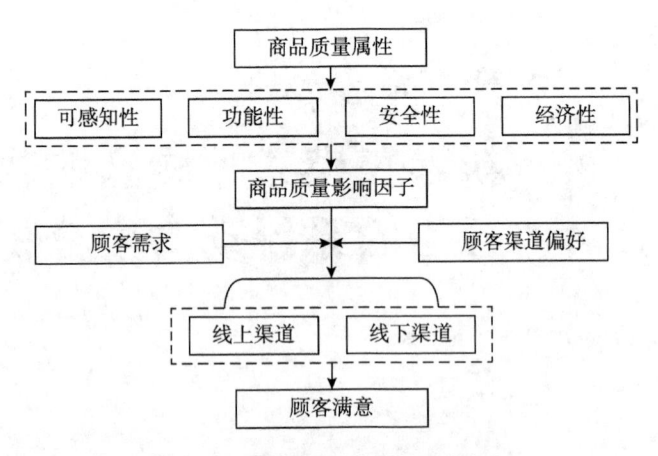

图 4-1 购物行为的系统研究框架

运用系统动力学方法解决问题可以分为以下几个步骤：

第一，分析建立模型的目的并提出模型假设；第二，确定模型的边界并设置变量；第三，绘制因果反馈回路，确定各变量要素之间的关联性；第四，确定存量与流量并绘制系统动态流图；第五，编写变量方程并调试，将数据进行比较并提出多个仿真方案；第六，与专家探讨仿真方案，最终实现综合集成[1]。

4.1 模型建立的目的及模型假设

零售商在各销售渠道配置商品往往基于三种目的：一是商品管理成本最低；二是销售量最优；三是顾客群体最满意。本书的研究视角是基于顾客的渠道选择行为，满足顾客需求，获得顾客满意最大化，因此属于第三种情况。为帮助顾客根据自己的需求和偏好，在目标渠道能够买到自己满意的商品，获得自己期望的服务，本章建模的目的便是将不同质量属性的商品根据顾客需求和偏好，按照不同的比例在线上和线下进行分配，同时减少渠道冲突，为零售商降低成本。

由于本书着重研究顾客在虚实融合模式下对零售商的线上和线下渠道选择使用的动态行为，不考虑不同零售商之间的竞争，所以提出以下假设：

（1）系统中只研究一个零售商的顾客群，在该零售商的线上和线下渠道

---

[1] 贾仁安. 系统动力学：反馈动态性复杂分析 [M]. 北京：高等教育出版社，2002：211-214.

间作出选择、进行购物的行为。

（2）假设系统中该零售商的顾客量等于线上顾客量与线下顾客量的总和，当某一渠道需求增多，则另一渠道需求减少。

（3）假设该零售商在系统运行周期内正常营业，没有开展促销活动。

（4）假设该零售商具有充足的库存，不存在缺货现象。

（5）λ_{ij}为从线上到线下的顾客转移率，λ_{ji}为从线下到线上的顾客转移率，均在（0，1）范围内取值。

（6）假设顾客从线上购物等待收货的时间为3日；顾客评论对顾客需求起到吸引作用具有7日的延迟。

（7）假设商品质量属性赋值、线上服务质量及顾客网络偏好度都在（1，10）之间取值，1代表水平最低，10代表水平最高。

（8）顾客购物过程中不存在支付失败及商品短缺等特殊情境。

4.2 系统的边界

在新零售模式的购物系统中，零售商针对不同的顾客需求和偏好，在线上和线下两个渠道分配商品，因此系统主要由四个主体构成：顾客、零售商、渠道及商品，界定系统的边界如图4-2所示。

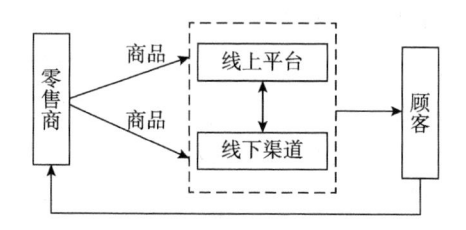

图4-2 购物行为的系统边界

4.3 系统中的因果关系分析

本书将顾客在新零售模式下的购物行为系统分为购前、购买及购后三个相互关联的子系统，每个子系统的因果关系都基于顾客价值理论进行分析。在新的购物环境中,顾客价值的评价主要源于商品的质量效用、顾客付出的相关成本、顾客需求和零售商各渠道的服务质量,因此,可归纳为商品、顾客和渠道三个方面的影响。当顾客感知效用高于感知成本时,便会在每个购物阶段作出相应的决策。

4.3.1 购前(搜索)子系统的因果关系分析

在购前(搜索)子系统中,由于线上渠道具有快捷、方便、可测量等特点,相较于线下渠道具有明显的优势,因此将线上渠道的搜索量作为购前(搜索)子系统的状态变量,并通过"线上搜索量"这个指标与其他子系统相关联。依据 TAM 模型,搜索意愿推动了搜索行为的产生,根据顾客价值理论,搜索意愿的产生又受到顾客感知价值大小的影响。顾客在搜索过程中感知的价值受到感知搜索效用和搜索成本的共同影响,当顾客感知在某一渠道的搜索成本低于他们获得的效用时,则搜索意愿增强,反之,则可能转向其他渠道进行搜索。在虚实融合模式下,判断顾客选择线上还是线下渠道进行搜索的依据,便是对线上和线下的感知搜索价值的对比结果。

顾客购物过程中的搜索效用主要源于获得商品信息的便利性、准确性和丰富性。其中,便利性即消费者获得产品信息的方便性和速度,受零售商的服务质量和顾客搜索熟练程度的影响;准确性即顾客在渠道中获得信息的可靠性,受到商品质量的可信息化水平、零售商的服务质量及顾客的搜索能力等共同影响;丰富性指顾客对商品数量、质量和新颖性等信息的感知,同样受到商品质量属性、顾客搜索能力及零售商服务质量的共同影响。搜索成本指顾客在渠道中获取产品和服务信息所耗费的货币、时间、交通、精力等成本。

在虚实融合模式下,将线上渠道和线下渠道的顾客感知搜索价值进行对比,选择易于测量的"线上搜索量"来反映搜索阶段的顾客行为。首先,线上搜索量的多少受到顾客感知线上搜索价值的正向影响,线上搜索价值越高,线上搜索量就会越多。其次,顾客感知线下搜索价值与线上搜索量有负向影响。另外,顾客的需求量也会直接影响顾客的线上搜索量。商品质量属性和顾客网络偏好度都会对顾客的线上感知搜索价值产生正向影响,商品质量的可感知性、安全性及经济性等组合赋分越高,顾客在线上搜索获得的效用便会越高,搜索成本也会越低;顾客网络偏好度越高,越能够熟练地在线上进行搜索，搜索所需的时间成本就会越低，所获得的信息相对也会越多，从而获得的效用便会越高。基于以上分析，得到具体的购前（搜索）子系统的因果反馈关系如图4-3所示。

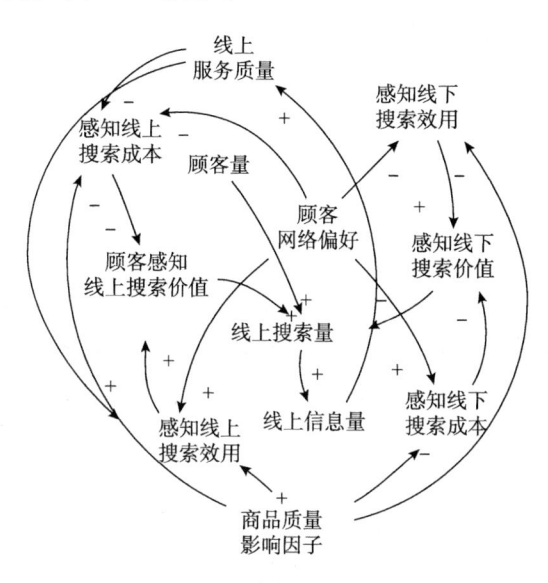

图4-3 购前（搜索）子系统的因果反馈

4.3.2 购买子系统的因果关系分析

在购买子系统中，顾客在某一渠道作出购买决策主要受到渠道服务质量、该渠道销售的商品质量及顾客的渠道偏好三方面因素的共同影响。本书选择"购买量"作为反映顾客购买行为的量化指标，顾客在施行新零售模式的零售商处的总购买量等于线上购买量和线下购买量之和，因此当总购买量确定时，某一渠道的购买量增多，另一渠道的购买量便会减少。基于二者之间的关系，本书选择易于获取数据的"线上购买量"作为购买子系统的状态变量。

根据顾客价值理论，顾客选择在某一渠道作出购买决策，取决于顾客在这一渠道感知的顾客价值是否优于另一渠道，而顾客价值的大小又由顾客感知的效用和成本决定。因此需要对顾客在新零售模式下购买过程中的感知效用和感知成本进行分析。顾客在购买过程中的感知效用源于购买到的商品质量、体验到的服务质量、购买过程中的便利性及获得的愉悦感等；感知成本主要包括商品成交价格、邮寄费用、时间等待成本、风险成本、渠道使用（转移）成本等。

顾客在购买阶段所感知的效用及成本又受到顾客、渠道及商品质量属性特征的影响。若顾客网络偏好度高，由于在线上购买迎合了其网络偏好，从而带来愉悦感，因此相对于线下，顾客能够感知到更高的效用。另外，具有较高网络偏好度的顾客往往更加熟悉网络购物流程，能够更加熟练地在网上操作，获得更多的有用信息，花费更少的时间成本，因此能够获得更高的顾客感知价值；零售商的渠道服务质量也会影响顾客的感知价值，线上相对于线下的服务质量越高，顾客感知的效用便会越高。从感知成本的角度，线上服务质量越高，顾客的感知风险便会越低，风险成本是购买成本的组成部分，从而顾客感知的购买成本也会降低。另外，顾客的感知购买成本与转移成本又会影响线上渠道对顾客的锁定能力，锁定能力越强，线上转移至线下的顾客量就会越少。线上的购买量便会越多。商品的质量属性也是影响顾客感知线上购买价值的重要因素，商品质量影响因子赋分越高，说明商品质量的可信息化水平越高，风险性越低，因此能够为顾客带来更高的线上感知价值。根据以上分析，得到购买子系统的因果反馈关系，具体如图4-4所示。

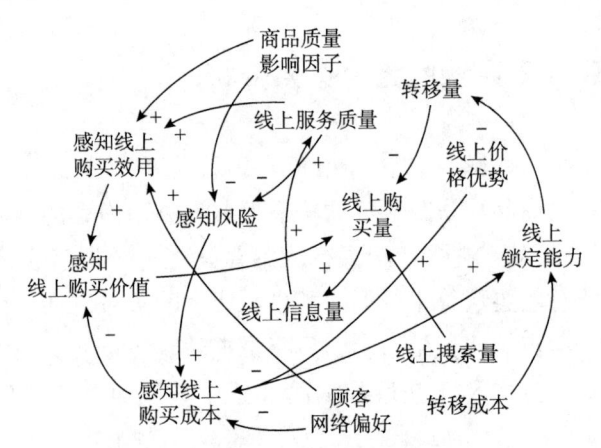

图4-4 购买子系统的因果反馈关系

4.3.3 购后子系统的因果关系分析

顾客的购后行为是顾客在购后使用或处置商品的过程中所产生的心理活动及典型行为[1]。这对于零售商而言比较隐蔽，难于被企业跟踪、测量，却又对零售商的营销管理实践有着重要的指导意义，因此需要对顾客的购后行为进行深入的分析。学术界对购后行为尚未形成统一的界定方式，主要分歧在于广义和狭义的理解。广义的购后行为既包括外显的行为方式，如重复购买、口头传播、评论、投诉抱怨、购后维修、退换货等，又包括内隐的心理过程，如不满、后悔、满意等心理评价。狭义的购后行为仅包括外显行为。本书认为外显的购后行为方式便于进行客观的测量分析，与内隐的心理过程不隶属于同一层次，因此本书的购后行为主要包括外显行为，但认为外显行为是通过内隐的心理状态推动而产生。基于以上分析，本书认为在购后子系统中，应选择易于测量的外显行为方式作为主要分析对象。根据对零售商是否有利，本书将好评和重复购买归为正面行为，抱怨和退换货归为负面行为，假设当顾客购后行为确定时，一类行为增多，代表另一类行为减少。另外，好评与重复购买、抱怨与退换货之间存在着一定的因果关系，并因满意及向他人推荐，会增加他人或自己再次购买的意愿，从而导致需求量增加。因此，本书选择"好评数"作为购后子系统的水平变量，并与其他子系统建立联系。

顾客是最优价值的追求者，而顾客感知的价值往往在购后对产品的使用处置过程中体现出来，并从根本上决定顾客在购后采取何种行为方式。当顾客感知到效用高于其付出的成本或期望时，便会感到满意，从而带来重复购买、发表好评等效应。反之，当顾客感知到的效用低于其付出的成本或期望时，则可能会产生抱怨、冲突、退货等行为。在新零售模式下，顾客的购后行为还可能存在线上线下渠道间的转移，如顾客对线上购买的商品感到满意，则可能会选择在线上发表好评，或者将对同一品牌或同一零售商的线上满意转移到线下渠道，甚至在线下发生重复购买；如果顾客感到不满意，则可能会利用线上渠道的扩散效应进行投诉、抱怨，利用线下渠道的快速处理能力，选择到实体店进行退换货等活动。同样，对于线下实体渠道购买的商品，顾客感到满意

---

[1] 王俊男. 基于顾客价值理论的顾客购后行为研究 [J]. 技术与创新管理, 2010, 31 (4): 465-468.

或不满意,都会基于线上线下渠道的优势以及个人爱好习惯,产生上述行为趋向。

基于以上对购后行为的分析可知,顾客的购后行为最终取决于顾客是否满意,而顾客满意又取决于顾客感知的价值,因此需要对顾客在购后感知的价值进行深入分析。如果将顾客价值用 V 表示,感知的效用 U 表示,成本用 C 表示,则 $V = U/C$。当 $V \geq 1$ 时,顾客会感到满意;反之,顾客产生不满意情绪。顾客在购后感知的效用取决于顾客对商品质量及零售商服务质量的实际感知值与期望值的对比。当顾客所购买商品的质量属性,与购买前所期望的水平一致甚至更高时,则会感到物有所值。当零售商的售后服务保障水平较高时,则为顾客在使用过程提供更多便利,抑或降低使用成本,从而产生较高的效用。在虚实融合模式下,顾客购后所感知的成本主要包括等待收货过程中的时间成本、收到或使用商品后如有质量问题而产生的维修成本、风险成本、再次购买时的转移成本等。根据以上分析,得到购后子系统的因果反馈关系,如图 4-5 所示。

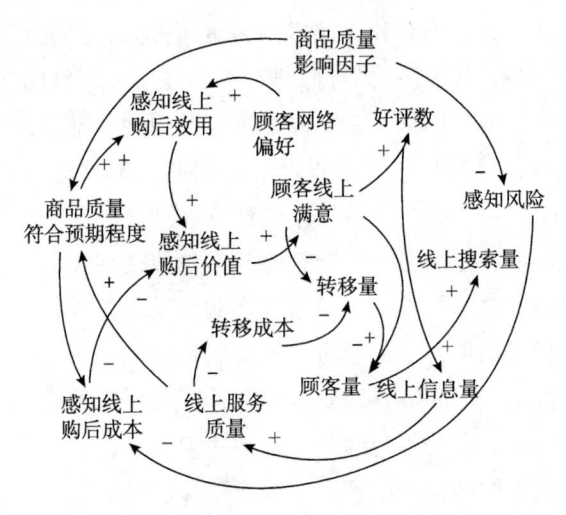

图 4-5 顾客购后子系统因果反馈关系

《》4.3.4 购物过程的因果关系及反馈结构分析

将以上三个子系统的因果反馈关系图进行整合,得到顾客在新零售模式下购物行为的系统动力学模型,具体如图 4-6 所示。

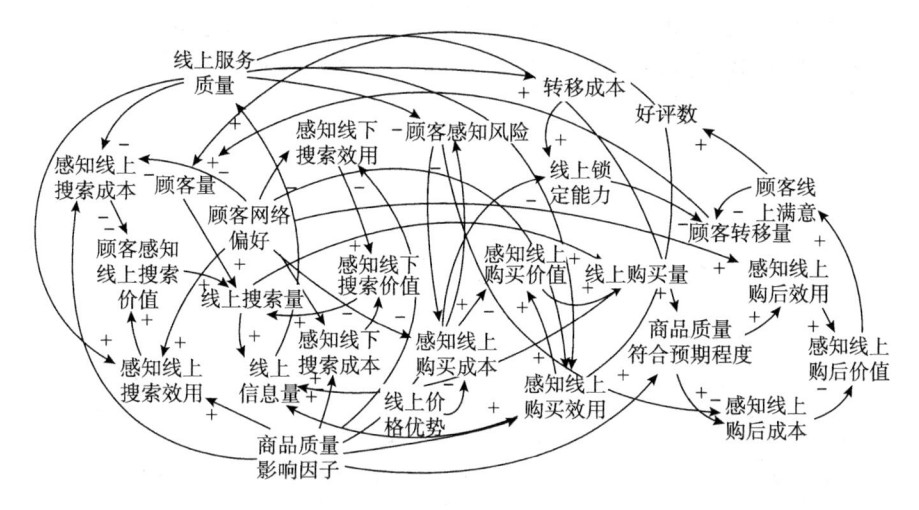

图 4-6　顾客在新零售模式下购物过程中的因果关系

模型中的反馈关系如表 4-1 所示。具体而言，前八条反馈回路反映了"顾客量"这一指标在反馈关系中的变化过程。"顾客量"作为系统初始输入指标，顾客量越多，线上搜索量就会越多，顾客搜索留下的搜索痕迹就会越多，从而在线上可以给顾客提供更多的参考信息。有价值的参考信息可作为评价线上服务质量水平的要素之一，信息越多，线上的服务质量就会越高，渠道吸引力就会越强，这样顾客的转移成本就会越高，顾客转移量相应减少，由此顾客量增多。线上服务质量越高，顾客感知风险便会越低。风险越低，顾客在获得或使用商品后感知成本便会越低，感知成本与感知价值为反比例关系，因此，感知价值便会提高，顾客满意相应提高，便会给予好评。据调查，92% 的顾客会浏览在线评论，89% 的顾客的购买决策会受到好评的影响[1]，Chevalier 和 Mayzlin（2006[2]）、Dellarocas 和 Narayan（2006[3]）以及 Park 等（2007[4]）也认为好评数可以视为产品或服务受欢迎的信号，好评数量多的商品更容易激发顾客的关注和购买意愿，由此认为，好评会带来更多的顾客。另外，顾客可

---

[1] Jiménez F R, Mendoza N A. Too Popular to Ignore: The Influence of Online Reviews on Purchase Intentions of Search and Experience Products [J]. Journal of Interactive Marketing, 2013, 27 (3): 226-235.

[2] Chevalier J A, Mayzlin D. The effect of word of mouth on sales: Online book reviews. Journal of Marketing Research, 2006, 43 (3): 345-354.

[3] Dellarocas C, Narayan R. A statistical measure of a population's propensity to engage in post-purchase online word-of-mouth [J]. Statistical Science, 2006, 21 (2): 277-285.

[4] Park D H, Lee J, Han, I. The effect of on-line consumer reviews on consumer purchasing intention: The moderating role of involvement [J]. International Journal of Electronic Commerce, 11 (4): 125-148.

参考的线上信息量越多，顾客在购买前对商品的认知程度就会越高，顾客在获得和使用商品后感知商品符合预期的程度也会越高，从而提高顾客满意度，这样也会带来更多的顾客。

表 4-1 购物行为系统中的反馈关系

序号	因果反馈关系	极性
1	顾客量$\xrightarrow{+}$线上搜索量$\xrightarrow{+}$线上信息量$\xrightarrow{+}$线上服务质量$\xrightarrow{+}$转移成本$\xrightarrow{+}$线上锁定能力$\xrightarrow{-}$顾客转移量$\xrightarrow{-}$顾客量	+
2	顾客量$\xrightarrow{+}$线上搜索量$\xrightarrow{+}$线上信息量$\xrightarrow{+}$线上服务质量$\xrightarrow{-}$顾客感知风险$\xrightarrow{-}$感知线上购后成本$\xrightarrow{-}$感知线上购后价值$\xrightarrow{+}$顾客线上满意$\xrightarrow{+}$好评数$\xrightarrow{+}$顾客量	+
3	顾客量$\xrightarrow{+}$线上搜索量$\xrightarrow{+}$线上信息量$\xrightarrow{+}$线上服务质量$\xrightarrow{-}$商品质量符合预期程度$\xrightarrow{-}$感知线上购后成本$\xrightarrow{-}$感知线上购后价值$\xrightarrow{+}$顾客线上满意$\xrightarrow{+}$好评数$\xrightarrow{+}$顾客量	−
4	顾客量$\xrightarrow{+}$线上搜索量$\xrightarrow{+}$线上信息量$\xrightarrow{+}$线上服务质量$\xrightarrow{-}$顾客感知风险$\xrightarrow{+}$感知线上购买成本$\xrightarrow{-}$线上锁定能力$\xrightarrow{-}$顾客转移量$\xrightarrow{-}$顾客量	+
5	顾客量$\xrightarrow{+}$线上搜索量$\xrightarrow{+}$线上信息量$\xrightarrow{+}$线上服务质量$\xrightarrow{+}$商品质量符合预期程度$\xrightarrow{+}$感知线上购后效用$\xrightarrow{+}$感知线上购后价值$\xrightarrow{+}$顾客线上满意$\xrightarrow{+}$好评数$\xrightarrow{+}$顾客量	+
6	顾客量$\xrightarrow{+}$线上搜索量$\xrightarrow{+}$线上购买量$\xrightarrow{+}$线上信息量$\xrightarrow{+}$线上服务质量$\xrightarrow{+}$转移成本$\xrightarrow{+}$线上锁定能力$\xrightarrow{-}$顾客转移量$\xrightarrow{-}$顾客量	+
7	顾客量$\xrightarrow{+}$线上搜索量$\xrightarrow{+}$线上信息量$\xrightarrow{+}$线上服务质量$\xrightarrow{+}$商品质量符合预期程度$\xrightarrow{+}$感知线上购后效用$\xrightarrow{+}$感知线上购后价值$\xrightarrow{+}$顾客线上满意$\xrightarrow{-}$顾客转移量$\xrightarrow{-}$顾客量	+
8	顾客量$\xrightarrow{+}$线上搜索量$\xrightarrow{+}$线上信息量$\xrightarrow{+}$线上服务质量$\xrightarrow{-}$商品质量符合预期程度$\xrightarrow{-}$感知线上购后成本$\xrightarrow{-}$感知线上购后价值$\xrightarrow{+}$顾客线上满意$\xrightarrow{-}$顾客转移量$\xrightarrow{-}$顾客量	+
9	线上搜索量$\xrightarrow{+}$线上信息量$\xrightarrow{+}$线上服务质量$\xrightarrow{-}$感知线上搜索成本$\xrightarrow{-}$感知线上搜索价值$\xrightarrow{+}$线上搜索量	+
10	线上搜索量$\xrightarrow{+}$线上信息量$\xrightarrow{+}$线上服务质量$\xrightarrow{+}$感知线上搜索效用$\xrightarrow{+}$感知线上搜索价值$\xrightarrow{+}$线上搜索量	+
11	线上购买量$\xrightarrow{+}$线上信息量$\xrightarrow{+}$线上服务质量$\xrightarrow{+}$感知线上购买效用$\xrightarrow{+}$感知线上购买价值$\xrightarrow{+}$线上购买量	+

续表

序号	因果反馈关系	极性
12	线上购买量$\xrightarrow{+}$线上信息量$\xrightarrow{+}$线上服务质量$\xrightarrow{+}$转移成本$\xrightarrow{+}$线上锁定能力$\xrightarrow{+}$顾客转移量$\xrightarrow{+}$顾客量$\xrightarrow{+}$线上搜索量$\xrightarrow{+}$线上购买量	+
13	线上购买量$\xrightarrow{+}$线上信息量$\xrightarrow{+}$线上服务质量$\xrightarrow{-}$感知线上搜索成本$\xrightarrow{-}$顾客感知线上搜索价值$\xrightarrow{+}$线上搜索量$\xrightarrow{+}$线上购买量	+
14	线上购买量$\xrightarrow{+}$线上信息量$\xrightarrow{+}$线上服务质量$\xrightarrow{-}$感知风险$\xrightarrow{+}$感知线上购买成本$\xrightarrow{-}$感知线上购买价值$\xrightarrow{+}$线上购买量	+
15	线上购买量$\xrightarrow{+}$线上信息量$\xrightarrow{+}$线上服务质量$\xrightarrow{+}$感知线上搜索效用$\xrightarrow{+}$顾客感知线上搜索价值$\xrightarrow{+}$线上搜索量$\xrightarrow{+}$线上购买量	+
16	线上购买量$\xrightarrow{+}$线上信息量$\xrightarrow{+}$线上服务质量$\xrightarrow{-}$感知线上搜索成本$\xrightarrow{-}$顾客感知线上搜索价值$\xrightarrow{+}$线上搜索量$\xrightarrow{+}$线上购买量	+
17	线上购买量$\xrightarrow{+}$线上信息量$\xrightarrow{+}$线上服务质量$\xrightarrow{-}$感知风险$\xrightarrow{+}$感知线上购买成本$\xrightarrow{-}$感知线上购买价值$\xrightarrow{+}$线上购买量	+
18	好评数$\xrightarrow{+}$线上信息量$\xrightarrow{+}$线上服务质量$\xrightarrow{-}$感知风险$\xrightarrow{+}$感知线上购后成本$\xrightarrow{-}$感知线上购后价值$\xrightarrow{+}$顾客线上满意$\xrightarrow{+}$好评数	+
19	好评数$\xrightarrow{+}$线上信息量$\xrightarrow{+}$线上服务质量$\xrightarrow{+}$商品质量符合预期程度$\xrightarrow{+}$感知线上购后效用$\xrightarrow{+}$感知线上购后价值$\xrightarrow{+}$顾客线上满意$\xrightarrow{+}$好评数	+
20	好评数$\xrightarrow{+}$线上信息量$\xrightarrow{+}$线上服务质量$\xrightarrow{+}$商品质量符合预期程度$\xrightarrow{-}$感知线上购后成本$\xrightarrow{-}$感知线上购后价值$\xrightarrow{+}$顾客线上满意$\xrightarrow{+}$好评数	+

需要说明的是,表4-1第9、第10条反馈回路反映了"线上搜索量"这一指标在反馈关系中的变化过程,顾客的线上搜索量越多,该企业在线上获取流量的能力就越强,线上信息量越多,就越能吸引顾客,同样,顾客也就越能节约搜索成本找到自己所需,获得更多的线上搜索效用,感受到更高的线上搜索价值,从而吸引更多顾客点击搜索;第11~17条反馈回路反映了指标"线上购买量"的因果关系链,主要从影响顾客感知价值的因素——顾客感知成本及顾客感知效用两个方面来分析线上购买量的影响因素及影响方向,顾客在购买过程中的感知成本主要包括购买成本(商品价格、邮寄费用等)及转移成本

等，感知效用主要源于商家的服务质量和商品本身的质量，因此当感知成本越低时，顾客的感知价值就会越高，从而使顾客作出购买决策。另外，顾客购买量也会受到前期"线上搜索量"的影响，"线上搜索量"作为"线上购买量"的输入端，搜索量越多，顾客购买量也会相应越多。第18～20条反馈回路反映了"好评数"在系统中的因果关系，线上评论是顾客网购的重要参考依据，顾客好评反映了顾客满意程度，线上好评数越多，满意的顾客越多，在线上就呈现更多有助于其他顾客作出决策的信息，从而降低了顾客的感知风险，风险作为成本的组成部分之一，风险降低，成本随之减少。另外，顾客评论越多，顾客对商品质量的预期便会越准确，从而商品符合预期的程度便越高，顾客的感知效用也会越高。当感知成本降低，效用增加，感知的购后价值就会提高，从而达成更多的顾客满意，产生更多的顾客好评。

4.4 存量流量图的建立

在因果分析图的基础上建立存量流量图，可以分析变量之间的数学关系，从而模拟反馈回路随时间变化的过程。存量与流量是存量流量图中的两种重要变量。存量是累积量，表征系统的状态，并为决策和行动提供信息基础。流量是唯一反映存量发生变化的速率变量，表征了存量变化的速率。流入量使得存量增加，流入量大则存量增加得快；流出量使得存量减少，流出量大则存量减少得快，若流出量为0，则存量不变。另外，流入量和流出量也可以合并为存量变化量，当存量变化量大于0，则存量增加；反之，存量减少。

存量流量图是在对所要研究系统充分认识和理解的基础上，探求因果关系中诸要素的相互关系。本书拟选择"线上搜索量""线上购买量""好评数"分别作为购前、购买及购后阶段的存量。首先，利用原因树状图（见图4-7）对"线上搜索量"进行分析。"线上搜索量"受到初始顾客量的影响，并非所有有需求的顾客都会选择在线上进行搜索。当顾客感知线上搜索价值高于线下搜索价值时，顾客才会选择在线上进行搜索，否则便会转移至线下。顾客的感知搜索价值又取决于感知搜索成本和感知搜索效用的比值，假设顾客的感知搜索价值用 V 表示，感知搜索效用用 U 表示，感知搜索成本用 C 表示，则当 $V_{\text{online}} > V_{\text{offline}}$，即 $\dfrac{U_{\text{online}}}{C_{\text{online}}} > \dfrac{U_{\text{offline}}}{C_{\text{offline}}}$ 时，顾客选择线上搜索。而顾客的感知搜索效用和成本又受到商品质量属性、顾客网络偏好及渠道服务质量三方面的影响,具体如图 4-8 所示。

```
感知线下搜索成本 ┐
                 ├─ 感知线下搜索价值 ┐
感知线下搜索效用 ┘                    │
感知线上搜索成本 ┐                    ├─ 线上搜索量
                 ├─ 感知线上搜索价值 ┘
感知线上搜索效用 ┘
转移量           ┐
                 ├─ 顾客量
顾客线上满意度   ┘
```

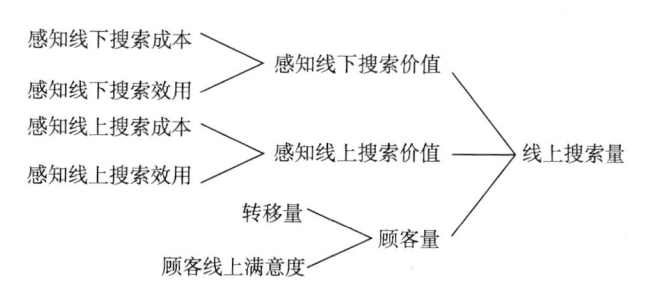

图 4-7 "线上搜索量"的原因树状图

```
商品质量影响因子 ┐
线上服务质量     ├─ 感知线上搜索成本 ┐
顾客网络偏好度   ┘                    │
                                      ├─ 感知线上搜索价值
(商品质量影响因子) ┐                  │
(线上服务质量)     ├─ 感知线上搜索效用 ┘
(顾客网络偏好度)   ┘
```

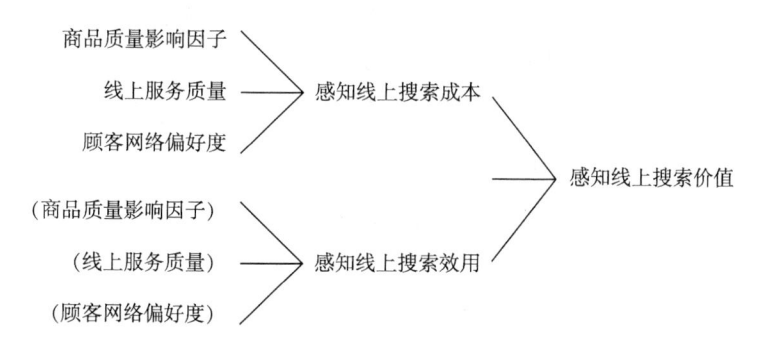

图 4-8 "感知线上搜索价值"的原因树状图

在购买阶段,"线上购买量"作为核心观测指标,受到线上搜索量及顾客的感知线上购买价值共同影响(见图 4-9)。根据顾客价值理论,感知线上购买价值受到感知线上购买成本和效用的共同影响,感知线上购买成本在本系统中又受到感知风险、线上价格优势及顾客网络偏好的共同影响,感知线上购买效用受到商品质量属性、线上服务质量及顾客网络偏好的影响,具体如图 4-10 所示。

```
感知线上购买成本 ┐
                 ├─ 感知线上购买价值 ┐
感知线上购买效用 ┘                    │
                                      ├─ 线上购买量
感知线下搜索价值   ┐                  │
顾客感知线上搜索价值 ├─ 线上搜索量 ┘
顾客量             ┘
```

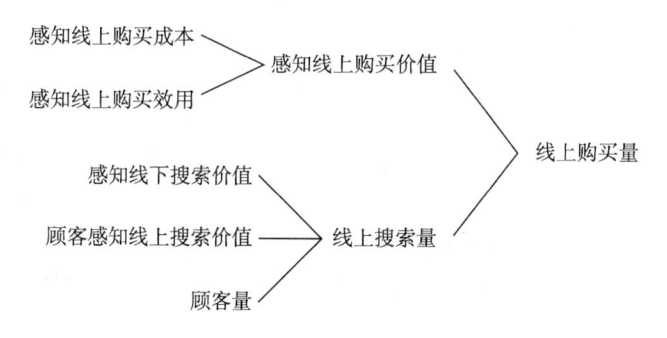

图 4-9 "线上购买量"的原因树状图

```
感知风险 ┐
线上价格优势 ──→ 感知线上购买成本 ┐
顾客网络偏好度 ┘                    ├──→ 感知线上购买价值
商品质量影响因子 ┐                  │
线上服务质量 ──→ 感知线上购买效用 ┘
(顾客网络偏好度) ┘
```

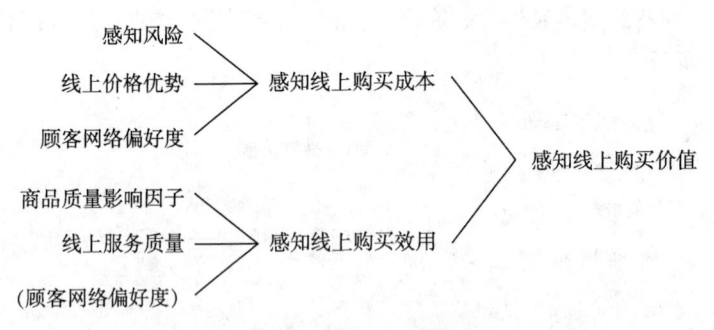

图 4-10　感知线上购买价值的原因树状图

在购后阶段，好评数作为便于测量的重要观测变量，主要受到顾客满意度的影响（见图 4-11），而顾客满意度主要取决于顾客在购后的感知价值，感知价值又取决于购后的感知成本和感知效用，具体的原因分析，如图 4-12、图 4-13 所示。

```
感知线上购后价值 ──── 顾客线上满意度 ──── 好评数
```

图 4-11　好评数的原因树状图

```
商品质量影响因子 ┐
线上服务质量 ──→ 商品质量符合预期程度 ┐
                                      ├──→ 感知线上购后成本
(商品质量影响因子) ┐                  │
(线上服务质量) ──→ 感知风险 ──────────┘
```

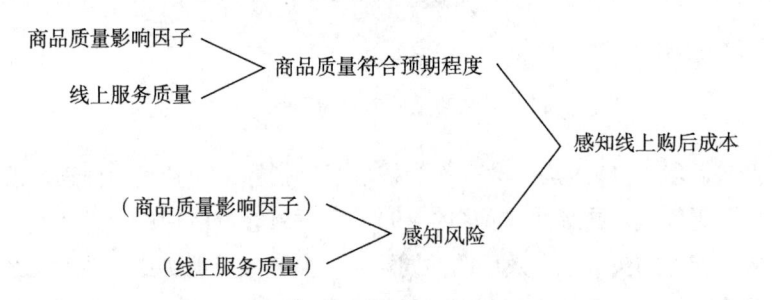

图 4-12　感知线上购后成本的原因树状图

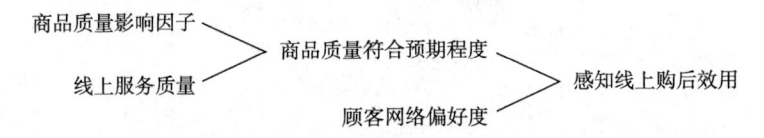

```
商品质量影响因子 ┐
线上服务质量 ──→ 商品质量符合预期程度 ┐
                                      ├──→ 感知线上购后效用
              顾客网络偏好度 ────────┘
```

图 4-13　感知线上购后效用的原因树状图

顾客量作为系统的初始输入指标，又作为连接购后与购前的反馈指标，若顾客满意，则会在线上发表更多的好评，使得商品的线上渠道知名度提高，从而吸引更多顾客，促使顾客量增加；反之，若顾客不满意，则会导致顾客转移,使得顾客量减少(见图4-14)。顾客转移量主要体现在购买和购后阶段。顾客是否选择线上渠道进行购物取决于线上(渠道的)锁定能力和顾客线上满意(程度),而锁定能力主要取决于顾客感知的购买成本和转移成本。当顾客衡量到购买成本越低、转移成本越高时,便不会迁移到其他渠道进行购买,这时,转移量便会减少,线上顾客量就会增加(见图4-15)。

```
顾客线上满意 ——— 好评数
                         ↘
                          顾客量
线上锁定能力              ↗
             ↘ 转移量
(顾客线上满意) ↗
```

图4-14 顾客量的原因树状图

```
感知线上购买成本 ↘
                线上锁定能力
转移成本        ↗           ↘
                              转移量
感知线上购后价值 ——— 顾客线上满意 ↗
```

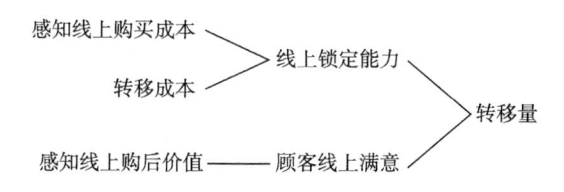

图4-15 顾客转移量的原因树状图

根据以上对各存量的因果关系和反馈结构的定性分析,建立系统的存量流量图,如图4-16所示。系统中"搜索""购买""购后"三个阶段,每个阶段都包括"转化"和"转移"两种可能行为,"转化"即转化为同渠道下一阶段的行为,"转移"即转移到另一渠道的行为。每个阶段的"转化"速率都由顾客的感知价值所驱动,"转移"速率受到锁定能力影响,这里的"速率"均是单位时间变化量。

图4-16将顾客的多渠道购物行为用由26个变量构成的模型来反映。模型中包括3个状态变量(即存量),即线上搜索量、线上购买量及好评数;5个速率变量,即线上搜索速率、线上搜索转移速率、转化速率、线上购买转移速率、线上满意率;6个常量,即商品质量影响因子(不同的商品对应不同的常数)、顾客网络偏好度、线上服务质量、收货延迟、线上价格优势、转移成本;12个辅助变量,即顾客量、感知线上搜索价值、感知线上搜索效用、感知线上搜索成本、线上锁定能力、转移成本、感知线上购买价值、感知线上购买成本、感知线上购买效用、感知线上购后价值、感知线上购后成本、感知线上购后效用。

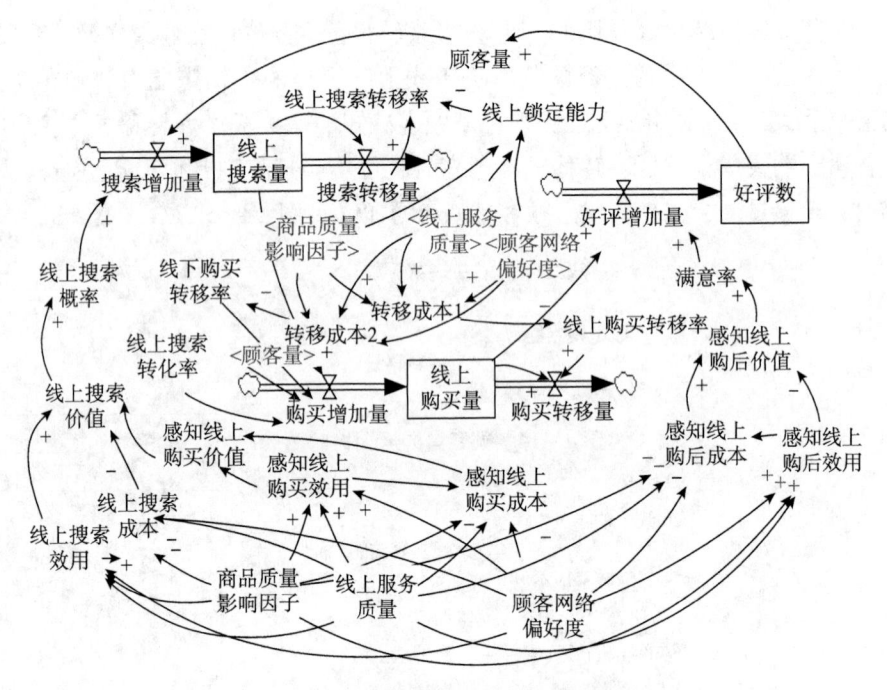

图 4-16　顾客购物行为的存量流量图

4.5　本章小结

本章主要包括四部分内容：4.1 节对建立购物行为动态模型的目的进行了分析，确定了建立模型的目的是最大程度满足顾客需求，实现顾客满意最大化，并在此视角下提出了模型的假设。4.2 节对系统的研究范围进行了界定，系统的界限主要包括四个主体：商品、顾客、渠道及零售商。4.3 节对系统的因果关系进行了分析，将顾客的购物行为总系统分为搜索、购买及购后三个子系统，基于顾客价值理论对每个子系统中的因果反馈关系进行分析，并将各子系统的因果反馈关系加以整合，形成总系统的因果反馈图。基于 4.3 节对因果关系的分析，4.4 节建立了存量流量图，并确定了各变量之间的关系。

第5章 基于商品质量与渠道匹配的顾客动态行为仿真分析

利用系统动力学（SD）方法解决问题需要对系统中的变量进行分析并建立相互之间的量化关系。系统中的变量主要分为状态变量、速率变量、常量及辅助变量四大类。其中状态变量属于累积变量，受到速率变量的影响。速率变量反映状态变量的净改变率，与状态变量之间存在导数关系。速率变量受到常量和辅助变量的影响，相互关系需要建立方程进行分析。常量，即在系统运行期间可以暂时保持不变或者变化甚微的量，一般是系统中的局部目标或标准。辅助变量是用来描述决策过程中状态变量和速率变量之间信息传递和转换过程的中间变量，既不反映积累，也不具有导数意义，辅助变量随着相关变量的变化而发生瞬时变化。下面分别对各类变量依次进行分析，将商品质量影响因子、顾客网络偏好度及线上服务质量等常量在系统中作为最初的输入变量，首先对系统中的常量进行分析；再按照相互影响顺序，分别对辅助变量、速率变量及状态变量进行分析。

5.1 系统中的变量分析

5.1.1 系统中的常量

根据对系统中的因果关系分析可知，商品质量影响因子、线上服务质量和顾客网络偏好度同时对感知线上搜索效用、感知线上搜索成本、感知线上购买效用具有影响，但具体每个因素的影响程度不确定。因此本部分试图采用层次分析法对各因素的权重进行分析。

层次分析（AHP）法是美国著名的运筹学家 T. L. Satty 等在 20 世纪 70 年代提出的一种定性与定量相结合的多准则决策分析方法，可用于解决多目标的复杂问题。运用该方法解决问题的思路是，首先将决策问题层次化，根据问题的性质和要达到的总目标，将问题分解为不同组成因素，并按照因素间的关联影响以及隶属关系将因素按不同层次聚集组合，形成一个多层次的分析结构模型，并最终把系统分析归结为最底层（供决策的方案、措施等）相对于最高层（总目标）的相对重要性权重的确定或相对优劣次序的排序问题❶。

5.1.1.1 常量的确定

由存量流量图（见图 4-16）发现，商品质量影响因子、线上服务质量、顾客网络偏好度三个常量在购前、购买及购后三个阶段对顾客选择线上渠道都有影响，以购前阶段为例，可以将"选择线上购买"作为总目标，商品质量影响因子（匹配度）、线上服务质量、顾客网络偏好度作为评价准则，商品质量的可感知性、功能性、安全性、经济性作为商品质量影响因子的评价指标；线上渠道的有用性和易用性作为线上服务质量的评价指标；顾客的购物动机、网络涉入度及感知风险作为顾客网络偏好度的评价指标（指标的选择源于第 3 章）。从而形成如图 5-1 所示的选择线上购买的层次分析结构图。

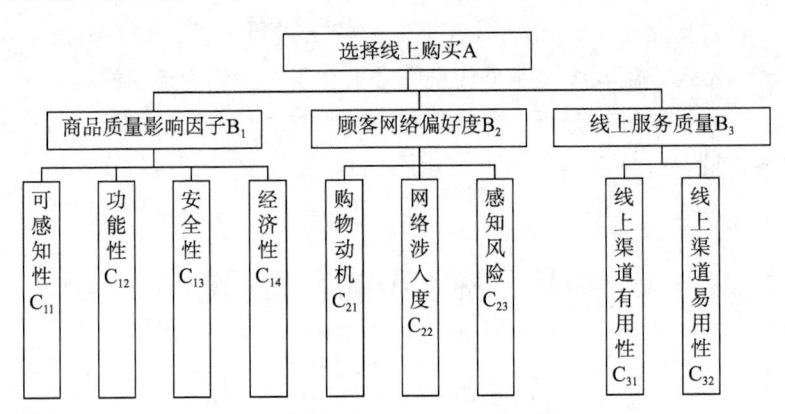

图 5-1 选择线上购买的层次分析结构图

---

❶ 杜栋, 庞庆华, 吴炎. 现代综合评价方法与案例精选 [M]. 北京: 清华大学出版社, 2008: 11-12.

根据专家评判及统计数据，利用 1-9 标度法构造成对判断矩阵 **A-B**，如表 5-1 所示。

表 5-1 判断矩阵 **A-B**

A	B_1	B_2	B_3
B_1	1	3	2
B_2	1/3	1	1/2
B_3	1/2	2	1

用方根法计算判断矩阵 **A-B** 的最大特征根及对应的特征向量。计算判断矩阵每一行元素的乘积 $M_i = \prod_{j=1}^{n} a_{ij}, i = 1, 2, \cdots, n$，代入数据得：

$$M_1 = 6, \quad M_2 = 1/6, \quad M_3 = 1$$

计算 $\overline{W_i} = \sqrt[n]{M_i}$，得：$\overline{W} = [1.82, 0.55, 1]^T$

归一化处理，得

$W = [0.54, 0.16, 0.3]^T$，即所求的特征向量。

另外，判断矩阵 **A-B** 的最大特征根 $\lambda_{max} = \sum_{i=1}^{n} \frac{(AW)_i}{nW_i}$，代入数据可得：

$\lambda_{max} = 3.05, \quad CI = \dfrac{\lambda_{max} - n}{n - 1} = 0.025, \quad RI = 0.58, \quad CR = \dfrac{CI}{RI} = 0.043$

从而认为判断矩阵 **A-B** 具有满意的一致性。

根据以上计算的结果，可以得出：

$$OP = 0.54PQ + 0.16CN + 0.3SQ \tag{5-1}$$

式中　OP——线上购买意愿；

　　　PQ——商品质量影响因子；

　　　CN——顾客网络偏好度；

　　　SQ——线上服务质量。

同样方法，可以获得判断矩阵 B_1-C、B_2-C、B_3-C，分别如表 5-2 至表 5-4 所示。

表 5-2 判断矩阵 $B_1 - C$

B_1	C_{11}	C_{12}	C_{13}	C_{14}	权重
C_{11}	1	5	3	2	0.47
C_{12}	1/5	1	1/3	1/4	0.07
C_{13}	1/3	3	1	1/2	0.17
C_{14}	1/2	4	2	1	0.29

$$\lambda_{max} = 4.04, CI = 0.013, RI = 0.90, CR = 0.014$$

根据表 5-2 可得:

$$B_1 = 0.47C_{11} + 0.073C_{12} + 0.17C_{13} + 0.287C_{14} \qquad (5-2)$$

表 5-3 判断矩阵 $B_2 - C$

B_2	C_{21}	C_{22}	C_{23}	权重
C_{21}	1	1/4	1/3	0.12
C_{22}	4	1	2	0.56
C_{23}	3	1/2	1	0.32

$$\lambda_{max} = 3.02, CI = 0.01, RI = 0.58, CR = 0.017$$

由表 5-3 可得:

$$B_2 = 0.12C_{21} + 0.56C_{22} + 0.32C_{23} \qquad (5-3)$$

表 5-4 判断矩阵 $B_3 - C$

B_3	C_{31}	C_{32}	权重
C_{31}	1	2	0.67
C_{32}	1/2	1	0.33

$$\lambda_{max} = 2.001, CI = 0.001, CR < 0.10$$

由表 5-4 可得:

$$B_3 = 0.67C_{31} + 0.33C_{32} \qquad (5-4)$$

5.1.1.2 系统中的常量赋值

1. 商品质量影响因子（匹配度）的赋值

通过运用层次分析法，确定了影响顾客选择线上渠道的商品质量影响因子的方程表达式为

$$PQ = 0.47Q_P + 0.073Q_F + 0.17Q_S + 0.287Q_E \qquad (5-5)$$

式中　PQ——商品质量影响因子；

　　　Q_P——商品质量的可感知性；

　　　Q_F——商品质量的功能性；

　　　Q_S——商品质量的安全性；

　　　Q_E——商品质量的经济性。

根据研究目的，本书将商品质量的可感知性定义为购前通过查找商品信息便可准确感知到商品质量的性质，并据此分为搜索型商品和体验型商品。商品质量的功能性，即商品强调其实际使用性能或效果的程度，根据商品实用性能程度的高低，将商品分为功能型商品和享乐型商品。商品质量的风险性，即商品本身可能会对人体健康、环境等带来危害的程度，或者当商品的工艺、技术复杂以及价格昂贵时带来的风险程度。为便于与其他属性保持相同的标度方向，本研究将商品质量的风险性逆向定义为商品质量的安全性。不同于以往企业视角的定义方式，本书从顾客的角度界定商品质量的经济性，即商品的使用寿命及其在产品周期内的使用维护成本的高低，使用维修成本越低，则说明经济性越强。

不同的商品由于性质不同，从而具有不同的质量赋分。在本研究中，商品质量作为初始输入变量，因此商品类别选取得是否合理就显得尤为重要。Tarun Kushwaha，Venkatesh Shankar（2013）[1] 按照功能性和风险性对产品进行分类，认为办公用品属于功能性商品，服装、化妆品属于享乐型商品；办公用品、图书、玩具属于低风险产品，电脑、服装、化妆品属于高风险产品。Gupta 等（2004）[2] 对多渠道购买环境中的顾客风险承受度进行研究，认为产品类别也是影响顾客感知风险的重要因素，并指出图书属于搜索产品，由于信息可感知性较强，所以属于低风险商品；服装、香水和珠宝属于体验产品，因此在线上购买属于高风险商品。基于以上文献，并结合对商品质量所设定的四个属性，本书选取六类具有明显差异且线上线下综合销量较高的商品作为测试对象。这六类商品分别是服装、图书、电脑、洗衣机、香水、药品。

当然，每类商品在上述的每个属性中可能都会同时具有两面性，如电脑既有功能性又有享乐性，当功能性程度高于享乐性时，则属于功能性商品。为更

---

[1] Kushwaha T, Shankar V. Are multichannel customers really more valuable? The moderating role of product category characteristics [J]. Journal of Marketing, 2013, 77 (4): 67–85.

[2] Gupta A, Su B C, Walter Z. Risk profile and consumer shopping behavior in electronic and traditional channels [J]. Decision Support System, 2004, 38: 347–367.

加客观地量化各类商品的质量属性得分,本书将每类属性划分为 10 个等级,邀请专家对各类商品的质量属性进行打分,通过计算算术平均数,得出商品各类质量属性的赋分,该得分反映了这类商品质量属性与线上渠道的匹配度。调查结果如表 5-5 所示。

表 5-5 商品的质量属性得分

商品类别	可感知性程度		功能性程度		安全性程度		经济性程度	
	均值	标准差	均值	标准差	均值	标准差	均值	标准差
服装	1.93	0.88	4.60	0.74	6.73	1.10	5.73	0.70
图书	9.13	0.64	7.73	0.59	9.27	0.46	9.33	0.62
电脑	6.13	0.99	6.20	1.26	6.93	1.22	3.47	1.06
洗衣机	5.21	0.75	9.53	0.28	6.00	0.75	3.16	0.58
香水	1.07	0.27	1.79	0.58	5.29	0.91	5.57	0.85
药品	3.60	1.05	8.13	0.91	2.33	0.97	7.13	0.83

为更加直观地体现每类商品的属性得分,用雷达图来呈现,如图 5-2 所示。

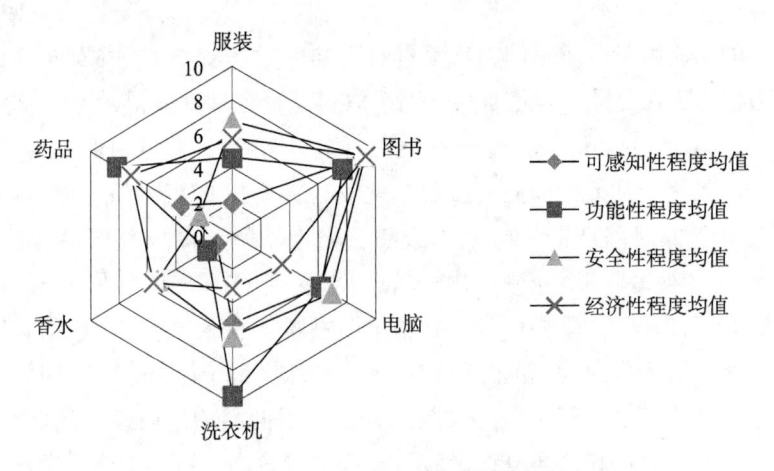

图 5-2 商品属性表现雷达图

将各商品的各类属性得分代入式 (5-5),得到各类商品的质量综合赋分,即与线上渠道的匹配度,如表 5-6 所示。

表 5-6 商品的质量综合赋分

商品类别	服装	图书	电脑	洗衣机	香水	药品
匹配度得分	4.03	9.11	5.51	6.07	3.13	4.72

不考虑顾客及渠道两个影响因素,单独从商品的视角来分析,商品的质量综合赋分越高,说明与线上渠道越匹配。当综合赋分超过 5,则表明该商品与线上渠道更加匹配;反之,则与线下渠道更加匹配。

2. 顾客网络偏好度的赋值

根据式 (5-3),顾客网络偏好度是由顾客的购物动机、网络涉入度及感知风险加权计算得出。顾客的购物动机和感知风险受到商品和顾客个人主观因素决定,顾客之间都会具有明显的异质性。假设用 1~10 表示顾客网络偏好度的范围,1 代表顾客最喜欢在线下实体店购买,对网络购物的偏好程度非常低,5 代表顾客对网络购物的偏好程度一般,10 代表顾客最喜欢在线上渠道购买。为测试不同网络偏好度顾客的渠道选择情况,本书拟选择网络偏好度为 2、5、8 三个不同水平进行分析。

3. 线上服务质量的赋值

线上服务质量会影响顾客的渠道选择行为,本书中的线上服务质量主要体现在线上渠道对顾客的有用性和易用性。对于实行双渠道销售模式的零售商,线上服务质量越高,便会使得该渠道越有吸引力。同样,用 1~10 代表线上服务质量水平,1 代表与线下相比,线上服务质量非常差;10 则代表线上服务质量非常好。本书拟研究当线上服务质量在 2、5、8 三个水平时,顾客的动态购物行为。

5.1.2 辅助变量的建立

辅助变量存在于系统的信息流中,是用来描述决策过程中状态变量及速率变量之间信息传递和转换过程的中间变量。本书基于模型间的数量关系及顾客价值理论,建立的辅助变量分别为:顾客量、感知线上搜索价值、感知线上搜索效用、感知线上搜索成本、线上锁定能力、转移成本、感知线上购买价值、感知线上购买成本、感知线上购买效用、感知线上购后价值、感知线上购后成本、感知线上购后效用等。

5.1.2.1 顾客量(CV)

顾客量也即顾客需求量,作为整个系统的驱动变量,从源头上决定各状态水平的取值范围,同时,又受到购后子系统中"顾客好评数"的影响而不断得到累积增长。对于某一个零售商而言,顾客量的大小具有随机性的同时,又具有一定的确定性。从广义的顾客购物行为来看，顾客需求的随机性主要体现为，单位时间内顾客的需求量或到达量是随机变化的。顾客是否访问一般是一种独立随机性事件，与其他因素无关。当把顾客的需求量局限于某一零售商处时又具有一定的确定性，这是因为顾客的需求量会受到该零售商的商品及服务质量的影响。由于本书中的顾客量局限于某单一零售商处，因此将随机性与确定性相结合来做出假设。

假设对于某一实施线上线下融合的零售商，它的顾客量在单位时间内是均匀稳定的，为便于分析系统中各重要变量的动态变化过程，模型常用线性方程来表示。本书根据模型中的数量关系，假设顾客量的表达方式为：$CV = a + b(2R - P)$，其中 a 为初始顾客量；b 为顾客好评对需求的影响程度；R 为好评数；P 为购买量；$R - (P - R)$，即 $2R - P$ 为好评数与未给予好评人数之差。

另外，好评对顾客所产生的吸引作用有一定的滞后性，需要引入延迟函数来模拟这种延迟效果。Vensim 系统中的延迟函数包括两类：DELAY 函数和 SMOOTH 函数。其中，DELAY 函数常用于模拟物质延迟效果，SMOOTH 函数常用于模拟信息延迟效果。此处的延迟主要表现为信息的延迟，因此选择 SMOOTH 函数对顾客量进行模拟，假设好评对顾客的吸引延迟时间为 7 天，则顾客量的公式为 $SMOOTH(a + b(2R - P), 7)$。

5.1.2.2 感知线上价值（V）

本书中的感知线上价值可以分为感知线上搜索价值、感知线上购买价值及感知线上购后价值三个方面，每个阶段的感知价值又通过计算感知效用与感知成本之差值获得。目前已有许多学者对顾客网络搜索的感知价值进行了研究。Lee，Tan（2004）[1] 认为顾客的感知线上搜索效用主要源于两个方面，一方面是顾客对商品的款式、包装、品牌、价格等信息的感知，另一方面是顾客对网站服务、环境及风险的判断，并以这些因素为变量构建了感知效用离散模型，如果用 $U(r)_e$ 代表顾客所感知的线上渠道的效用，则存在 $U(r)_e = U_0 + U_e - \{r_{te}(\Delta U_t) + r_{se}(\Delta U_{se})\}$，其中，$U_0$ 为无风险时商品质量为顾客带来的效用，U_e 为无风险时线上服务质量为顾客带来的效用，r_{te} 为线上渠道搜索商品质量属性带来的风险系数，r_{se} 为线上服务质量带来的风险系数，ΔU_t 为在线上渠道顾客

---

[1] Lee K S, Tan S J. E-retailing versus physical retailing: A theoretical model and empirical test of consumer choice [J]. Journal of Business Research, 2004, 56 (11): 877–885.

对商品质量的感知偏差，ΔU_{se} 为顾客对服务质量的感知偏差。同样地，若用 $U(r)_f$ 表示顾客所感知的线下渠道的效用，r_{tf} 为在线下渠道搜索商品的风险系数，ΔU_{sf} 为顾客对服务质量的感知偏差，则当 $U_e - [r_{te}(\Delta U_t) + r_{se}(\Delta U_{se})] > U_f - [r_{tf}(\Delta U_t) + r_{sf}(\Delta U_{sf})]$ 时，顾客便会选择线上渠道进行搜索。

Butler，Dyer 等（2008）[1] 基于历史交易数据，对顾客进行了分类。采用多属性效用理论，针对购物行为相近的顾客构建了网络消费者效用模型，模型以顾客的行为偏好为变量，计算各偏好变量对顾客效用值的权重。王崇、刘健等（2011）[2] 则认为成本对顾客的影响程度最大，因此研究中根据效用理论，将影响网络消费者决策的各种成本因素作为变量，构建感知效用模型，定性分析信息收集成本、质量评估成本、商品价格以及购物风险等成本因素对网络消费者感知效用的影响。该研究假设 $U(G_1)$ 为顾客对商品类别 V_1 的属性重心 $G_1 = (a_1, a_2, a_3, \cdots, a_n)$ 的感知效用，且为连续二次可导，则对 $U(G_1)$ 进行泰勒二级展开，得到 $\overline{U}_1 \approx U(G_1) + \frac{1}{2} u''(G_1) \mathrm{var}(\varepsilon_1)$，即顾客对商品类别 V_1 的感知效用。其中，ε_1 为顾客所感知的商品类别属性重心与实际重心之间的差异。另外，作者又将顾客的感知风险程度考虑进来，认为风险规避型顾客和风险型顾客在看待商品类别属性的方差方面，存在相反的态度。对于风险规避型顾客，商品类别属性的方差越小越好；对于风险型顾客，则是商品类别属性的方差越大越好。

对于购物各个阶段的成本，王崇、刘健等（2011）认为搜索成本（SC）是指顾客在线上搜索商品信息所花费的时间、精力等，其大小受到商品种类的影响，因此，研究认为 SC 是以商品种类为自变量的函数；顾客的购买成本（MC）主要来自商品价格和风险的影响；商品的价格成本（PC）是购买成本的主要组成部分；风险成本（RC）是顾客在购买过程中所用时间、精神、钱财等方面蒙受损失的概率；顾客在购后的评价成本（EC）是指顾客为评估商品质量在钱财、时间及精力等方面的付出。成本大小受到商品质量高低的影响，是关于质量的函数，商品质量的符合预期程度越高，消费者评估商品质量的成本就越小，反之亦然。该研究中建立了考虑顾客风险承受度的效用模型。

---

[1] Butler J C, Dyerb J S, Tomak K. Enabling e-transactions with multi-attribute preference models [J]. European Journal of Operational Research, 2008, 186 (2): 748–765.
[2] 王崇, 刘健, 吴价宝. 网络环境下消费者感知效用模型的构建与研究 [J]. 中国管理科学, 2011, 19 (3): 94–102.

其中，风险规避型顾客的感知成本为：$C_s^a = -U(e^{d_s x} - 1)$，$x < \ln2/d_s$；风险型顾客的感知成本为 $C_s^n = -\dfrac{U}{\bar{s}}x$，$x < \bar{s}$。$s$ 为各类成本，d_s 为风险规避型顾客对各类成本的风险敏感度，$\bar{s}$ 为风险型顾客对各类成本的承受系数。

按照顾客价值理论，对于风险规避型顾客，当 $U - U(e^{d_s x} - 1) > 0$ 时，$x < \ln2/d_s$，顾客感知效用高于感知成本，从而作出行动决策，d_s 越小，顾客承受风险能力越强，感知的效用就越高；对于风险型顾客，当 $U - \dfrac{U}{\bar{s}}x > 0$ 时，$x < \bar{s}$，顾客感知效用高于感知成本。基于以上分析，文章得出风险规避型顾客及风险型顾客的感知价值计算公式分别为：

$$U^a = U - U(e^{d_{SC}SC} - 1) - U(e^{d_{MC}MC} - 1) - \\ U(e^{d_{PC}PC} - 1) - U(e^{d_{RC}RC} - 1) - U(e^{d_{EC}EC} - 1) \quad (5-6)$$

$$U^n = U - \dfrac{U}{SC}SC - \dfrac{U}{MC}MC - \dfrac{U}{PC}PC - \dfrac{U}{RC}RC - \dfrac{U}{EC}EC \quad (5-7)$$

本书中的顾客感知线上价值分为感知线上搜索价值、感知线上购买价值及感知线上购后价值三个部分。顾客在每个部分的感知价值又受到商品质量影响因子、线上服务质量及顾客网络偏好度三个方面的影响。

首先，对于线上搜索价值，可以通过计算线上搜索效用与搜索成本之差值获得。基于以上文献分析并结合 AHP 法，本书得到顾客的感知线上搜索效用为

$$U^s = U_Q^s + U_S^s + U_C^s = 0.4PQ + 0.3SQ + 0.3CN \quad (5-8)$$

式中　U^s——顾客的感知线上搜索效用；

U_Q^s——商品质量影响的顾客的感知线上搜索效用；

U_S^s——线上服务质量影响的顾客的感知线上搜索效用；

U_C^s——顾客网络偏好度影响的顾客的感知线上搜索效用。

顾客感知线上的搜索成本也从商品质量、顾客网络偏好及线上服务质量三个方面分析。其中商品质量为顾客在搜索阶段带来的成本，主要表现为商品质量信息的可描述程度，以及顾客通过信息的可感知程度，商品的质量影响因子赋分越高，可感知性则越好，顾客搜索失败的风险则越小。根据式（5-6），本书用 d_{PQ} 表示商品质量为顾客线上搜索带来的成本系数，与商品质量呈现反比例关系，且保证 $e^{d_{PQ}PQ} - 1$ 的取值能够具有明显的界限特征，从而便于分析商品质量对于顾客搜索成本的影响，经过不断代入商品质量赋分数值，反复实验，假设 $d_{PQ} = \dfrac{1}{2PQ^2}$。顾客网络偏好度 CN 越高，网络应用熟练度就会越高，搜索

的时间、精力成本便会越少，因此 CN 与搜索成本也呈反比例关系，假设 $d_{CN} = \frac{1}{4CN^2}$。同样，线上渠道的服务质量也与搜索成本呈反比例关系，假设线上服务质量的成本系数为 $d_{SQ} = \frac{1}{3SQ^2}SQ$。经过极值测试，系数的确定是合理可行的，从而得到顾客的感知线上搜索成本，如式（5-9）所示。

$$C^s = U(e^{\frac{1}{2PQ^2}PQ} - 1) + U(e^{\frac{1}{4CN^2}CN} - 1) + U(e^{\frac{1}{3SQ^2}SQ} - 1) \quad (5-9)$$

式中 C^s——顾客的感知线上搜索成本。

由于顾客感知价值可以通过计算感知效用与感知成本的差值来获得，从而得到顾客的感知线上搜索价值 V^s，如式（5-10）所示。

$$\begin{aligned}V^s &= U^s - C^s \\ &= 0.4PQ + 0.3SQ + 0.3CN - U^s(e^{\frac{1}{2PQ}} - 1) - \\ &\quad U^s(e^{\frac{1}{4CN}} - 1) - U^s(e^{\frac{1}{3SQ}} - 1)\end{aligned} \quad (5-10)$$

结合式（5-1），并采用同样的方法，可以得到顾客在购买过程中的效用函数及成本函数，分别如式（5-11）、式（5-12）所示。

$$U^p = U^p_Q + U^p_C + U^p_S = 0.54PQ + 0.16CN + 0.3SQ \quad (5-11)$$

式中 U^p——顾客的感知线上购买效用；

U^p_Q——商品质量为顾客在购买过程中带来的感知效用；

U^p_C——顾客网络偏好度为顾客在购买过程中带来的感知效用；

U^p_S——线上服务质量为顾客在购买过程中带来的感知效用。

$$C^p = U(e^{\frac{2}{3PQ^2}PQ} - 1) + U(e^{\frac{1}{3CN^2}CN} - 1) + U(e^{\frac{1}{2SQ^2}SQ} - 1) \quad (5-12)$$

式中 C^p——顾客的感知线上购买成本。

顾客的感知线上购买价值 V^p，通过式（5-13）获得：

$$\begin{aligned}V^p &= U^p - C^p \\ &= 0.54PQ + 0.3SQ + 0.16CN - U^p(e^{\frac{2}{3PQ}} - 1) - \\ &\quad U^p(e^{\frac{1}{3CN}} - 1) - U^p(e^{\frac{1}{2SQ}} - 1)\end{aligned} \quad (5-13)$$

顾客在购买后感知的效用及成本分别为

$$U^A = U^A_Q + U^A_C + U^A_S = 0.65PQ + 0.1CN + 0.25SQ \quad (5-14)$$

式中 U^A——顾客的感知线上购后效用；

U^A_Q——商品质量为顾客在购后带来的感知效用；

U^A_C——顾客网络偏好度为顾客在购后带来的感知效用；

U_S^A——线上服务质量为顾客在购后带来的感知效用。

$$C^A = U(e^{\frac{3}{4PQ^2}PQ} - 1) + U(e^{\frac{1}{2CN^2}CN} - 1) + U(e^{\frac{1}{2SQ^2}SQ} - 1) \quad (5-15)$$

式中 C^A——顾客的感知线上购后成本。

顾客的感知线上购后价值 V^A 如式（5-16）所示。

$$V^A = U^A - C^A = 0.65PQ + 0.1CN + 0.25SQ - U^A(e^{\frac{3}{4PQ}}PQ - 1) -$$
$$U^A(e^{\frac{1}{2CN}} - 1) - U^A(e^{\frac{1}{2SQ}} - 1) \quad (5-16)$$

5.1.2.3 比率指标的建立

辅助变量中还存在着线上搜索概率、线上搜索转移率、线上搜索转化率、购买转移概率、好评率等比率指标，这些指标直接作用于系统中的速率指标。

1. 线上搜索概率（η_s）

搜索增长率的取值受到顾客感知搜索价值的影响，当顾客感知线上搜索价值 $V^s > 0$，则顾客产生线上搜索意愿，从而线上搜索量增多。因此，搜索增长率与线上搜索价值呈现正相关关系。但需要注意的是，并非所有感知线上搜索价值大于 0 的顾客都必然选择线上搜索，因此，线上搜索的概率值必然小于 1，本书采用建立修复因子的方法，并通过极值试验测试，假设线上搜索概率为 $\eta_s = \dfrac{(V^s)^2}{1+(V^s)^2}$。

2. 线上搜索转移率（λ_s）

根据现实经验可知，大多数的顾客在搜索阶段习惯于选择线上渠道，当顾客在线上搜索不能实现预期效果，且线上渠道锁定能力相对较弱时，顾客才会转移到线下继续搜索。因此，本书认为在搜索阶段的转移率主要受到渠道锁定能力的影响，而渠道的锁定能力与商品质量属性、渠道服务质量及顾客网络偏好度呈现正相关关系。结合实际，并通过专家评判，得到线上锁定能力 $\kappa = 2PQ + 5SQ + 3CN$，而线上搜索转移率与线上锁定能力呈现反比关系，因此得到 $\lambda_s = \dfrac{1}{2PQ + 5SQ + 3CN}$。

3. 线上搜索转化率（ζ）

线上搜索转化率即顾客的搜索流量转化为实际购买量的比率。卞保武（2010）[1]认为顾客的线上搜索转化率与网站品牌、商品质量吸引力、客户服

---

[1] 卞保武. 企业电子商务网站转化率问题的研究［J］. 中国管理信息化，2010，13 (2): 97-99.

务、顾客行为特征及用户体验等因素密切相关。同样，可以将以上影响因素归结为渠道服务质量、商品质量属性及顾客网络偏好度三大因素。顾客由线上搜索转化为线上购买，主要受到顾客所感知的购买价值所影响，当感知的购买价值越高，则转化率越高，否则越低。经过反复实验测试，假设顾客的线上搜索转化率为 $\zeta = 1 - \dfrac{1}{V^p}$。

4. 购买转移概率（λ_p）

顾客的转移行为同时受到原有服务和新服务的共同影响，当新服务的吸引能力大于原有服务的锁定能力时，顾客便会向新服务转移。在虚实融合模式下，当顾客发现在线上购买所感知的实际价值小于预期，同时线下又有较大的吸引力，顾客便会转移到线下购买。能够反映吸引力与锁定能力之差异的重要指标便是顾客所感知的转移成本，假设用 TC 表示。

波特（1980）认为，转移成本是指顾客从一个产品或服务的供应处转向另一个供应处时所产生的一次性成本❶。Fornell（1988）❷ 间接对顾客转移成本进行了分类，他认为顾客的转移成本主要来自"搜寻成本，交易成本，学习成本，忠诚顾客折扣优惠，顾客消费习惯，情感成本，感知努力以及有关金钱、社会和心理风险"等方面。

基于以上研究，并结合本书内容，笔者认为在虚实融合模式下，线上与线下渠道间的转移成本主要源于商品质量属性、顾客网络偏好度、渠道服务质量及不同渠道间的价格差异四方面，本书假设线上线下实行同价策略，这样渠道间的转移成本则不受线上与线下的定价影响。在商品质量属性、顾客网络偏好度及渠道服务质量方面，每个个体之间都具有明显的异质性特征，这种涉及个人转换的微观层面的数据很难直接度量，可直接借鉴的计算方法也几乎没有。值得庆幸的是，有学者曾经对银行业顾客的转移成本通过理论建模和数据推算的方法进行过测算。Shy（2002）❸ 等人将不可观测的顾客转移成本与可观测的价格及市场份额联系起来，将顾客转移成本表示为价格和市场份额的函数。

---

❶ 迈克尔·波特. 竞争战略 [M]. 陈小悦, 译. 北京: 华夏出版社, 1997: 9–10.
❷ Farrell J, Shapiro C. Dynamic Competition with Switching Costs [J]. Rand Journal of Economics, 1988, 19 (1): 123–137.
❸ Shy O. A quick–and–easy method for estimating switching costs [J]. International Journal of Industrial Organization, 2002, 20 (1): 71–87.

张言彩、韩玉启（2007）❶借助双寡头博弈中的纳什-伯特兰均衡模型，把不可观测的转移成本转化成可以观测的市场价格和市场份额的函数，建立了市场上只有两个竞争者的顾客转移成本测算简化模型，得出在价格均衡时，顾客由 B 转向 A 时的转移成本 $TC = P_A^* - \dfrac{P_B^* N_B}{N_A + N_B}$，其中 P_A^*、P_B^* 分别为两个竞争者的价格，N_A、N_B 分别为两个竞争者的市场份额。由于本书假设线上线下实行同价策略，因此不存在定价差异。转移成本主要源于商品质量影响因子、顾客网络偏好度及线上服务质量所带来的学习成本、时间成本、努力成本、风险成本等方面。三个影响因素的赋分越高，由线上转移至线下的成本则越高。经访谈调查获知，大多数的被调查者认为顾客由线上转移至线下渠道的成本，首先源于去线下实体店所要支付的时间和交通成本，其次是顾客所付出的努力成本，商品质量所带来的风险成本影响相对较小。由专家评判法，并结合以上分析，本书假设顾客由线上转移至线下的转移成本（转移成本1）为 $TC_1 = \dfrac{PQ}{10} \times (0.4PQ + 0.6CN + 0.9SQ)$。

另一方面，线下搜索的顾客也有转移至线上购买的可能，假设线上线下实行同价策略，由线下转移至线上的转移成本首先源于商品质量带来的风险成本，其次是零售商在购物渠道所提供的优惠服务，顾客的努力成本影响相对较小。另外，顾客从网店转向实体店的概率要低于从实体店转向网店的概率❷。由专家评判法，并结合以上分析，本书假设顾客由线下转移至线上购买的转移成本（转移成本2）为 $TC_2 = \dfrac{PQ}{10} \times (0.8PQ + 0.3CN + 0.6SQ)$。

另外，曹玉枝❸（2012）在研究顾客在移动渠道与网络渠道之间的转移行为时，认为转移概率的大小由顾客在两个渠道间所感知的差异影响而产生，顾客所感知的渠道差异主要体现在渠道的便利性、个性化、风险、终端用户设备及通信网络等方面，转移概率可以看作由这五个差异指标为自变量的函数，即顾客由网络渠道到移动渠道的转移概率 = F（感知移动渠道与网络渠道的便利性差异、个性化差异、风险差异、终端用户设备差异、通信网络差异），感知

---

❶ 张言彩，韩玉启. 估算转换成本的纳什-伯特兰均衡模型 [J]. 改革与战略，2007（1）：12-15.

❷ Verhoef P C, Neslin S A, Vroomen B. Multichannel customer management: understanding the research-shopper phenomenon [J]. International Journal of Research in Marketing, 2007, 24 (2): 129-148.

❸ 曹玉枝. 多渠道环境中消费者渠道使用转移行为研究 [D]. 武汉：华中科技大学，2012.

差异越大,则转移概率越大,因此,感知差异与转移概率呈现正相关关系,通过实证检验得出,从网络渠道转向移动渠道的转移概率为 $\lambda_p = 1\big/\{1 + \exp[-(\alpha + \sum_{j=1}^{m}\beta_j x_j + \mu)]\}$,其中 α 和 μ 分别为截距项和误差项。

基于本书的研究内容及目的,本书拟采用转移成本来测算转移概率的大小,转移成本越高,转移概率则越小,因此呈现负相关关系。根据以上文献对转移概率的计算思想,并通过实验测试,本书认为在虚实融合模式的购物环境中,顾客在渠道间的购买转移概率可以近似表示为 $\lambda_p = 1/[1 + \exp(TC)]$。

5. 好评率(γ)

顾客的好评率,即在购后发表好评的顾客占购买人数的比重。顾客是否发表好评,建立在是否获得满意的基础上,而顾客的满意与顾客所感知的购后价值呈现正相关关系,顾客感知价值越高,则顾客的满意程度便会越高,从而好评率相对会增多;反之好评率减少。另外,现实经验是由于顾客习惯不同,并非所有购后感知满意的顾客都会发表好评,借鉴苏宁电商平台上的数据,对顾客的线上购买量及线上好评数进行对比,并通过代入极值数据不断试凑,本书假设好评率的计算方法为:当顾客感知线上购后价值 $V^A > 0$ 时,$\gamma = 0.125V^A$,否则为 0,即 IF THEN ELSE ($V^A > 0$, $0.125V^A$, 0)。

5.1.3 速率指标的计算

1. 搜索增长量(ΔS)与搜索转移量(ΔTS)

搜索增长量作为搜索子系统中的速率指标,受到顾客数量及线上搜索概率的共同影响,因此假设搜索增长量的计算公式为 $\Delta S = CV\eta_s$。搜索转移量作为顾客在搜索子系统中离开线上渠道的速率指标,受到线上搜索量(S)及线上搜索转移率(λ_s)的共同影响,因此假设搜索转移量的计算公式为:$\Delta TS = S\lambda_s$。

2. 线上购买增长量(ΔP)与购买转移增长量(ΔTP)

线上购买增长量作为购买子系统的流入速率指标,受到线上搜索量(S)和线上搜索转化率(ζ)的影响,由线上搜索转化为线上购买;同时,还包括从线下搜索转移至线上的购买量。因此得到,$\Delta P = S\zeta + (CV - S)\lambda_{p2}$,其中 λ_{p2} 为线下转移至线上购买的概率。由线上转移至线下的购买转移增长量作为购买子系统的流出速率指标,受到线上购买转移率 λ_{p1} 及线上搜索量的共同影响,因此得到购买转移增长量 $\Delta TP = S\lambda_{p1}$。

3. 好评增长量（ΔR）

好评增长量是顾客在购后子系统的速率指标，反映顾客在线上渠道表达满意的数量变化情况，受到顾客线上购买量及好评率的共同影响。另外，并非所有满意的顾客都习惯于在线上给予好评，根据调查，本书假设满意的顾客中有20%的顾客给予好评，并写出评论，因此本书假设好评增长量的计算公式为 $\Delta R = 0.2P\gamma$。

5.1.4 状态变量的计算

1. 线上搜索量（S）

线上搜索量作为搜索子系统的累积变量，受到流入速率和流出速率的共同影响，根据模型中的数量关系，可以表示为 $S(t) = S(t - \mathrm{d}t) + (\Delta S - \Delta TS)\mathrm{d}t$。

2. 线上购买量（P）

线上购买量作为购买子系统的累积变量，受到购买转化率及购买转移概率的共同影响，根据模型中的数量关系，可以表示为 $P(t) = P(t - \mathrm{d}t) + (\Delta P - \Delta TP)\mathrm{d}t$。

3. 线上好评数（R）

线上好评数作为购后子系统的累积变量，顾客好评率为其流入速率，根据模型中的数量关系，可以表示为 $R(t) = R(t - \mathrm{d}t) + \Delta R \mathrm{d}t$。

5.1.5 系统中的变量汇总

根据以上分析，本书建立的顾客动态购物行为模型共包括3个常量，分别为：商品质量影响因子、线上服务质量及顾客网络偏好度，在系统中主要作为影响其他参数变化的自变量。模型包括辅助变量19个，分别为：顾客量、感知线上搜索效用、感知线上搜索成本、感知线上搜索价值、感知线上购买效用、感知线上购买成本、感知线上购买价值、感知线上购后效用、感知线上购后成本、感知线上购后价值、线上锁定能力、转移成本1、转移成本2、线上搜索概率、线上搜索转移率、线上搜索转化率、线上至线下购买转移概率、线下至线上购买转移概率、好评率等。速率变量5个，分别为：（单位时间的）搜索增长量、搜索转移量、线上购买增长量、购买转移增长量及（单位时间的）好评增长量；状态变量3个，分别为线上搜索量、线上购买量及线上好评数。每个变量的计算表达方式如表5-7所示。

表5-7 顾客购物行为动力学模型中的变量表达式汇总

序号	变量名称	变量类型	变量方程
1	线上搜索量	状态变量	$S(t) = S(t-dt) + (\Delta S - \Delta TS)dt$
2	线上购买量	状态变量	$P(t) = P(t-dt) + (\Delta P - \Delta TP)dt$
3	线上好评数	状态变量	$R(t) = R(t-dt) + \Delta R dt$
4	搜索增长量	速率变量	$\Delta S = CV\eta_s$
5	搜索转移量	速率变量	$\Delta TS = S\lambda_s$
6	线上购买增长量	速率变量	$\Delta P = S\zeta + (CV - S)\lambda_{p2}$
7	购买转移增长量	速率变量	$\Delta TP = S\lambda_{p1}$
8	好评增长量	速率变量	$\Delta R = SMOOTH(0.2 \times \gamma \times P, 3)$
9	顾客量	辅助变量	SMOOTH（IF THEN ELSE（100 + 0.2 * (2 * 好评数 - 线上购买量) >= 0, 100 + 0.2 * (2 * 好评数 - 线上购买量), 0), 7);
10	感知线上搜索效用	辅助变量	$U^s = 0.4PQ + 0.3SQ + 0.3CN$
11	感知线上搜索成本	辅助变量	$C^s = U(e^{\frac{1}{2PQ^2}PQ} - 1) + U(e^{\frac{1}{4CN^2}CN} - 1) + U(e^{\frac{1}{3SQ^2}SQ} - 1)$
12	感知线上搜索价值	辅助变量	$V^s = U^s - C^s$
13	线上搜索概率	辅助变量	IF THEN ELSE$(V^s > 0, \eta_s = \frac{(V^s)^2}{1+(V^s)^2}, 0)$
14	线上搜索转移率	辅助变量	$\lambda_s = \frac{1}{2PQ + 5SQ + 3CN}$
15	线上搜索转化率	辅助变量	$\zeta = 1 - \frac{1}{V^p}$
16	感知线上购买效用	辅助变量	$U^p = 0.54PQ + 0.16CN + 0.3SQ$
17	感知线上购买成本	辅助变量	$C^p = U(e^{\frac{2}{3PQ^2}}PQ - 1) + U(e^{\frac{1}{3CN^2}}CN - 1) + U(e^{\frac{1}{2SQ^2}}SQ - 1)$
18	感知线上购买价值	辅助变量	$V^p = U^p - C^p$
19	转移成本1	辅助变量	$TC_1 = \frac{PQ}{10} \times (0.4PQ + 0.6CN + 0.9SQ)$
20	转移成本2	辅助变量	$TC_2 = \frac{PQ}{10} \times (0.8PQ + 0.3CN + 0.6SQ)$

续表

序号	变量名称	变量类型	变量方程
21	线上锁定能力	辅助变量	$\kappa = 2PQ + 5SQ + 3CN$
22	线上至线下购买转移概率	辅助变量	$\lambda_{p1} = 1/[1 + \exp(TC_1)]$
23	线下至线上购买转移概率	辅助变量	$\lambda_{p2} = 1/[1 + \exp(TC_2)]$
24	感知线上购后效用	辅助变量	$U^A = 0.65PQ + 0.1CN + 0.25SQ$
25	感知线上购后成本	辅助变量	$C^A = U(e^{\frac{3}{4PQ^2}}PQ - 1) + U(e^{\frac{1}{2CN^2}}CN - 1) + U(e^{\frac{1}{2SQ^2}}SQ - 1)$
26	感知线上购后价值	辅助变量	$V^A = U^A - C^A$
27	好评率	辅助变量	IF THEN ELSE ($V^A > 0$, $0.125V^A$, 0)
28	商品质量影响因子	常量	3.13、4.03、5.51、9.71
29	线上服务质量	常量	2、5、8
30	顾客网络偏好度	常量	2、5、8

5.2 模型检验

通过系统动力学方法建立模型是在一定程度上对真实世界进行的简化和抽象，并非对现实世界的真实再现。因此，从反映客观世界的真实性程度来讲，任何模型都不是完全准确的。但是，只要模型在既定的约束条件下能够有效反映真实世界的主要特点，实现既定条件下的目标，就可以认为该模型是有效的。当模型摒弃了既定的约束条件和目标，模型的有效性也就大大降低。因此，为保证模型在既定的条件和目标下能有效反映真实系统，必须对模型的有效性进行检验。对模型有效性的检验首先要对系统中各变量的量纲一致性及极端情况进行检验。

系统中各变量的量纲一致性检验，主要是在确保量纲具有现实意义的前提下，还能保证各方程内部的量纲是统一的。本书利用 Vensim PLE 软件对顾客动态购物行为系统进行了量纲的测试，显示量纲具有一致性。

对系统的极端情况进行检验，主要是用来反映模型中的方程是否稳定可靠，是否在任何极端情况下都能反映现实系统的变化规律。极端情况的测试方法主要通过模型对冲击所做出的反应来判断。所谓冲击，是把系统中的某个变量或某几个变量置于极端情况（如取值为0），再通过模拟观察系统行为的反

应,检验是否会出现现实中不可能出现的反应。本书测试了系统中搜索量、购买量及好评数的变化情况。模拟控制参数具体如下:

(1) 初始时间 = 第 0 天。
(2) 结束时间 = 第 30 天。
(3) 数据记录步长 = 0.112。
(4) 顾客初始值 = 0。
(5) 商品质量属性 = 0.01。
(6) 线上服务质量 = 0.01。
(7) 顾客网络偏好度 = 0.01。

需要说明的是,本系统中没有将所有参数设置为 0,原因在于商品质量属性、线上服务质量及顾客网络偏好度在系统中作为自变量,如果为 0,则可能产生参数设置无意义的情况,从而导致系统无法正常运行。下面分别对系统中的速率变量和状态变量进行极端情况测试。图 5-3 显示了搜索子系统速率变量的变化情况。结果表明,由于初始顾客为 0,且与选择线上渠道呈现正相关的因素取值近似为 0,从而导致线上搜索量增长速率为 0,输出速率搜索转移率也为 0,因而这两个速率变量通过极值测试。

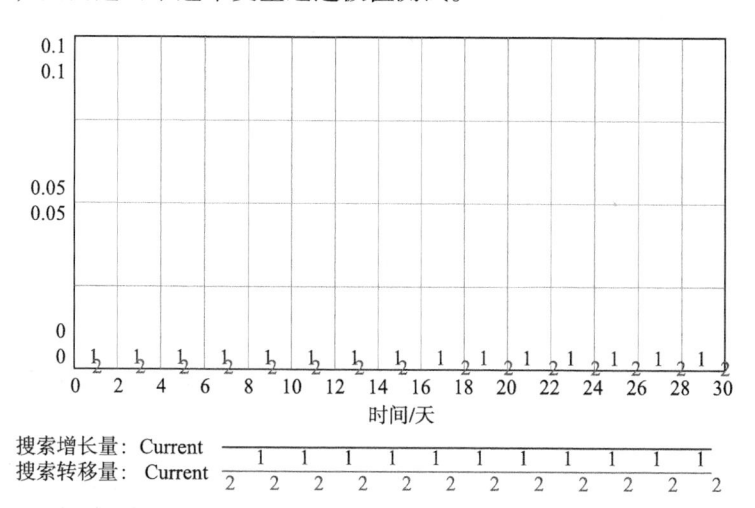

图 5-3 搜索子系统中速率变量的极值测试

对于购买子系统中速率变量在极值情况下的变化情况,具体如图 5-4 所示。与搜索子系统中搜索增长量及搜索转移量的变化情况不同的是,线上购买增长量及购买转移增长量并没有在 0 值处保持稳定,而是具有 0.5 的误差。误差产生的原因在于，线上购买增长量不仅受到线上搜索量的影响，同时还受到从线下转移至线上的购买量的影响，因此线上购买增长量不会为0。由于初始顾客为0，因此误差又不会超过1，系统测试存在0.5的误差属于合理范围。

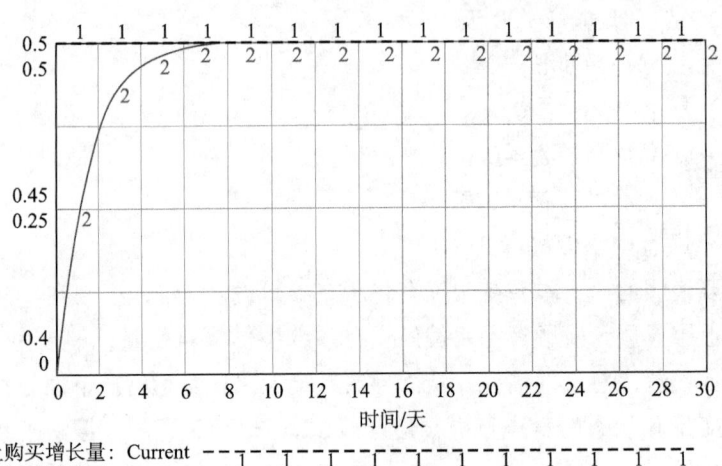

图 5-4　购买子系统中速率变量的极值测试

对于购后子系统中的速率变量，好评增长量的变化主要受到购买量的影响，如图5-5所示。当线上购买量为0，则好评增长量必然为0，因此结果通过极值测试。

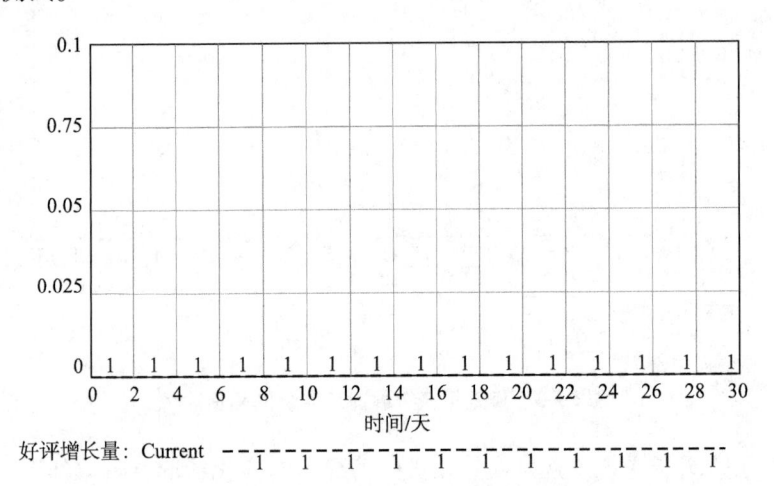

图 5-5　购后子系统中速率变量的极值测试

图5-6展示了系统中的状态变量在极端情况下的变化情况，结果表明，

线上搜索量及线上好评数在 0 处保持稳定，而线上购买量与 0 之间存在 0.1 的误差，产生这一问题的原因在于，系统所设置的线上购买量的变化受到线上购买增长量和购买转移增长量的影响，而这两个速率变量本身存在误差而不等于 0，因此在状态变量处也相应产生了 0.1 的误差，但也在允许范围内，从而状态变量也通过了极值测试。

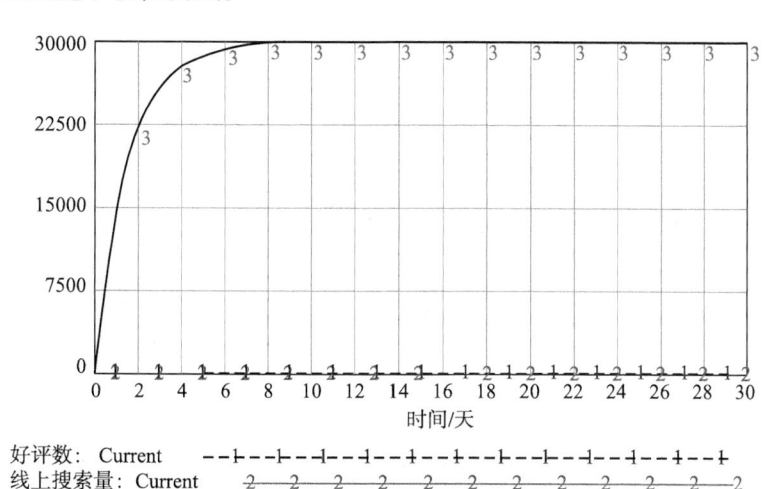

图 5-6 状态变量的极端情况测试图

通过对以上变量在极端情况下的测试，结果表明模型具有良好的正确性和稳定性，能够在一定程度上反映现实情况。

5.3 顾客动态购物行为的仿真分析

顾客量作为系统的最初输入端，从源头上决定了线上搜索量、线上购买量及线上好评数的取值范围，因此需要首先界定顾客量。任何一个零售商处的顾客量并不是一成不变的，本研究着重考虑该零售商服务区域内的顾客及受好评吸引而产生的顾客量的变化，在前一章中已建立了线性模式的顾客量的计算公式，本章将通过系统仿真来模拟在某零售商处的顾客量随线上好评数线性变化的模式下，商品质量属性、线上服务质量及顾客网络偏好度对顾客动态购物行为的影响。通过改变系统中这些变量，观察顾客线上搜索量、线上购买量及线上好评数的变化规律，从而为优化商品、渠道与顾客之间的匹配度提供依据。

对于线性需求模式，本研究假设该零售商处的初始顾客量为100，随着系统的不断运行，一方面，顾客好评不断吸引新顾客，从而使得顾客量增加；另一方面，顾客满意也有可能带来顾客的重购。根据实验数据拟合，假设5个单位的好评优势会带来1个单位的顾客需求量的增长。相反，5个单位的好评弱势也会带来1个单位的顾客需求量的流失。因此，假设线性顾客需求量为 $100 + 0.2(2\gamma - P)$。另外，好评对顾客需求的影响存在一定时间的延迟，本研究假设时间范围为7天，顾客的线性需求公式为 SMOOTH(IF THEN ELSE($100 + 0.2(2\gamma - P) >= 0, 100 + 0.2(2\gamma - P), 0$), 7)。

5.3.1 商品质量影响因子灵敏度分析

本研究对六种商品质量属性在1到10之间进行了综合赋分，其中以香水（3.13）、服装（4.03）、电脑（5.51）、图书（9.11）四种常见且性质差异较大的商品为例，分别进行灵敏度分析。

5.3.1.1 搜索子系统的仿真分析

本书为了区分顾客的不同网络偏好情况以及渠道服务水平情况，分别将两个指标划分为2、5、8三种层级，具体解释已在前文说明。为有效分析商品质量这单一因素的影响，对顾客网络偏好度及线上服务质量加以固定，假设赋值均为第2级，即顾客网络偏好度及线上服务质量处于较低水平时，商品质量属性如何影响顾客在两个渠道间的动态购物行为。

首先以香水、服装、电脑及图书四种商品为例，即分别满足商品质量属性、顾客网络偏好度及线上服务质量为（3.13, 2, 2）、（4.03, 2, 2）、（5.51, 2, 2）、（9.11, 2, 2）组合时，对搜索子系统中的变量进行仿真，主要观察搜索增长量、搜索转移量两个速率指标，以及线上搜索量一个水平指标。结果如图5-7所示。

根据搜索子系统的仿真结果可以发现，当商品为质量综合赋分3.13的香水时，由于其在线上通过信息来获得感知的程度较差，同时线上服务质量及顾客网络偏好度都较低，从而使得在初始顾客量为100人的情况下，搜索增长量稳定保持在约33人/日的较低水平，顾客量在30天内呈现微弱下降趋势。结合现实经验，在搜索功能方面，线上渠道应该明显优于线下渠道，但网络偏好度不高的顾客在线上服务质量不高的情况下，其中的67%不会选择线上渠道

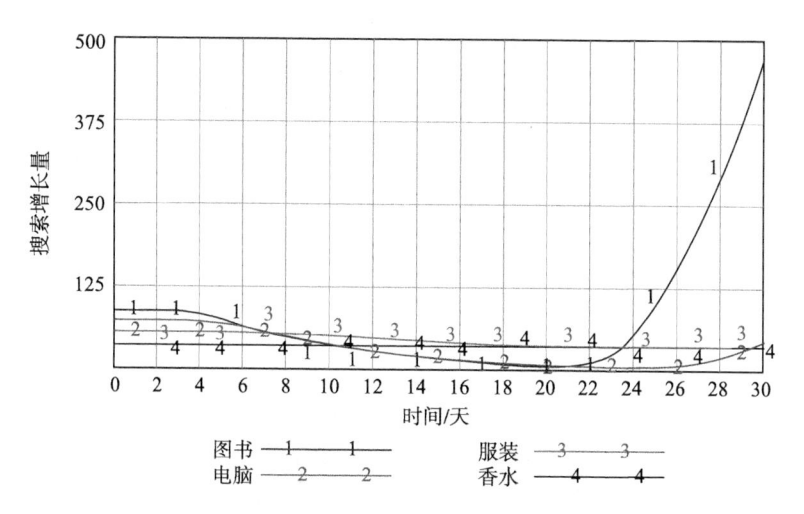

图 5-7　商品质量综合赋分对搜索增长量影响的系统仿真

进行搜索。且随着时间的推移，还有越来越多线上搜索的顾客向线下渠道转移的趋势（见图 5-8）。究其原因，本书认为，由于香水是一种感官要求较高的商品，顾客对此拥有较高的体验需求，因此在线上服务质量不高、提供信息不充分的情况下，便会发生搜索转移，从而导致顾客量呈现微弱下降趋势。顾客搜索量作为系统中的累积变量，斜率逐步变小，说明每日的搜索量同样呈现微弱下降趋势。

如果将商品变为质量综合赋分为 4.03 的服装，同样分析在顾客网络偏好度为 2、线上服务质量为 2，即（4.03, 2, 2）的组合下，搜索子系统中相关变量的变化情况，如图 5-8 所示。仿真结果表明，由于服装的可感知性相对高于香水，且顾客对服装的需求量也偏高于香水，因此在系统运行之初，搜索增长量接近 60 人/日，高于香水的 33 人/日的搜索增长水平，但是由于线上服务质量较低，顾客网络偏好度又较差，顾客会发现在线上获取的有用信息难以满足自身需求，这时便会转向线下寻求体验，随着时间的推移，搜索增长量逐步减少，搜索转移量不断增多。在四种商品中，服装的搜索转移率处于最高水平。线上搜索量作为累积变量（见图 5-9），斜率逐步减小，说明线上搜索量也是逐步减少。

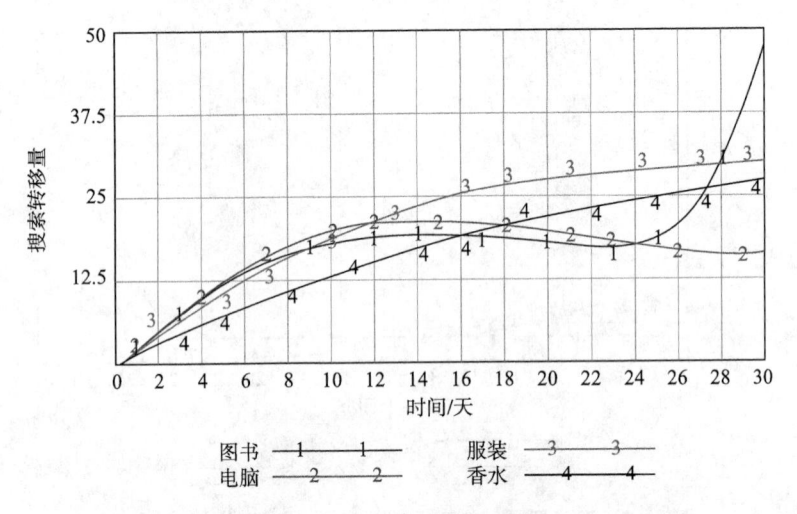

图 5-8　商品质量综合赋分对搜索转移量影响的系统仿真

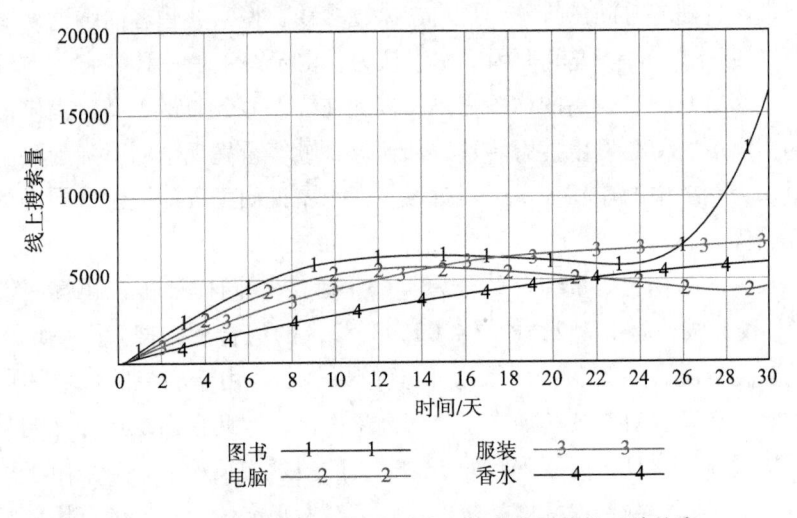

图 5-9　商品质量综合赋分对线上搜索量影响的系统仿真

进一步提高商品质量属性赋值进行系统仿真发现，对于质量综合赋分为 5.51 的电脑，由于其标准化程度高于服装，顾客通过搜索其规格信息便能了解电脑性能，因此搜索增长量在初始阶段高于服装（接近 78 人/日）。但是随着时间发展，搜索增长量逐步低于服装（见图 5-7），原因在于线上服务质量及顾客网络偏好度偏低，而电脑本身的价格高于服装，顾客为避免经济损失而不再倾向于选择服务质量较差的线上渠道，最终电脑的线上搜索量处于较低水平（见图 5-9）。

对于质量综合赋分为 9.11 的图书类商品，由于其具有较高的可感知性、功能性、安全性、经济性特征，顾客往往倾向于选择线上搜索，因此系统运行伊始，搜索增长量便处于四类商品中的最高水平（接近 90 人/日），但是由于线上服务质量较差，导致搜索增长量中期出现回落，后期由于线上渠道不断积累顾客的行为痕迹及其他相关信息，吸引更多顾客，搜索增长量进一步提高，最终在四类商品中，图书的线上搜索量处于最高水平（见图 5-9）。

5.3.1.2 购买子系统的仿真分析

对于购买子系统，主要考察线上购买增长量、线上至线下的购买转移增长量两个速率指标，以及线上购买量一个水平指标的变化。其中，线上购买增长量的变化取决于线上搜索量及线下转移至线上购买量的变化，水平指标线上购买量的变化取决于购买增长量与线上转移至线下购买量的变化。为更加贴近现实，假设线上服务质量和顾客网络偏好度均为一般水平，分别研究在这种情境下各类商品对顾客在购买阶段动态行为的影响，即分别研究 (3.13, 5, 5)、(4.03, 5, 5)、(5.51, 5, 5)、(9.11, 5, 5) 四种组合下的模拟仿真情况，具体如图 5-10~图 5-12 所示。

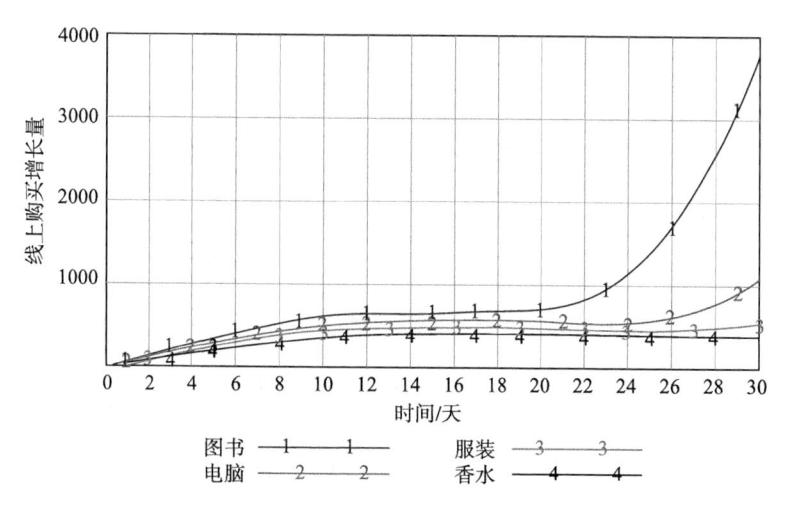

图 5-10　商品质量综合赋分对线上购买增长量影响的仿真

由图 5-10 可见，在顾客网络偏好度及线上渠道服务质量一般的情况下，商品质量综合赋分越高，线上购买增长量就会越高，当系统运行至中后期，顾客反馈信息带来的吸引作用加速线上购买量的增长，商品质量综合赋分越高，增长速度越快。与线上购买增长量指标相反的是，各类商品的购买转移增长量随着商品质量综合赋分越高而降低（见图 5-11）。由于线上购买量是线上购买增长量与购买转移增长量差值的积累，因此随着商品质量综合赋分越高，线上购买量也就越高（见图 5-12）。

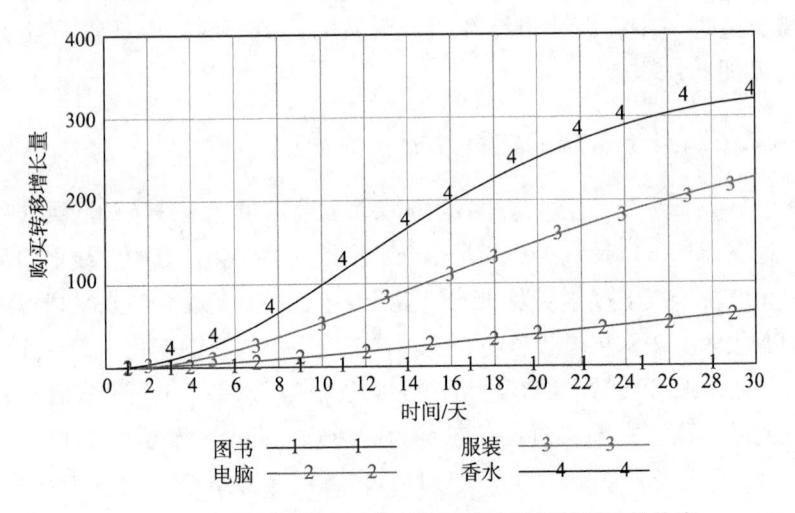

图 5-11 商品质量综合赋分对购买转移增长量影响的仿真

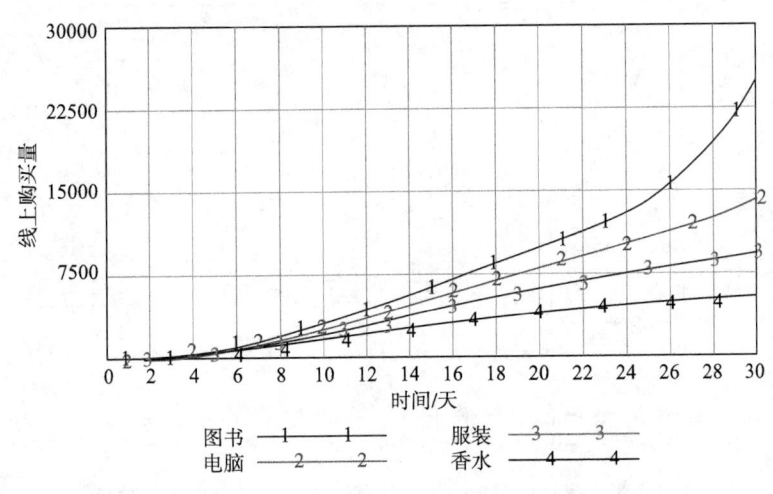

图 5-12 商品质量综合赋分对线上购买量影响的系统仿真

购买子系统中所涉及的三个指标，各类商品的质量综合赋分对它们的影响并非线性。以香水类商品为例（见图 5-13），在系统运行之初，线上购买增长量高于购买转移增长量，这一现象的发生是必然的，因为购买转移增长量是在购买量不为 0 的基础上产生的。由于香水类商品的线上可感知性较差，导致顾客发生转移的概率不断增加，运行至系统中期，购买转移增长量的增长速度超过线上购买增长量的增长速度并保持此状态至系统后期，最终由于线上服务质量尚可而会积累顾客好评，由于好评的吸引作用具有一定的滞后性，因此，系统运行至末期，好评对顾客的吸引作用才初步显现，线上购买增长量的增速再次超过购买转移增长量。

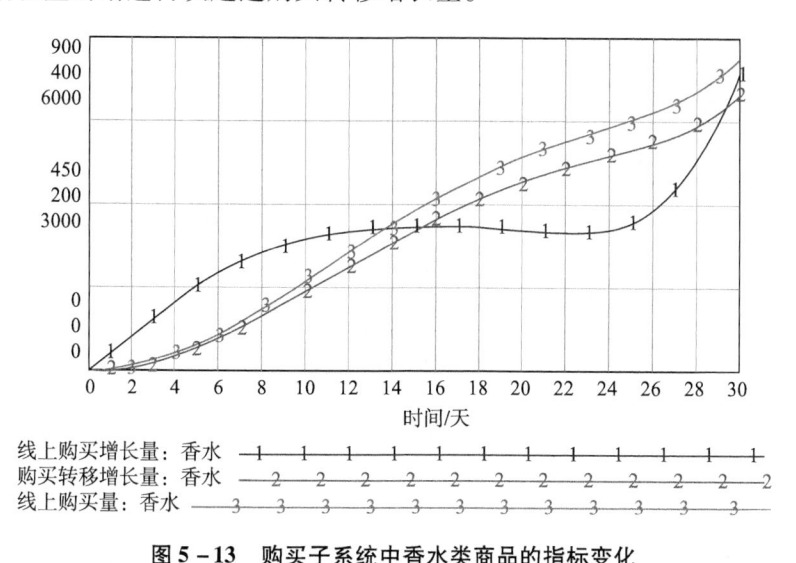

线上购买增长量：香水 —1—
购买转移增长量：香水 —2—
线上购买量：香水 —3—

图 5-13 购买子系统中香水类商品的指标变化

（注：纵轴每组 3 个数字由上到下分别为线上购买数量、购买转移增长量、线上购买量，以下类似情况同理推定。）

5.3.1.3 购后子系统的仿真分析

对于购后子系统，主要观测好评增长量这一速率指标和线上好评数这一水平指标的变化过程。好评增长量的变化主要受到购买量及好评率的共同影响。根据系统中所考虑的影响因素，在顾客网络偏好度和线上服务质量为一般水平时，商品质量综合赋分越高，则顾客给予好评的概率（好评率）则越大。这是因为，商品质量综合赋分越高，则顾客在购前对商品的可感知度越高，对商品质量的认知越确切，从而在收到商品后，在零售商给予的服务质量中等的前提下，感知商品的符合预期度也就随之越高。由图 5-14 可见，在四类商品案例中，图书作为标准化程度、经济化程度及安全性相对都较高的商品，顾客给予好评的概率接近70%；而由于香水可感知性较差，顾客在获得商品后很容易与预期不一致，这时顾客给予好评的概率最低，仅为24%。受到前期购买量及好评率的共同影响，以香水、服装、电脑及图书四类商品为例，得到商品质量综合赋分对好评增长量的影响，商品质量综合赋分越高，好评增长量的增速越快。

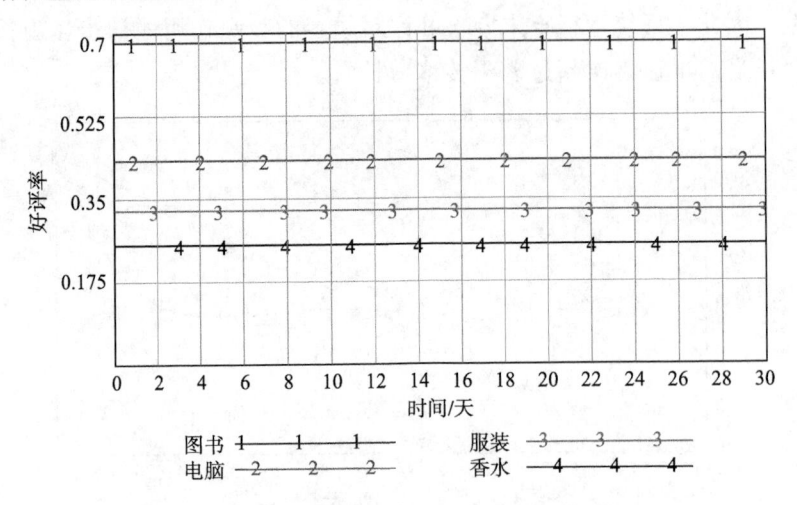

图5-14 商品质量综合赋分对好评率的影响示意

线上好评数作为好评增长量的累积变量，商品质量综合赋分对线上好评数的影响程度将更加明显，经过30日的系统运行周期，图书类商品的线上好评数累计达到近2.25万条，香水类商品的线上好评数累计近3300条。从图5-15的结果可以推断，商品质量综合赋分越高，零售商获得线上好评数就越多。好评越多，则会吸引更多的重购顾客或者新顾客，从而使得市场需求得到更多的推广。图5-16表明了系统运行一个周期后顾客量的变化情况。结果表明，以香水及服装为代表的商品质量综合赋分低于一般水平的商品，在顾客网络偏好度及线上服务质量为一般水平时，顾客量会逐步降低，而商品质量综合赋分高于一般水平时，顾客量会有所增加，且赋分越高的商品，吸引来的顾客量则会越多。

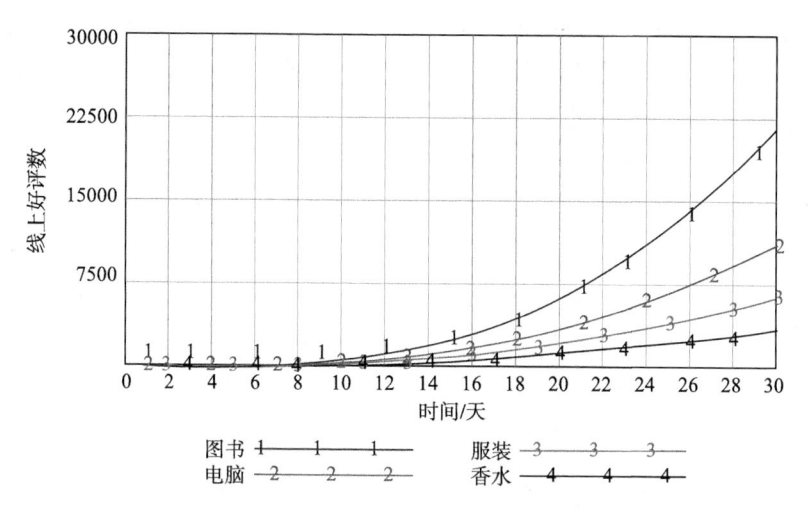

图 5-15 商品质量综合赋分对线上好评数的影响仿真

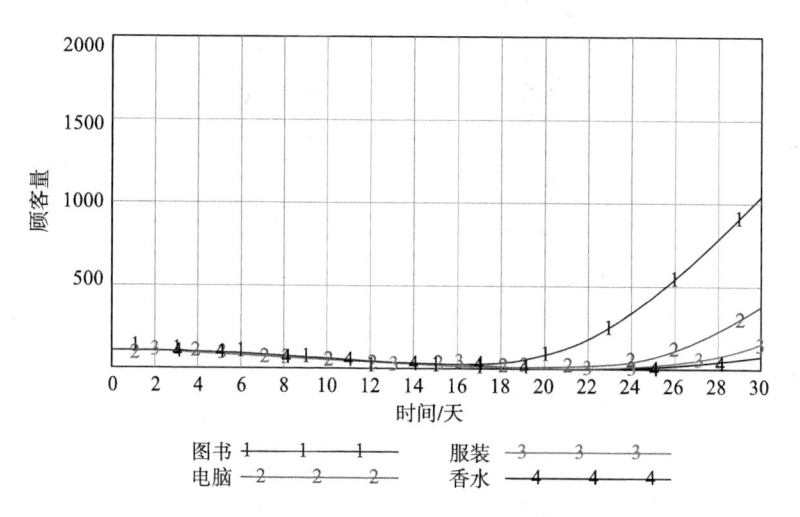

图 5-16 商品质量综合赋分对顾客量的影响仿真

5.3.2 子系统的指标对比分析

前面将顾客的整个购物流程分成购前、购买及购后三个阶段，分别分析了不同质量综合赋分的商品对每个阶段子系统的速率指标及水平指标的影响程度。但顾客购物行为的三个阶段是环环相扣的，线上购买量的多少基于前期搜索量和转移量，好评的多少又基于购买量，要分析不同质量综合赋分的商品如何影响这些指标的变化过程,需要对顾客在整个购物流程中的相关指标进行仿真、对比。由于商品质量综合赋分主要反映了商品质量属性,而每类商品的属性又是客观的,因此难以受到人的主观控制。另外,顾客网络偏好度具有明显的个体差异性,也属于难以控制的因素。与二者不同的是,线上服务质量水平的高低,可以通过零售商自身努力而发生改变,因此假设研究中的零售商重视线上服务质量,且在行业内处于较高水平,本书假设其线上服务质量为 $8 \in (0,10)$ 分,则尽量降低线上服务质量对顾客转移、顾客满意的影响,这时再分析商品质量综合赋分对顾客动态购物行为的影响。

本书中,香水类商品的质量综合赋分为 3.13,这个分数代表了在单独考虑商品因素的前提下,与线上渠道匹配度较小的一类商品。由图 5-17 可见,顾客在实施虚实融合模式的零售商处,线上购买增长量高于搜索增长量,产生这一现象的原因在于,香水类商品的线上可感知性较差,顾客在线上能搜集到的信息有限,因此更倾向于在线下进行体验,顾客经体验后,又受到线上渠道的支付、优惠、便利等优势的吸引,从而网络偏好度较高的顾客便会再转移至线上进行购买,因此,对于这类商品,线下转移至线上的购买量使得线上购买增长量高于搜索增长量。另外,发现购买量的线上搜索增长量经历了先降低后升高的过程,原因在于,基于线上服务质量较高的前提,顾客在线上购买后,经过使用感知到较高的购后价值,从而选择线上发表好评,线上好评数的增加给顾客提供了更多的参考信息,从而吸引顾客逐渐选择线上渠道进行搜索,使得系统运行至后期,线上搜索量的增速又逐步高于购买量的增速。具体而言,对于这类商品的量化指标,经过系统仿真,当线上服务质量较高时,线上搜索的顾客约有 57% 的概率会选择继续在线上购买这类商品。而对于同样的商品和顾客群体,如果线上服务质量评级为 2,一个月内的累计线上搜索量相对会减少 55%,线上搜索的顾客仅有约 20% 的概率选择在线上购买,线上搜索转化率降低约 65%,线上成交量降低 82.5%。这说明,对于质量综合赋分较低的商品,零售商的线上服务质量对顾客选择线上渠道进行搜索和购买具有至关重要的作用。

图中坐标及曲线数据：

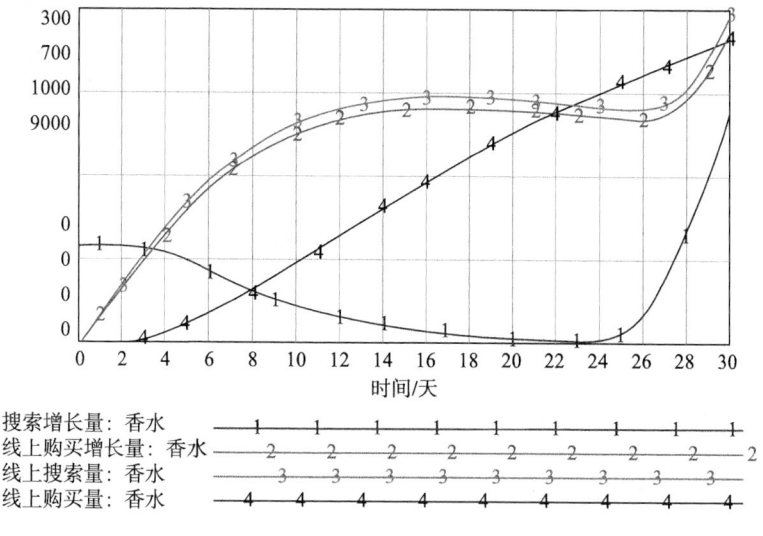

纵轴刻度：300, 700, 1000, 9000, 0, 0, 0
横轴：时间/天，0 至 30

图例：
搜索增长量：香水 ——1——
线上购买增长量：香水 ——2——
线上搜索量：香水 ——3——
线上购买量：香水 ——4——

图 5-17　顾客对香水类商品的购物全过程指标变化

将商品转换为赋值稍高一些的服装类商品（赋分为 4.03，但商品质量属性对顾客选择线上渠道的影响力仍低于一般水平），仿真后的结果如图 5-18 所示。结果表明，服装类的商品在系统运行之初，由于线上的搜索成本远远低于线下搜索成本，因此搜索增长量高于购买增长量，但商品线上可感知的局限性导致顾客无法获得对商品的真实体验，这时顾客就会转移至线下获取更准确的信息，然后通过与线上信息进行对比，如果转移成本较低，又会返回线上进行购买，如图 5-18 所示，购买增长量在系统运行中期高于搜索增长量。顾客获得商品后，由于零售商提供了较好的服务质量，得到顾客的好评会继续吸引顾客访问搜索，因此在系统运行后期，搜索增长量进一步得到提升，且增速高于购买量增长量。

具体而言，对于这类商品的量化指标，经过系统仿真发现，当线上服务质量较高（8 分）时，线上搜索的顾客有 62.5% 的概率会继续选择线上渠道购买。但是如果零售商不注重线上服务质量（2 分），线上搜索的顾客仅有 32% 的线上搜索转化率。一个月的累计线上搜索量降低约 60%，线上成交量也会降低约 80%。

如果将商品换为质量综合赋分偏高于一般水平的电脑类商品（赋分为 5.51），经过系统仿真可以得到如图 5-19 所示的变化趋势。由于电脑类商品的标准化程度及线上可感知性高于服装，从而吸引顾客更加倾向于选择线上搜索产

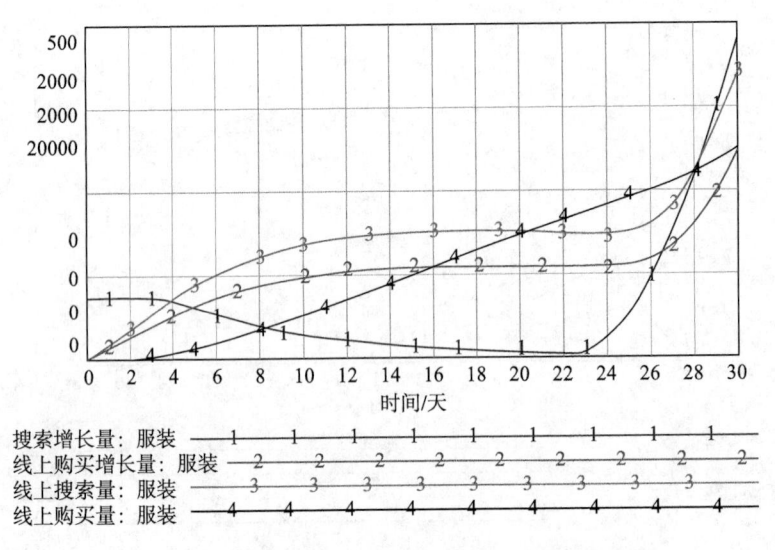

图 5-18　顾客对服装类商品的购物全过程指标变化

品信息，导致线上搜索量与购买增长量保持相近的发展趋势，说明具有较高的线上搜索转化率。在整个系统运行周期，购买增长量长期高于搜索增长量，说明由于零售商提供了较高的线上服务质量，使得线下的顾客也更愿意在线上进行购买，从而购买增长量保持稳定增长态势。如果零售商的线上服务质量并不高（2分），则对于电脑类商品，进入该零售商线上渠道的顾客，搜索量下降约 62%，继续线上购买的概率约降低 44%，线上成交量降低约 60%。

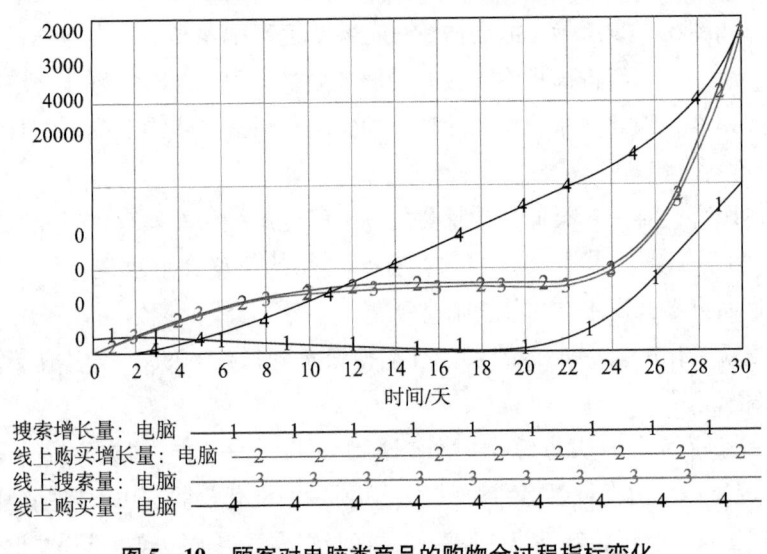

图 5-19　顾客对电脑类商品的购物全过程指标变化

图书类商品是案例所选四种商品中质量综合赋分最高、对顾客选择线上渠道影响力最大的产品,通过系统仿真,得到如图5-20所示的结果。结果表明,商品质量综合赋分较高的图书类商品,搜索增长量长期高于购买增长量,运行至系统末期,搜索增长量与购买增长量的差距逐步减小。这种现象表明,对于这种标准化程度较高、风险较低的产品,顾客更加习惯于直接到线上搜索信息。同时,由于购买成本及风险较低,使得顾客的搜索转化率也呈现出较高水平(系统模拟值约为84%)。当然,这三个指标所呈现的较高水平,也与零售商所提供的线上服务质量有关,如果零售商并没有提供如此高的服务质量,假设为服务质量赋分2分的时候,通过模拟仿真可见,线上搜索量会降低约69%,选择线上搜索的顾客继续线上购买的概率由84%降低到约63%,线上成交量下降约62.5%。

搜索增长量:图书 ———1———
线上购买增长量:图书 ———2———
线上搜索量:图书 ———3———
线上购买量:图书 ———4———

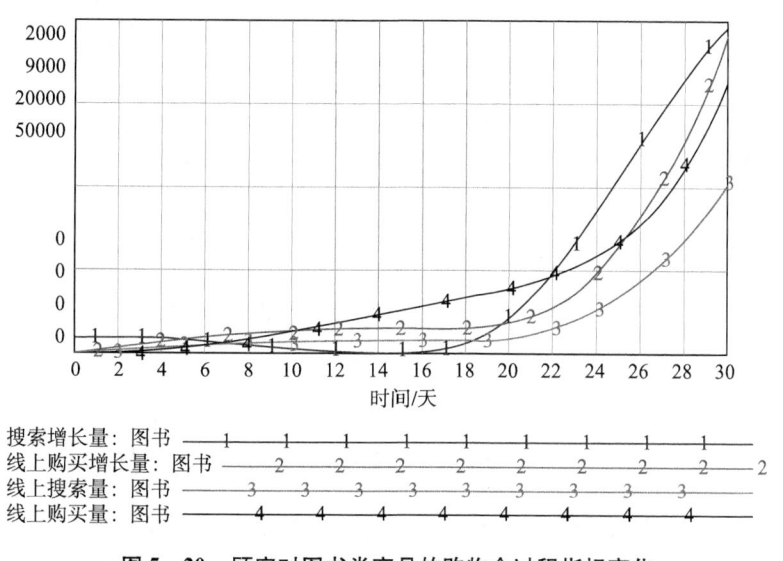

图 5-20　顾客对图书类商品的购物全过程指标变化

顾客在购得商品后,根据实际感知购后价值,对零售商做出评论,如果满意,则有可能对零售商做出好评。当然,也有顾客尽管感到满意,也不会发表评论,这主要受到顾客个人习惯及零售商奖励措施的影响。一方面,顾客发表的好评数会与感到满意的顾客人数呈现正比例关系。图5-14的结果已经证实了商品质量属性与顾客好评率之间的关系,商品质量综合赋分越高,顾客的好评率便会越高。另一方面,顾客发表的好评越多,使得零售商的知名度或对顾客的吸引力就会越高,这时,好评对顾客量呈现正向影响,图5-21展示了各类商品质量属性在顾客网络偏好度及线上服务质量为（5，8）组合时对顾客量的影响情况。经过周期为一个月的模拟仿真，香水类商品在（3.13，5，8）的组合下，顾客量由 100 人次/日的初始需求量发展到 225 人次/日；服装类商品在（4.13，5，8）的组合下，顾客量由 100 人次/日发展为 550 人次/日；电脑类商品在（5.51，5，8）的组合下，顾客量由 100 人次/日发展至仿真末期的 1000 人次/日；图书类商品在（9.11，5，8）的组合下，由 100 人次/日发展到约 2000 人次/日。这个结果表明了不同质量属性的商品，会对顾客的好评率有不同程度的影响，而好评率的高低又会影响顾客量的变化。商品质量综合赋分越高，越容易获得顾客的好评，顾客的好评率越高，该零售商对顾客的吸引力便会越强，从而带来更多的顾客量。

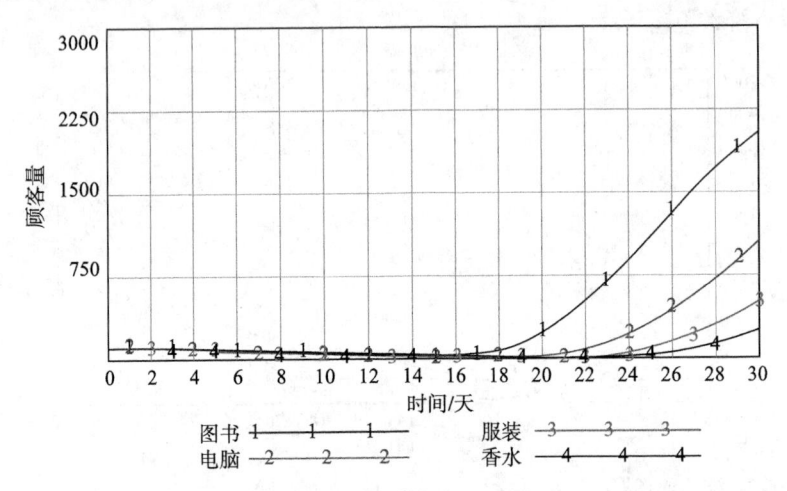

图 5-21 （5，8）组合下商品质量属性对顾客量的影响仿真

图 5-21 所展示的结果体现的是各类商品质量属性在顾客网络偏好度及线上服务质量为（5，8）组合时对顾客需求量的影响情况。如果零售商对线上服务质量并不重视，即顾客网络偏好度及线上服务质量为（5，2）组合时，商品质量综合赋分对顾客量的影响会呈现出如图 5-22 所示的结果：香水类商品，由于本身在线上的可感知性较差，零售商又没有在线上为顾客提供更好的服务，必然会引起顾客流失，系统运行至末期，顾客量仅为系统运行之初的 10%，比（5，8）组合时的顾客量低 95%；服装类商品的质量综合赋分稍高于香水类，但也受到线上服务质量的影响，系统运行至末期，顾客量也降低到初时的 12% 左右，比（5，8）组合时的顾客量低 96%；电脑类商品，标准化程度虽高，但风险程度也较高，因此当零售商的线上服务质量较低时，难以为

顾客提供更好的保障措施，从而使得顾客量会在系统运行至末期时降低至初时的50%，比（5，8）组合时的顾客量低95%；图书作为标准化程度较高、安全性也较高的商品，当零售商的线上服务质量较低时，顾客量在系统运行至末期时，仍会比系统之初时有所增长，由初期的100人次/日，提高至650人次/日，但与（5，8）组合时的顾客量相比，仍有很大差距，低约67%。

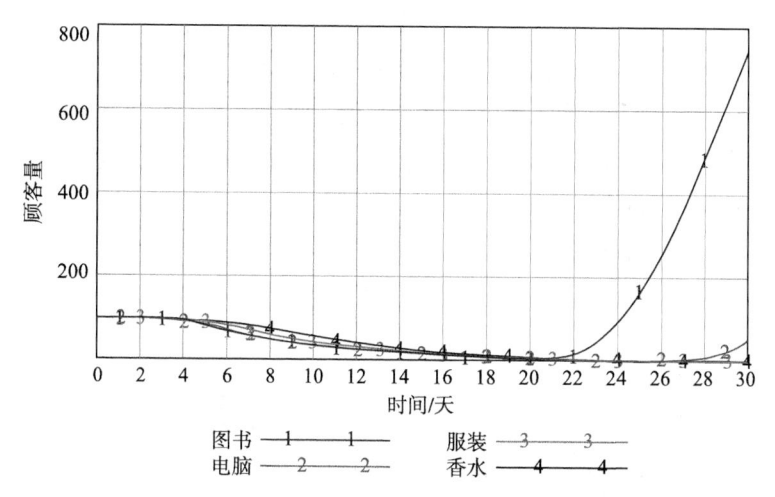

图5-22 （5，2）组合下商品质量属性对顾客量的影响仿真

5.3.3 仿真结果分析

假设某零售商处的顾客量受顾客好评线性影响，顾客在购买质量属性各异的商品时，其行为指标的发展具有一定的规律可循。在搜索阶段，质量综合赋分越高的商品，越容易吸引顾客在线上进行搜索，顾客选择线上渠道进行搜索的概率也就越高。另外，顾客选择线上渠道搜索的概率也会受到零售商线上服务质量的影响，若零售商提高服务质量，则顾客在线上搜索的概率也会随之变高。由表5-8中的结果可以发现，商品质量综合赋分越低的商品，顾客选择线上搜索的概率提高的幅度会越大。

顾客在线上的搜索概率会影响线上搜索量的大小。仿真结果表明，质量综合赋分越高的商品，线上的搜索增长量会越大，搜索增长量的增速又与线上服务质量密切相关，当线上服务质量较低时，顾客的线上搜索量的增速呈现下降趋势；商品质量综合赋分越低，下降速度越快。当线上服务质量较高时，顾客对各类商品的线上搜索量在系统运行初期保持稳定状态，系统运行至中后期，线上搜索量迅速得以提升，原因在于线上服务质量的好坏需要顾客体验并做出反馈后才为新顾客或老顾客带来吸引力，并且商品质量综合赋分越高，增速越快。

在购买阶段，顾客的线上搜索转化率会影响线上购买增长量的变化，质量综合赋分越高的商品，顾客的线上搜索转化率越高（见表5-8）。同时，零售商的线上服务质量可以提高顾客的线上搜索转化率。如表5-8所示，对于质量综合赋分最低的香水类商品，通过提高线上服务质量，顾客的线上搜索转化率由20%相对提高到57%；而对于质量综合赋分最高的图书类商品，顾客的线上搜索转化率由63%提高到84%。这说明，质量综合赋分越低的商品，线上服务质量的作用越凸显。

表5-8 主要指标的仿真结果

指标（组合）		质量类别			
		香水类（3.13）	服装类（4.03）	电脑类（5.51）	图书类（9.11）
线上搜索概率	(2, 2)	33%	53%	71%	87.5%
	(5, 2)	60%	76%	85%	93%
	(5, 8)	88%	92%	95%	97.5%
线上搜索转化率	(2, 2)	0	6%	20%	40%
	(5, 2)	20%	32%	38%	63%
	(5, 8)	57%	62.5%	68%	84%
线上购买转移率	(2, 2)	76%	65%	54%	20%
	(5, 2)	65%	42%	23%	4%
	(5, 8)	18%	8.5%	6%	0
好评率	(2, 2)	5%	8%	15%	29%
	(5, 2)	12.5%	17.5%	25%	46%
	(5, 8)	32%	40%	52%	78%
末期顾客量（人次/日）	(5, 2)	10	12	50	650
	(5, 8)	225	550	1000	2000

对于顾客在线上的购买增长量，仿真结果证实，质量综合赋分越高的商品，顾客在线上的购买增长量就会越高。当系统运行至中后期，顾客反馈信息带来的吸引作用加速购买量的增长，商品质量综合赋分越高，增长速度越快。与购买增长量指标相反的是，各类商品的购买转移量随着商品质量综合赋分提

高而降低（见图5-11），由于线上购买量是线上购买增长量与转移量差值的积累，因此随着商品质量综合赋分越高，线上购买量也就越高。

在相对指标方面，顾客由线上至线下渠道的购买转移率也会因商品质量属性不同而不同，质量综合赋分越高的商品，顾客的购买转移率会相对越低。当零售商提高线上服务质量，购买转移率会逐步降低，但降低速率会因商品质量属性而异。对于质量综合赋分最低的香水商品，线上服务质量的提高，会使顾客的线上购买转移率由65%下降至18%，而对于质量综合赋分最高的图书类商品，随着线上服务质量的提高，顾客的线上购买转移率由4%下降至0。这个结果表明，商品质量综合赋分越高，线上服务质量对它的顾客转移率影响越大。

在购后阶段，顾客在感知商品的价值后会给予零售商一定的评价。当然，并非所有的顾客都会将评价表达出来，只有表达出来的评价才能够对其他顾客形成影响。因此本书选择了好评率作为购后阶段顾客对零售商的评价指标。质量综合赋分越高的商品，顾客越容易给予好评。原因在于，商品质量综合赋分越高，顾客所感知的价值与预期差异便会越小，这类商品给顾客带来的风险也相对较小，从而顾客给予好评的概率会越大。当提高线上服务质量时，顾客给予好评的概率会提高，在各类质量属性的商品之中，质量综合赋分越高，好评提高的概率会越大（见表5-8）。

顾客的好评对其他顾客具有一定的参考价值，从而会为该零售商吸引更多的顾客。质量综合赋分越高的商品，选择线上渠道的顾客便会越多，当零售商提高线上服务质量，质量综合赋分越高的商品，越容易吸引来更多的顾客量。

5.4 新零售模式下商品与渠道"量"的匹配策略

通过对顾客的动态购物行为进行模拟仿真发现：在搜索阶段，质量综合赋分越高的商品，顾客越倾向于选择线上渠道进行搜索，对于这类商品，线上服务质量对线上搜索量的增长具有较高的灵敏性，因此，新零售商应充分利用这类商品与线上的匹配优势，提高这类商品在线上的展示机会；质量综合赋分较低的商品，与线上渠道的匹配性较差，提高线上服务质量，会对线上搜索率有正向影响，但这种影响远远小于低服务质量对这类商品的负向影响，即提高线上服务质量对线上搜索的增长速率，远低于低服务质量对线上搜索降低速率的影响。因此，从投入产出的角度来看，对于质量综合赋分低的商品，新零售商应将线下体验店作为主要渠道。

在购买阶段，当线上服务质量一般时，质量综合赋分越高的商品，顾客的线上搜索转化率越高，购买转移率越低，从而购买增长率也就越高，这说明对于质量综合赋分高的商品，零售商可以选择线上渠道作为主要营销渠道。但是，当新零售商提高线上服务质量时，质量综合赋分较低的商品，线上搜索转化率的增长幅度以及购买转移率的降低幅度会高于质量综合赋分较高的商品，原因在于：一是质量综合赋分较低的商品，其线上搜索转化率的基数小，因此变化幅度显示便会较高；第二，零售商提高线上保障措施，有利于降低顾客的感知风险，从而吸引顾客购买。基于以上分析，建议新零售商在提高线上服务质量的前提下，应对质量综合赋分较低的商品提供更高的服务保障措施，一旦促成顾客成功交易，则这类商品的顾客对线上渠道的黏性则会更高。尽管如此，仍然有大量的顾客会在购买过程中发生渠道迁移，因此，对于质量综合赋分较低的商品，新零售商应着重加强线上与线下渠道的衔接，从而避免顾客在该零售商处的流失。

顾客在购后阶段的行为主要包括根据使用商品后的体验进行评价、需要零售商提供对商品的使用咨询服务、退换及维修服务等。顾客的购后行为，尤其是显性的顾客评论，将会对新零售商的销量产生决定性的影响。通过模拟仿真发现，质量属性赋值越高的商品，顾客越容易给予好评，从而吸引更多的顾客，因此，新零售商应重视提高这类商品的售后服务质量。

5.5 本章小结

本章主要利用系统动力学软件 Vensim PLE 动态模拟了在不同商品质量属性、顾客网络偏好度及线上服务质量的组合背景下，顾客在购前（搜索）、购买及购后三个阶段，主要行为指标的动态变化规律。本书依据两个标准选择了香水、服装、电脑及图书四种质量属性各异的商品进行仿真对比：①质量属性与渠道匹配性差异较大的商品；②零售销量较大的商品。在 1～10 的标度范围内，选择了线上服务质量和顾客网络偏好度分别为 2、5、8 三种状态水平。通过改变商品质量属性、线上服务质量及顾客网络偏好度之间的搭配方式，形成不同组合。

通过对（商品质量属性，顾客网络偏好度，线上服务质量）分别在(3.13，2，2)、(3.13，5，2)、(3.13，5，8)、(4.03，2，2)、(4.03，5，2)、(4.03，5，8)、(5.51，2，2)、(5.51，5，2)、(5.51，5，8)、(9.11，2，2)、(9.11，5，2)、(9.11，5，8)十二种组合下的顾客购物行为进行模拟仿真，发现以下规律：（1）质量综合赋分越高的商品，顾客在购物各阶段选择线上渠道的概率越大。（2）零售商的线上服务质量会影响顾客的购物行为。在其他条件不变的情况下，若零售商提高线上服务质量，顾客选择线上渠道的概率会随之变高，商品质量属性赋值越低的商品，顾客选择线上渠道进行搜索的概率增长幅度会越大。（3）商品质量属性会影响顾客从线上至线下渠道的购买转移率。质量综合赋分越高的商品，顾客的购买转移率相对越低。当零售商提高线上服务质量，购买转移率会逐步降低，商品质量综合赋分越高，线上服务质量对它的顾客转移率影响越大。（4）质量综合赋分越高的商品，顾客越容易给予好评。当零售商进一步提高线上服务质量，顾客给予好评的概率会得以变大。质量综合赋分越高的商品，顾客好评的增长率会越大。

此外，在所界定的系统范围内，通过模拟仿真，也发现一些可供参考的量化结论。假设顾客网络偏好度为一般水平，同时，零售商重视为顾客提供较高的线上服务质量时，顾客在购物各阶段的主要行为指标为：（1）线上搜索概率指标：赋值为3.13的香水类商品，顾客选择线上搜索的概率为88%；赋值为4.03的服装类商品，顾客选择线上搜索的概率为92%；赋值为5.51的电脑类商品，顾客选择线上搜索的概率为95%；赋值为9.11的图书类商品，顾客选择线上搜索的概率为97.5%。（2）结合线上搜索概率、线上搜索转化率及顾客转移率，得出线上购买率指标分别为：赋值为3.13的香水类商品，顾客选择线上购买的概率为40.9%；赋值为4.03的服装类商品，顾客选择线上购买的概率为49%；赋值为5.51的电脑类商品，顾客选择线上购买的概率为58.6%；赋值为9.11的图书类商品，顾客选择线上购买的概率为81.9%。（3）各类商品若在线上销售获得顾客好评的概率：香水类商品，顾客给予好评的概率为32%；服装类商品，顾客给予好评的概率为40%；电脑类商品，顾客给予好评的概率为52%；图书类商品，顾客给予好评的概率为78%。

最后，本书根据顾客的动态购物行为，对各类商品与渠道的匹配方式提出建议：质量综合赋分越高的商品，与线上渠道越匹配，新零售商应重视在购前及购后对这类商品提高线上服务质量，从而获得顾客好评，吸引更多顾客；

对于质量综合赋分较低的商品，应将销售重点放到线下渠道，但是这类商品对线上服务质量的灵敏度较高，一旦吸引顾客成功购买，则这类商品的顾客黏性可能会高于质量综合赋分较高的商品。因此，零售商可以通过提高线上服务质量，逐步开拓线上渠道，同时做好线上与线下渠道的衔接，以避免顾客流失。

第 6 章 顾客评论行为中的商品质量关注度及质量管理策略

网络渠道的快速发展,为顾客对服务或商品的描述、使用体验、态度等发表评论提供了更多便利,顾客也乐于与其他顾客分享其购物感受,据 Channel Advisor[1]调查,91% 的用户,无论是选择实体店还是网店,进行购物前都会参考其他顾客网上分享的产品评论信息,网络评论成为顾客对商品质量进行识别并做出购买决策的一个重要依据。另外,顾客评论是顾客态度的显性表达形式,也是顾客行为的重要组成部分,为零售商提供了大量的行为信息,相对于传统的线下调查模式,具有信息量大、成本低、获取便捷等优势。对零售商来说,为提高声誉及经营绩效,充分利用顾客的评论行为,从顾客评论中挖掘顾客的关注点以及情感极性,从而有效地对商品质量进行管控,无疑具有深刻的现实意义。

6.1 顾客评论行为

鉴于网络评论对顾客及零售商双方面的重要影响作用,学术界也越来越重视对顾客评论的研究。自 2016 年至今,仅在国内学术界,对顾客评论的较有影响的研究论文就达到 200 余篇。据统计整理可得,对顾客评论的研究可以分为三个方面:一是对顾客评论特征的研究;二是对顾客评论应用的研究;三是对顾客评论获取方法的研究。

---

[1] 李恒. 在线评论特征的维度综述 [J]. 企业技术开发月刊, 2015 (1): 119-120.

6.1.1 顾客评论行为的特征

李恒 (2015)❶ 对顾客评论的特征进行了整理，认为顾客的在线评论包括评论星级及文本评论两种形式，包括评论数量、评论质量、评论长度、评论差异性四个方面。其中，评论数量是指顾客在购买某一个具体产品或服务后所发表的评论总数，在一定程度上可以反映该产品的受追捧程度，评论数量对销量、消费者购买意愿及决策有正向影响，是顾客评论特征的重要维度之一；评论质量是指评论能够真实、具体、清晰反映商品或服务本质的程度，评论质量的高低能对消费者购买决策产生影响；评论长度，即评论的字数，一般字数越多，包含的产品或服务信息越多，越有可能详细表达个人的购物感受，评论的有用性便会越高，从而可以为消费者提供更详尽的参考信息。

6.1.2 顾客评论的应用

在顾客评论的应用方面，很多学者证实网络评论不仅会影响顾客的购物行为，而且会间接地影响零售商的销量、利润、访问量等指标。盘英芝等 (2011)❷ 通过挖掘当当网的顾客评论数据，发现评论数量与图书的销量呈现线性相关。张璐等 (2015)❸ 认为，顾客的网络评论不仅包括了对产品的使用心得、体验感受，还包括了对产品和服务的不满与期待，因此可以从评论中挖掘出顾客对产品的优势及劣势的看法。研究以某手机销售网站的顾客评论为研究对象，通过挖掘顾客评论信息发现，手机的改进方向和程度与顾客评论之间存在显著的关联关系。郝媛媛等 (2009)❹ 实证分析了商品在线评论情感倾向对商品销售收入存在显著影响。

---

❶ 李恒. 在线评论特征的维度综述 [J]. 企业技术开发月刊, 2015 (1): 119 – 120.
❷ 盘英芝, 崔金红, 王欢. 在线评论对不同热门程度体验型商品销售收入影响的实证研究 [J]. 图书情报工作, 2011, 55 (24): 126 – 131.
❸ 张璐, 吴菲菲, 黄鲁成. 基于用户网络评论信息的产品创新研究 [J]. 软科学, 2015, 29 (5): 12 – 16.
❹ 郝媛媛, 邹鹏, 李一军, 等. 基于电影面板数据的在线评论情感倾向对销售收入影响的实证研究 [J]. 管理评论, 2009, 21 (10): 95 – 103.

也有学者对顾客评论的应用价值进行了更加严谨的分析，Danny，Scott（2015）❶认为顾客评论的真实性如何及是否会产生真正的价值，受到产品类别的影响。研究认为评论如果包括描述产品的特征和使用情况、指出产品的优缺点、与其他品牌或评论进行对比或评价等内容，将使得评论更加有效，但是有效性会受到产品类别的影响，实证分析获知，这种评论对体验型产品的影响要大于搜索型产品。Yin，Lina（2017）❷认为顾客评论中如果包含产品特征的相关内容，则将对其他顾客产生更加重要的参考作用，对顾客评论中的产品特征进行提取也有利于对顾客评论展开更深更广泛的研究。目前也有一些技术方法便于对评论中的产品特性进行自动提取，如隐马尔可夫模型（hidden Markov model，HMM）、条件随机场（conditional random field，CRF）等，尽管在提取产品属性方面的方法逐步得到完善，但仍然在应用上存有缺陷：（1）着重于统计技术的应用，对规则的重视不足；（2）难于将产品的特征根据研究需要直接做出主观分类；（3）对产品属性的提取方法受限于某一特定产品，当产品类别发生改变，则很难将方法直接复制使用。

◎ 6.1.3 顾客评论的挖掘方法

如何从数量繁多、内容繁杂的网络评论中挖掘有价值的信息，是学者们对顾客评论进行研究的热点。房文敏（2016）❸采用结构化文献综述法对在线评论信息挖掘进行了综述和理论分析。研究发现，随着信息技术的发展及大数据时代的到来，评论信息挖掘的研究近几年呈现递增趋势，研究主要集中于在线评论信息抽取、情感分析及文本分类的相关实现技术上。其中，信息抽取主要是通过分析产品的显性特征，抽取产品特征的关键词，当前研究常采用计算文档频率、特征评估函数（如词频统计、遗传算法、主成分分析）等方法抽取产品特征；情感分析，主要是通过分析评论的语义，对顾客的情感倾向进行判断，当前采用的方法包括构造情感词典法、点互信息法（pointwise mutual in-

---

❶ Weathers D, Swain S D, Grover V. Can online product reviews be more helpful? Examining characteristics of information content by product type [J]. Decision Support Systems, 2015, 79 (C): 12–23.

❷ Kang Y, Zhou L. RubE: Rule–based Methods for Extracting Product Features from Online Consumer Reviews [J]. Information & Management, 2017: 166–176.

❸ 房文敏，张宁，韩雁雁. 在线评论信息挖掘研究综述 [J]. 信息资源管理学报，2016 (1): 4–11.

formation，PMI）、语义分析、计算情感倾向值等；文本分类建立在信息抽取和情感分析的基础上，应用分类器对信息进行分类，并对结果展开测试，当前的研究方法常采用支持向量机、朴素贝叶斯、聚类分析等。余传明（2009）[1]认为，对评论的情感极性进行分析对于企业了解顾客反馈并不具有太多的实际意义，顾客所给予的正向或负向评论可能针对不同的产品属性，因此需要对顾客评论的产品属性进行分析。于传明将产品属性识别的方法分为人工定义和自动识别两种。其中，人工定义，即针对某领域的产品建立特定的词汇表，由于这种方法只针对某特定领域，因此可移植性较差。当产品领域发生改变，就需要重新建立词汇表。

基于以上分析可以发现，学者们一致认为，挖掘分析顾客评论，对顾客做出购物决策、零售商改进产品及服务质量、提高经营收益都有着重要影响，并且也发现在评论中着重挖掘产品特征能更大程度上发挥顾客评论的积极作用，对零售商改进产品和提升服务质量有着重要的引导意义。但是，截至目前，如何在评论中挖掘顾客所关注的商品质量属性，并将其应用于商品质量的管控，这方面的文献相当匮乏。因此，本书拟通过收集不同属性的商品评论，分析顾客对各类商品质量的关注点及所表现的情感态度，从而有针对性地提出管控措施。

6.2 顾客评论的抓取及分析

基于本书的研究目的，为了发掘顾客对不同质量属性商品的关注点，本书遵循以下两个原则：（1）选取顾客评论内容较丰富的商品；（2）延续前面章节所选择的商品类别，并选择质量属性较为突出的商品。为获取更多的顾客评论，研究在前一章六种研究对象的基础上进行扩充，选取了手机、电脑、热水器、洗衣机、图书、服装、鞋帽、药品、香水9种商品作为研究对象。根据本书对商品质量属性的定义及专家评判，在可感知性方面，所选商品中，手机、电脑、热水器、洗衣机、图书、药品属于通过信息便对商品质量有所感知的商品，服装、鞋帽、香水属于体验型商品，即通过信息可感知性较差的商品；在

---

[1] 余传明. 从用户评论中挖掘产品属性——基于SOM的实现 [J]. 现代图书情报技术，2009，25（5）：61-66.

功能性方面，手机、电脑、热水器、洗衣机、图书、药品在功能性方面的表现高于享乐性，而所选研究对象中，服装、鞋帽、香水，这三种商品的享乐性高于功能性；在安全性方面，电脑、热水器、洗衣机、药品，由于其价格、使用过程或本身功能等方面的表现，容易为顾客的金钱、人身健康等带来风险，因此安全性较低，而手机、服装、鞋帽、图书、香水的安全性表现则较高；在经济性方面，手机、电脑、热水器、洗衣机由于价格较高或使用维护成本较高，经济性表现较低，而药品、服装、鞋帽、图书、香水的经济性表现较高。具体可以通过表6-1来呈现，其中表中的"+"代表商品的该类属性表现较强，"-"则表示商品的该类质量属性表现较弱。

表6-1 商品的质量属性评价表

商品	质量属性			
	可感知性	功能性	安全性	经济性
手机	+	+	+	-
电脑	+	+	-	-
热水器	+	+	-	-
洗衣机	+	+	-	-
图书	+	+	+	+
服装	-	-	+	+
鞋帽	-	-	+	+
药品	+	+	-	+
香水	-	-	+	+

根据各类商品质量属性的强弱表现，可以将手机、电脑归为一类，热水器、洗衣机归为一类，服装、鞋帽归为一类，药品、香水、图书各为一类，共六类。

6.2.1 顾客评论的抓取

顾客的网络评论内容常常集中于商品质量或服务质量两个方面，为了避免某单一网络零售渠道影响的偏差，本书决定在淘宝、天猫、京东、苏宁四个国内大型零售平台中随机抽取7809条顾客评论。为实现顾客评论数据的自动获取,本书采用 Python 语言进行爬取,Python 在信息获取、自然语言理解、文本处理和机器学习方面相较于其他语言具有明显的优势。以爬取 TM 渠道的顾客评论为例,具体的运行程序代码见附录 1。爬取的顾客评论主要包括评论内容及评论时间,大体内容如图 6-1 所示。

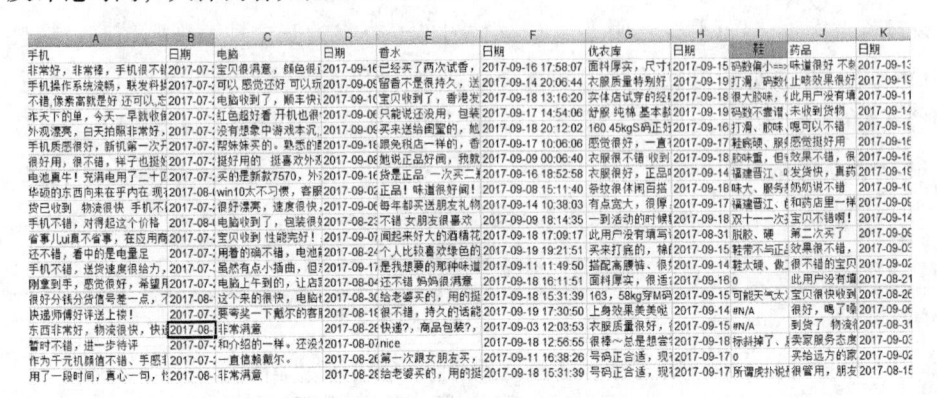

图 6-1 Python 获取的顾客评论截图

6.2.2 基于自组织映射的质量属性识别

抓取的顾客原始评论语言繁杂,难以直接用于分析。为便于统计顾客评论中所关注的质量属性,首先需要对评论内容进行处理。目前常用的预处理方法有人工定义和自动识别两种:人工定义,即由研究者根据目的将评论语言转化为易于统计的内容,方法简单,准确度较高,但是工作量较大;自动识别,即通过编程或软件识别评论语言,由机器对评论语言进行自动转换,这种方法效率较高,但是容易存在较大误差。本书决定采用人工定义和自动识别相结合的方式。首先采用系统对评论进行自动识别,其次随机抽取 1% 的顾客评论检验自动识别的效果。神经网络方法能有效解决模式分类问题,能够根据机器学习对复杂问题作出合理决策,采用无监督的计算方法,在对样本数据进行聚类的同时,能够保持拓扑有序性以提取特征,尤其适用于解决聚类问题,因此本书拟选择神经网络方法对顾客评论进行特征提取。

6.2.2.1 自组织映射神经网络的计算原理

自组织映射(SOM)神经网络也称为 Kohonen 特征映射网络,适合于解决模式分类和识别方面的应用问题。在结构上,SOM 一般由输入层和映射层构成,输入层为一维的神经元,映射层为一维或二维的分类空间。映射层的神经元相互连接,每个输出神经元连接至所有输入神经元。Kohonen 自组织特征映射算法,能够自动找出输入数据之间的类似度,将相似的输入在网络上就近配置,因此是一种可以构成对输入数据有选择地给予响应的网络。在 SOM 输出中,输入层中属性相似的样本会映射到相近的位置,输出形式往往表现为距离矩阵,通过计算各权向量的欧式距离,对此进行聚类。为同时展示属性间的叠加效应,余传明(2009)[1]对该方法进行扩展,建立了"属性叠加矩阵",并通过 SOM 输出的颜色来进行区别。其计算原理如下。

假设 SOM 属性叠加矩阵为

$$S = \begin{pmatrix} s_{11} & s_{12} & \cdots & s_{1n} \\ s_{21} & s_{22} & \cdots & s_{2n} \\ \cdots & \cdots & \cdots & \cdots \\ s_{m1} & s_{m2} & \cdots & s_{mn} \end{pmatrix}, s_{ij}(i=1,2,\cdots,m; j=1,2,\cdots,n)$$ 表示与

SOM 属性叠加矩阵中的第 i 行第 j 列节点相连接的权向量。

计算 $s'_{ij} = \sum_{k=1}^{N} w_{ijk}$,其中 w_{ijk} 为 SOM 属性叠加矩阵中与第 i 行第 j 列节点相连接的权向量,k 为样本个数。SOM 属性叠加矩阵中,

$$s_{ij} = \sqrt{\frac{s'_{ij}}{\max(s'_{ij})}}, \quad (i=1,2,\cdots,m; j=1,2,\cdots,n) \quad (6-1)$$

公式 6-1 表示,SOM 属性叠加矩阵中的每个元素等于对应节点的权向量的所有分量之和与出现的最大值之比,再开方根。将 SOM 属性叠加矩阵中所有元素的值映射为不同的颜色,研究者便可以根据 SOM 节点的背景颜色来判断矩阵中值的大小。

6.2.2.2 基于 SOM 的质量属性识别

由于 SOM 算法具有较好聚类与识别作用,本书将其应用于顾客评论的文本分析,从而挖掘出顾客所关注的有关商品质量及服务质量的重要属性。在对顾客评论进行分析之前,需要对顾客评论进行处理。汉语分词是句法分析、机

---

[1] 余传明. 从用户评论中挖掘产品属性——基于 SOM 的实现 [J]. 现代图书情报技术, 2009, 25 (5): 61-66.

器学习等对顾客评论进行深层处理的基础,也是信息提取和信息检索等应用的重要前提。中国科学院计算技术研究所及北京大学计算语言学研究所提出的基于层叠隐马尔可夫模型的汉语词法分析系统(ICTCLAS)❶ 在分词和标注方面具有较高的准确性和有效性。本书拟采用 ICTCLAS 系统对每条评论进行分词和词性标注,以顾客的某一条评论为例,对具体分词及标注格式展示如下,其中不同颜色以及/字母代表不同的词性,如橙色/n 代表名词,蓝色/vi,/vn 代表动词等。其中,评论中所涉及的顾客关注点主要源于评论中的名词和动词,顾客评论所表达的情感一般可以从形容词中获得。

差/a 差/a 差/a ,/wd 各/rz 大/a 网站/n 购物/vn 最/d 差/a 的/ude1 一/m 次/qv ,/wd 拖/v 了/ule 差不多/a 两/m 个/q 月/n 才/d 发货/vi ,/wd 本来/d 推迟/v 发货/vn 没有/d 很/d 生气/a ,/wd 但是/c 客/ng 服/v 的/ude1 处理/vn 态度/n 真实/ad 让/v 人/n 无/v 语/ng !/wt 一个/mq 月/n 的/ude1 时间/n 联系/v 客/ng 服/v 二十/m 多/m 次/qv 每次/r 都/d 说/v 转/vd 到/v 专员/n 24/m 小时/n 回复/vn ,/wd 但是/c 一/m 次/qv 回访/an 电话/n 都/d 没有/d 接到/v ,/wd 最/d 可气/a

对以上顾客评论进行情感分析,可以通过图 6-2 得知,顾客对该零售商的评论态度反映为极度生气与不满。

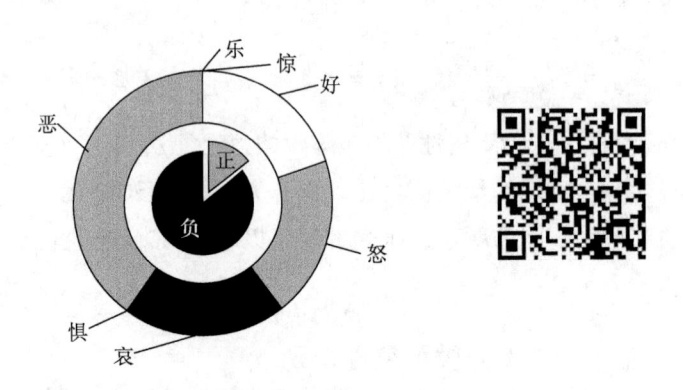

图 6-2 顾客评论的情感分析图

在应用 SOM 对顾客评论的关注点进行分析时,首先以评论中的名词及动词为行,以各条评论为列,构造输入矩阵,输入矩阵中的元素等于该行中的元

---

❶ 刘群,张华平,俞鸿魁,等. 基于层叠隐马模型的汉语词法分析 [J]. 计算机研究与发展,2004,41(8):1421-1429.

素代表的词汇在对应的列（所代表的评价）中出现的次数。利用 SOM 算法对输入矩阵进行训练，评论集合中含义相近的（欧式距离较小）词汇将映射到 SOM 的输出节点中，因此 SOM 输出将按照词汇所出现的评论集合对词汇进行聚类。然后再按照属性叠加矩阵的算法，得到映射到某输出节点的词汇在所有评论中出现的总次数，如果该元素的值较大，则表示映射到该节点的词汇在评论中出现次数较多，那么它成为顾客所关注的产品属性的可能性也就越大。

以研究对象中顾客对洗衣机和热水器的评论为例，通过调用 Python 中的 PyNLPIR 包（基于中国科学院计算技术研究所的 ICTClAS 分词系统），对 821 条评论进行词性分类，选取其中出现的所有名词及动词。为提高 SOM 训练的准确度和集中度，设置频数阈值，将出现总数小于或等于 1、存在评论的总条数小于或等于 1 的名词筛除，筛选出 1259 个词汇，其中 433 个候选名词作为候选的商品及服务质量属性。

6.2.2.3　SOM 的输出分析

利用 matlab 中的 SOMToolbox 对数据进行归一化处理，利用线性初始化的方法对权向量进行初始化处理，然后通过批学习的方式进行训练，具体程序如下。

```
%%读取
X = xlsread('csv.csv');
for i = size(X,1): -1:1
    if isnan(X(i,1))
X(i,:) = [];
    end
end
%数据输出
% xlswrite('附件3 SOM 输入矩阵.xlsx',X');
%读取名词
names = {};
ffid = fopen('hello.txt','r');
i = 1;
while feof(ffid) = = 0
    names{i,1} = fgetl(ffid);
```

```
        i = i + 1;
    end

%%预处理?
%参数设置
count = 1;
record = 1;
y1 = find(sum(X,1) <= count);
y2 = find(sum(X~=0,1) <= record);% 一篇出现很多次,有可能总数大于1,但出现篇数就1篇
y = unique([y1 y2]);% y 为不要的名词
for qq = length(y):-1:1
    X(:,y(qq)) = [];
    names(y(qq)) = [];
end
%数据输出
% xlswrite('附件5 筛选后的SOM输入矩阵.xlsx',X');
% fileID = fopen('附件4 筛选后的名词列表.txt','w');
% formatSpec = '%s \\n';
% [nrows,ncols] = size(names);
% for row = 1:nrows
%     fprintf(fileID,formatSpec,names{row,:});
% end
% fclose(fileID);


%% SOM 调用
sData = som_data_struct(X');%转置完成
sData = som_normalize(sData,'var');%归一化
sMap = som_make(sData);%训练,默认线性初始化以及批学习
U = som_umat(sMap);
Um = U(1:2:size(U,1),1:2:size(U,2));
%数据输出
% xlswrite('附件6 SOM输出矩阵.xlsx',Um);
```

%颜色叠加
```
Um2 = reshape(sum(sMap.codebook,2),sMap.topol.msize(1),sMap.topol.msize(2));%
```
14 和 8 非固定,根据 som make 决定
```
    for j = 1:size(Um2,1)
        for k = 1:size(Um2,2)
            if Um2(j,k) < 0
                Um2(j,k) = 0;
            end
        end
    end
Um2 = sqrt(Um2/max(max(Um2)));
colormap(jet)
h = som_cplane('rect',sMap.topol.msize,Um2(:));
colorbar;
% set(h,'Edgecolor','none');
% title('U - matrix');
hold on;
bmus = som_bmus(sMap,sData);
hits = som_hits(sMap,sData);    % hits
som_grid(sMap,'Label',cellstr(int2str(hits)),...
    'Line','none','Marker','none','Labelcolor','k','lattice','rect');
```

%根据非空节点提取名词
```
judge = reshape((1:(sMap.topol.msize(1)*sMap.topol.msize(2)))',sMap.topol.msize
(1),sMap.topol.msize(2));
noun_number = [];
point_x = [1 1 1];%找到非空 SOM 节点,输入行数、列数
point_y = [1 6 2];
% point_x = [1 2 3 4];%找到非空 SOM 节点,输入行数、列数
% point_y = [4 3 6 1];
% point_x = [3 1 2];%找到非空 SOM 节点,输入行数、列数
% point_y = [1 5 5];
% point_x = [1 1 2 2 2];%找到非空 SOM 节点,输入行数、列数
```

```
% point_y = [3 6 2 6 8];
% point_x = [1 1 1 1];%找到非空SOM节点,输入行数、列数
% point_y = [1 8 2 7];
for l = 1:length(point_x)
noun_number = [noun_number;find(bmus = = judge(point_x(l),point_y(l)))];
end
noun_number_sort = sort(noun_number);
result = {};
for pp = 1:length(noun_number_sort)
    result{pp} = names{noun_number_sort(pp)};
end


%找深蓝色
darkblue_number = [];
darkblue = find(Um2 = = 0);
for ll = 1:length(darkblue)
darkblue_number = [darkblue_number;find(bmus = = darkblue(ll))];
end
darkblue_number_sort = sort(darkblue_number);
result2 = {};
for ppp = 1:length(darkblue_number_sort)
    result2{ppp} = names{darkblue_number_sort(ppp)};
end


% hits 可以对节点标号
% bmus 储存最佳匹配单元,按列储存,词语最匹配哪个节点
% Um 矩阵是需要的矩阵 hits 对应 Um 矩阵的按列排序
```

经过 SOM 训练,得到如图 6-3 所示的结果。从图中可以发现,输出共有 112 个节点,每个节点中的数字代表映射到该节点中的名词累计次数。图中右方的颜色条代表每种 SOM 输出的候选产品属性及其热门程度。棕色代表最为热门,蓝色代表最为稀少。

如图 6-3 所示,顾客评论中映射到棕色区域中的某五个及某两个候选质量属性的最为广泛,其次是映射到红色区域的某一个相关质量属性的较为热

门。蓝色节点中的数字代表映射到这些区域的质量属性在评论中出现的较少。

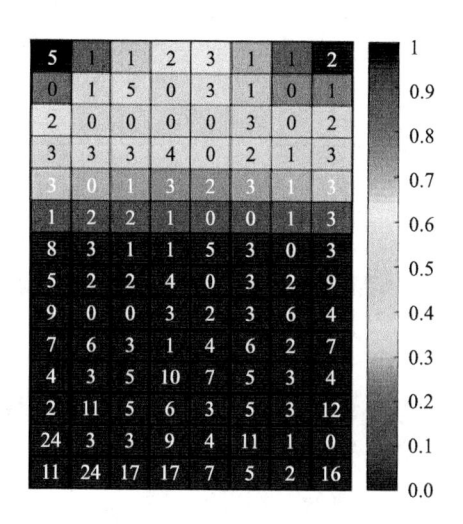

图 6-3 SOM 输出图像

根据图 6-3 中各节点的颜色分布,将候选质量属性的热门程度分为 5 个等级,分别用数字 1~5 来表示,其中 1 表示最热门的候选质量属性词汇,5 表示最冷门的质量属性词汇,具体分类如表 6-2 所示,其中节点 $s(i, j)$ 表示第 i 行、第 j 列的 SOM 节点。

根据表 6-2 对各关键属性的热点分析,并结合本书的研究目的,可以将各词汇进行聚类,如棕色区域中所映射的"噪声、漏水"可以归结为顾客反映的商品的功能性质量,"安装、人、客服、师傅、修"等可以归结为服务质量中的安装服务质量、咨询服务质量及维修服务质量。这些质量属性在候选属性中占的比例虽不高,为 2.08%,但是集中度非常高,因此属于热门区域。绿色区域中的"产品、钱、发票、时间、物流"等可以分别归为商品的功能性及经济性、咨询服务质量以及送货服务质量等。根据以上对 SOM 输出结果的分析,本书认为顾客对各类商品的评论分为两大类:有关商品质量的评论以及有关服务质量的评论。其中,有关商品质量的评论主要包括商品的外观质量、功能性质量、经济性质量以及安全性质量;有关服务质量的评论主要包括客服人员的咨询服务质量、送货服务质量、安装服务质量、维修服务质量以及退换货服务质量。

表 6－2 候选质量属性及其热门程度

背景颜色	频繁等级	非空 SOM 节点	候选词汇	比例
棕色	1	S(1, 1) S(1, 8) S(1, 2) S(1, 7)	东西、安装、人、客服、师傅、态度、洗衣机、噪声、漏水、电话、货、修	2.08%
橙色	2	S(1, 3) S(1, 6) S(2, 2) S(2, 6) S(2, 8)	人员、时候、水、问题	1.15%
黄色	3	S(1, 5) S(2, 5) S(3, 1)	热水器、定金、家、款、发票、衣服	1.39%
绿色、青色、淡蓝色	4	S(1, 4) S(2, 3) S(3, 6) S(4, 1) 等	产品、价格、时间、机、物流、质量、钱等	13.16%
深蓝色	5	S(7, 5) S(8, 3) S(11, 7) S(12, 1) 等	划痕、力、办法、功夫、动静、劲、包装、协会、单子等	82.22%

6.3 商品质量属性的关注度与情感分析

根据以上对顾客评论热点分析得出的指标，本书决定对研究对象中的八类商品分别进行分析，以确定顾客对不同质量属性的商品，是否存在不同的关注热点。为更加准确地分析顾客的关注点及情感极性，本书决定将顾客的评论顺序也考虑在内。这是因为如果评论内容中包括多项关注点，按照人类的语言表达及思维习惯，往往会把最为重视的关注点放到最前面，这样，处于不同次序的关注点，对关注度应该有不同的影响权重。因此本书认为有必要对每条评论中的关注点的排序进行分析。具体处理方式，以如下评论为例：

"三台买好了 2799，两天不到成了 2519 了，三台损失了七八百。打了好几遍客服电话，等了半个月才来给我安装，还收了我七百五安装费，真的是损失惨重。制冷效果太差太慢，也就三级能效。"

可以将以上评论总结为顾客对以下三个方面的评论："1. 价格稳定性""2. 安装服务质量""3. 功能"。

表 6-3 顾客评论分析表

商品类别 (评论数)	评论第一关注 X_1 (%)			评论第二关注 X_2 (%)			评论第三关注 X_3 (%)		
	质量属性	关注度	好评比重	质量属性	关注度	好评比重	质量属性	关注度	好评比重
手机 (720/320/14)	功能	56.94	33.33	功能	16.67	37.50	经济耐用	38.90	100.00
	外观	15.3	88.89	经济耐用	35.31	54.55	功能	22.64	100.00
	经济耐用	6.94	40.00	外观	14.70	79.17	咨询服务质量	23.08	75.00
	送货服务质量	12.50	98.61	描述一致性	8.75	30.57	送货服务质量	15.38	100.00
	咨询服务质量	5.54	50.00	送货服务质量	14.70	60.00	—	—	—
	售后维修服务质量	2.78	33.33	退货服务质量	2.81	11.11	—	—	—
电脑 (902/415/83)	功能	68.89	71.43	功能	31.70	57.14	外观	12.50	0
	外观	16.67	86.67	外观	21.95	100.00	经济耐用	25.00	100.00
	咨询服务质量	6.67	100.00	咨询服务质量	12.20	100.00	维修服务质量	37.50	0
	送货服务质量	4.44	75.00	送货服务质量	12.20	66.67	退换货服务质量	12.50	100.00
	描述一致性	4.44	100.00	描述一致性	12.20	100.00	咨询服务质量	12.50	50.00
热水器 (486/180/21)	功能	25.51	63.79	功能	13.89	50.61	功能	9.52	50.00
	外观	7.64	61.73	外观	2.22	82.30	外观	4.76	66.67
	经济耐用	11.2	20.58	经济耐用	32.78	24.69	经济耐用	57.14	41.67
	描述一致性	4.73	72.02	描述一致性	5.00	87.24	咨询服务质量	4.76	50.00
	咨询实惠	2.08	10.29	咨询服务质量	7.22	58.44	安装服务质量	9.52	40.00
	咨询服务质量	2.28	61.32	送货服务质量	3.89	68.89	维修服务质量	4.76	33.33
	交易服务质量	2.26	0	安装服务质量	17.78	35.60	退换货服务质量	9.52	35.00
	送货服务质量	8.35	61.15	维修服务质量	8.33	0	—	—	—
	安装服务质量	27.37	20.58	退换货服务质量	8.89	0	—	—	—
	维修服务质量	5.29	0	—	—	—	—	—	—
	退换货服务质量	3.29	0	—	—	—	—	—	—

续表

商品类别（评论数）	评论第一关注 X_1			评论第二关注 X_2			评论第三关注 X_3		
	质量属性	关注度（%）	好评比重（%）	质量属性	关注度（%）	好评比重（%）	质量属性	关注度（%）	好评比重（%）
洗衣机 (333/144/33)	功能	37.13	66.67	功能	18.06	76.92	功能	33.33	54.55
	外观	12.01	87.50	外观	1.50	100.00	经济耐用	6.06	50.00
	经济耐用	10.51	74.28	经济耐用	4.86	57.20	描述一致性	3.03	0
	描述一致性	8.60	62.07	描述一致性	4.17	66.67	咨询服务质量	6.06	100.00
	咨询服务质量	4.80	62.50	咨询服务质量	23.61	88.24	送货服务质量	3.04	100.00
	交易服务质量	2.70	50.00	交易服务质量	4.17	33.33	安装服务质量	21.21	42.86
	安装服务质量	14.71	59.18	送货服务质量	3.47	80.00	退换货服务质量	27.27	22.22
	维修服务质量	7.95	19.23	安装服务质量	22.03	65.60	—	—	—
	退换货服务质量	1.50	20.00	维修服务质量	10.42	33.33	—	—	—
	—	—	—	退换货服务质量	7.71	9.09	—	—	—
服装鞋帽 (1314/987/28)	外观	41.21	73.18	外观	37.27	71.52	外观	47.00	61.54
	舒适保暖功能	42.57	55.81	舒适保暖功能	18.34	55.25	舒适保暖功能	21.15	50.00
	描述一致性	7.26	71.58	描述一致性	24.37	75.83	描述一致性	11.56	66.67
	经济实惠	3.17	92.86	经济实惠	11.23	86.42	经济实惠	7.41	100.00
	咨询服务质量	4.28	89.29	咨询服务质量	3.12	87.69	咨询服务质量	3.17	100.00
	送货服务质量	1.51	85.00	送货服务质量	3.57	83.87	送货服务质量	4.12	100.00
	—	—	—	退换货服务质量	2.10	66.67	退换货服务质量	4.59	0

续表

商品类别（评论数）	评论第一关注 X_1（%）			评论第二关注 X_2（%）			评论第三关注 X_3（%）		
	质量属性	关注度	好评比重	质量属性	关注度	好评比重	质量属性	关注度	好评比重
药品 (1327/986/46)	功能	32.03	70.59	功能	37.73	81.18	功能	28.26	76.92
	经济实惠	14.17	53.19	外观	15.68	88.31	外观	32.60	80.00
	描述一致性	39.56	95.24	描述一致性	25.19	89.92	描述一致性	10.87	80.00
	咨询服务质量	1.46	89.47	咨询服务质量	17.04	82.74	咨询服务质量	15.22	71.43
	送货服务质量	12.78	70.59	送货服务质量	4.36	72.50	送货服务质量	13.09	66.67
图书 (1457/300/22)	外观	27.52	81.08	外观	30.65	62.50	外观	18.18	100.00
	功能	24.85	97.79	功能	20.35	100.00	功能	13.64	100.00
	经济实惠	6.45	75.00	经济实惠	18.31	75.00	经济实惠	27.27	50.00
	描述一致性	29.44	94.83	描述一致性	8.35	100.00	描述一致性	13.64	100.00
	送货服务质量	9.06	68.86	送货服务质量	22.34	76.47	送货服务质量	27.27	100.00
香水 (1272/468/55)	享乐性	37.34	93.22	享乐性	14.41	100.00	享乐	30.90	94.12
	外观	19.97	53.57	外观	32.73	79.08	外观	30.90	70.59
	经济实惠	9.32	50.00	经济实惠	2.20	60.00	经济实惠	10.91	71.43
	描述一致性	28.41	64.60	描述一致性	38.77	51.39	描述一致性	5.45	66.67
	送货服务质量	9.42	70.00	送货服务质量	11.89	66.67	送货服务质量	21.82	75.00

根据以上方法，对各类商品的顾客评论进行总结分类，提取顾客对各质量属性的关注顺序，并将顾客对所关注质量属性的情感极性进行分析，具体如表 6-4 所示。其中，表格中的"关注度"，即顾客在购买该商品后对商品的某种质量属性或服务质量做出的评论占该商品评论总数的比重，即 $\rho_{ijk} = \frac{n_{ijk}}{n_{ij}}$，$i = 1$, 2, …, 8；$j = 1$, 2, 3。假设 i 代表商品种类，j 代表顾客评论的关注次序，n_{ijk} 代表顾客对商品 i 的评论中，重视程度排在第 j 位的、关于属性 k 的评论数量，n_{ij} 代表顾客对商品 i 第 j 关注的评论总数。表 6-3 中的"好评比重"，通过计算顾客对该质量属性或服务质量做出正向评价的比重来获得，即 $E_{ijk} = \frac{m_{ijk}}{\sum_{k=1}^{N} n_{ijk}}$，$i = 1, 2, \cdots, 8; j = 1, 2, 3; k = 1, 2, \cdots, 11$，$k$ 代表顾客所关注的商品及服务质量属性，m_{ijk} 代表顾客对商品 i 的评论中，重视程度排在第 j 位的、关于属性 k 的正向评论数量，n_{ijk} 代表顾客对商品 i 的评论中，重视程度排在第 j 位的、关于属性 k 的所有评论数量，E_{ijk} 代表在商品 i 的评论中，第 j 关注的属性集合中，顾客对属性 k 的好评比重。

6.3.1 顾客对商品 i 质量属性 k 关注度（d_{ik}）的计算与分析

本书假设顾客对商品 i 质量属性的评论占评论总数的比重为顾客对商品或服务商品 i 质量属性的关注度，计算方法如公式 6-2 所示。

$$d_{ik} = \sum_{j=1}^{3} w_{ij}\rho_{ijk} \quad (6-2)$$

其中 d_{ik} ——顾客对商品 i 质量属性 k 的关注度；

w_{ij} ——排列在第 j 关注的评论数占评论总数的比重；

ρ_{ijk} ——顾客评论第 j 关注中，对商品的某种质量属性或服务质量做出的评论占该商品评论总数的比重。

将各类商品的顾客评论代入公式 6-2，得到顾客对各质量属性关注度，具体如表 6-4 所示。

第6章 顾客评论行为中的商品质量关注度及质量管理策略

表6-4 顾客对各质量属性的关注度

商品类别		质量属性及关注度（%）
手机	商品质量属性	功能（65.11）、外观（21.83）、经济耐用（14.23）、描述一致性（3.89）
	服务质量属性	送货服务质量（19.33）、咨询服务质量（5.99）、维修服务质量（2.78）、退换货服务质量（1.25）
电脑	商品质量属性	功能（83.47）、外观（25.92）、描述一致性（10.05）、经济耐用（5.68）
	服务质量属性	咨询服务质量（13.43）、送货服务质量（10.05）、维修服务质量（7.50）、退换货服务质量（1.15）
热水器	商品质量属性	功能（31.07）、经济耐用（25.81）、外观（8.67）、描述一致性（6.58）
	服务质量属性	安装服务质量（34.37）、维修服务质量（16.53）、送货服务质量（9.79）、退换货服务质量（6.99）、咨询服务质量（5.16）、交易服务质量（2.26）
洗衣机	商品质量属性	功能（48.24）、经济耐用（13.21）、外观（12.66）、描述一致性（10.70）
	服务质量属性	安装服务质量（26.34）、咨询服务质量（15.61）、维修服务质量（12.46）、交易服务质量（4.50）、退换货服务质量（4.20）、送货服务质量（1.80）
服装鞋帽	商品质量属性	外观（63.51）、功能（32.73）、描述一致性（25.81）、经济实惠（11.76）
	服务质量属性	咨询服务质量（6.69）、送货服务质量（4.28）、退换货服务质量（1.68）
药品	商品质量属性	功能（61.00）、描述一致性（58.65）、经济实惠（14.17）、外观（12.78）
	服务质量属性	送货服务质量（16.47）、咨询服务质量（14.65）
图书	商品质量属性	印刷材质等（外观）（34.11）、描述一致性（31.36）、内容（功能）（29.25）、经济实惠（10.63）
	服务质量属性	送货服务质量（14.07）
香水	商品质量属性	享乐功能（43.98）、描述一致性（42.91）、外观（33.35）、经济实惠（10.60）
	服务质量属性	送货服务质量（14.74）

由表 6-4 可知，在选定的八类商品中，顾客对手机、电脑、热水器、洗衣机及药品五类商品的使用功能最为关注。对于香水这种享乐型商品，顾客对其享乐功能最为关注；对于服装鞋帽类商品，顾客最为关注这类商品的外观，此处的外观主要包括款式、颜色、尺码、面料做工等特征。

在服务质量方面，顾客对手机、药品、图书及香水的送货服务质量关注度最高，此处的送货服务质量主要包括送货人员的态度、送货的及时性、准确性及完整性；对于电脑及服装鞋帽类商品，顾客对零售商的咨询服务质量最多关注度。此处的咨询服务质量，主要指客服人员是否能够及时、准确、态度友好地解答顾客疑问。由于电脑属于价格较高、配置指标较多的商品，因此顾客为降低风险，在购前更加倾向于向销售人员询问商品及保障信息，顾客对电脑类商品销售人员的咨询服务质量最为关注，是符合情理的。对于服装鞋帽类商品，由于这类商品的信息可感知性较差，需要销售人员利用自身经验为顾客提供更多可参考的信息，因此，顾客对服装鞋帽类商品销售人员的咨询服务质量最为关注，该结论也是合理的。

◈ 6.3.2 顾客对商品 i 质量属性 k 情感极性（E_{ik}）的计算与分析

本书假设顾客对商品（或服务）i 质量属性 k 做出的评论用数字来反映，即好评用"1"表示，"差评"用"-1"表示，"0"代表一般，则顾客对该质量属性的情感极性可以表示为好评与差评的加权算术平均数。具体计算方法如公式 6-3 所示。

$$E_{ik} = \sum_{j=1}^{3} w_{ij}[E_{ijk} \times 1 + (1 - E_{ijk}) \times (-1)] \quad (6-3)$$

E_{ik}——顾客对商品 i 质量属性 k 的情感极性；

E_{ijk}——在商品 i 的评论中，第 j 关注的属性集合中，顾客对属性 k 的好评比重。

将顾客对各类商品的评论代入公式 6-3，可得到顾客对各商品质量属性的情感极性，如表 6-5 所示。

表 6-5 顾客对各质量属性的情感极性分布表

商品类别	商品及服务质量属性情感极性（%）	
手机	商品质量属性	外观（88.15）、经济耐用（-10.01）、描述一致性（-17.27）、功能（-48.05）
	服务质量属性	送货服务质量（88.61）、咨询服务质量（0.97）、维修服务质量（-33.34）、退换货服务质量（-34.57）
电脑	商品质量属性	描述一致性（96.42）、外观（95.48）、功能（49.43）、经济耐用（32.21）
	服务质量属性	咨询服务质量（96）、送货服务质量（55.34）、退换货服务质量（-9.20）、维修服务质量（-9.20）
热水器	商品质量属性	描述一致性（62.82）、外观（48.82）、功能（28.03）、经济耐用（-66.54）
	服务质量属性	送货服务质量（31.83）、咨询服务质量（24.36）、交易服务质量（-50.00）、安装服务质量（-61.51）、退换货服务质量（-81.30）、维修服务质量（-88.48）
洗衣机	商品质量属性	外观（80.74）、功能（50.86）、经济耐用（45.08）、描述一致性（23.82）
	服务质量属性	咨询服务质量（62.98）、送货服务质量（35.86）、安装服务质量（26.76）、交易服务质量（-14.42）、维修服务质量（-63.65）、退换货服务质量（-88.89）
服装鞋帽	商品质量属性	经济实惠（91.13）、描述一致性（17.18）、外观（69.91）、功能（74.04）
	服务质量属性	咨询服务质量（90.18）、送货服务质量（81.01）、退换货服务质量（22.91）
药品	商品质量属性	描述一致性（97.59）、功能（81.15）、经济实惠（5.10）、外观（59.01）
	服务质量属性	送货服务质量（67.54）、咨询服务质量（81.72）
图书	商品质量属性	内容（功能）（98.56）、经济实惠（95.86）、印刷材质等（外观）（56.38）、描述一致性（50.30）
	服务质量属性	送货服务质量（42.59）
香水	商品质量属性	享乐功能（92.57）、外观（28.89）、描述一致性（25.82）、经济实惠（9.20）
	服务质量属性	送货服务质量（46.43）

由表 6-5 所展示的顾客对各类商品及服务的情感极性可知，顾客对手机、电脑、热水器、洗衣机等电器的"外观"情感极性较高，即顾客对电器类商品的外观感到最为满意。产生这一结论的原因在于，一是顾客对电器类商品的实用功能最为关注，期待最高，而外观特征居于次位，这样顾客对电器类商品的外观要求便不会很高；二是电器类商品的外观特征，便于通过图片及文字信息来进行展示，顾客通过以上信息可对商品的外观有较准确的认识，因此在交易完成并获得商品后，顾客在商品的外观方面很容易与预期一致，从而达成在外观方面的满意。

其次，顾客对电脑、热水器、药品这三类商品的"描述一致性"具有较高的情感极性。此处的"描述一致性"主要针对顾客做出的"正品""和实体店的一样""与图片描述一致"等评论进行的总结，主要反映了顾客对购买到"假冒伪劣"商品风险的评价。由于这三种商品本身容易带来财产损失或对人身健康带来安全隐患，因此属于顾客对其"安全性"程度要求较高的商品。根据顾客评论，顾客对这三类商品的"描述一致性"反而具有较高的满意，说明零售商能够意识到"安全性"对这类商品的重要意义，从而不敢挑战顾客底线，否则将会承担法律严惩等严重后果。

此外，顾客对服装鞋帽及图书的"经济实惠"，对香水的"享乐"性功能具有较高的情感极性。分析得到该结论的原因在于以下几方面：服装鞋帽类商品属于体验类商品，顾客难以利用信息描述来感知这类商品的质量，因此，相对于实体渠道，网络渠道具有明显的销售弱势，但价格经济实惠往往是网络渠道的优势，这样便会吸引很多顾客从线下体验后转到线上进行购买，从而在价格上达到顾客满意。对于图书，吸引顾客的主要特征便是图书内容和价格，顾客一旦决定购买，图书内容往往都会符合顾客预期，为顾客带来的差异化感受较小，另外购买图书的价格及便利性，也是吸引顾客在网络进行购买的重要因素，因此，顾客对图书的"内容功能"及"经济实惠"的情感极性最高。另外，对于香水，它的主要特征便是味道，功能便是愉悦顾客的心情，属于享乐型商品，因此顾客购买香水的目的便是享乐，只要香水的味道能够令顾客感到满意，便达到了顾客对享乐的预期，因此，顾客对香水的"享乐功能"具有较高的情感极性。

在对服务质量的情感极性分析方面，顾客对电器类商品的服务质量要求较高，包括咨询服务质量、送货服务质量、安装服务质量、维修服务质量及退换货服务质量。对于服装鞋帽、图书、药品及香水的服务要求，则主要集中在

"咨询"和"送货"服务质量上,产生这一差别的原因主要与商品所需的服务有关。但无论是何种商品,顾客对"咨询"及"送货"服务质量的情感极性较高,对于"安装""维修"及"退换货"服务质量的情感极性较低。

6.3.3 各类商品质量的四分图分析

四分图模型,又称为重要因素推导模型,可用于处理和分析二维指标的问题,根据每个维度的不同水平,将研究区域划分为四个象限,其中第一象限为高高组合、第二象限为低高组合,第三象限为低低组合,第四象限为高低组合。利用四分图模型,可以将研究对象归到不同象限中,从而分析优势区、维持区、机会区及修补区。本书的研究目的是从顾客评论中挖掘顾客对各质量属性的关注度及情感极性两个指标,并据此分析零售商应在不同质量属性方面给予不同力度的管理方式,符合四分图的应用范围。

本书结合表6-4及表6-5,建立顾客对各类商品的关注度及情感极性四分图,图6-4展示了顾客对手机、电脑、洗衣机及热水器等电器类商品的关注度和情感极性的表现。通过对图形进行分析,可以发现以下规律:(1)在这四类商品中,顾客对功能性的关注度都处于较高水平,顾客对手机及电脑等数码类商品的功能性的情感极性,低于对洗衣机及热水器的情感极性。究其原因在于,与热水器及洗衣机相比,手机及电脑的应用范围更为广泛,且同时具有较高的享乐性,顾客对这类商品更偏向于提出个性化需求,因此,会对数码类商品的功能提出更高的要求,从而导致情感极性较低。根据顾客的关注度及情感极性表现,说明数码类商品的功能性属于零售商应极力修补的方面。(2)四类商品中,顾客对外观的情感极性均处于较高水平,说明对于电器类商品,顾客对外观感到满意,同时顾客对这类商品的外观关注度处于一般水平,这说明,对于这类商品,只要满足顾客基本要求,便可获得满意,属于需要维持的方面。(3)四类商品中,顾客对家电类商品的经济耐用性的关注度高于数码类商品,但普遍对经济耐用性情感极性较低。这说明,提高家电类商品的经济耐用性,是零售商及供应商应修补的方面。(4)评论中提取的描述一致性,在评论中主要表现为顾客对"是否正品,与商品描述是否一致"等,可以作为购买风险(安全性)的反映特征。图6-4的结果显示,顾客对家电类商品的描述一致性关注度低于其他质量属性,原因可能在于研究对象中选择的顾客评论源于知名品牌或官方旗舰店,因此,顾客对零售商的资质较为认可,很少有顾客会对商品是否为正品而感到怀疑，且数码类及家电类商品的信息可感知性较强，顾客也便于通过信息了解商品的质量属性，因此，关注度较低。情感极性会根据顾客的个性化需求而存在差异，顾客对手机描述一致性的情感极性低于其他类商品。
(5) 在服务质量方面，顾客普遍对四类商品的送货服务质量和咨询服务质量的情感极性高于维修及退换货服务质量。另外，对家电类商品的安装维修服务质量及退换货服务质量尤为关注，且情感极性非常低，属于零售商需要极力修补的区域。

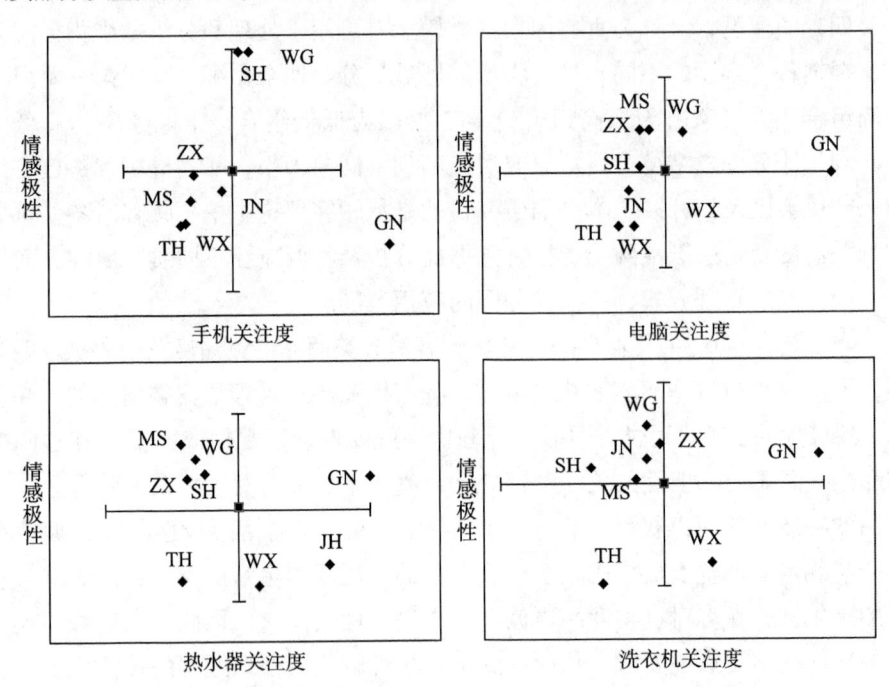

WG-外观；GN-功能；MS-描述一致性；JN-经济耐用；SH-送货服务质量；ZX-咨询服务质量；WX-维修服务质量；TH-退换货服务质量。

图 6-4　商品的关注度及情感极性分析图（1）

服装鞋帽类商品，属于典型的体验型商品，且日常销量较高，单独分析顾客对这类商品的关注度及情感极性。通过对图 6-5 进行分析，发现以下结论：
(1) 在商品质量属性方面，顾客对外观的关注度最高，对功能及描述一致性（是否正品）的关注高于经济耐用性。在情感极性方面，顾客对服装鞋帽类商品的经济耐用性表现最为满意，对外观及功能的情感极性也较为满意，但是对描述一致性的情感极性最低。产生这一结论的原因在于服装鞋帽类商品的信息可感知性较差，属于体验类商品，顾客的感知质量往往会与实际商品质量存在偏差，于是顾客在"描述一致性"方面的情感极性最差。这说明，如何提高这类商品的可感知性，为顾客提供更高的商品质量保障，是零售商及供应商需极力修补的问题。（2）顾客对服务质量的关注度普遍低于对商品本身的关注度。顾客对送货服务质量及咨询服务质量给予了较高的情感极性，但是对退换货服务质量的情感极性较差，只要零售商提高退换货服务质量，便有机会提高顾客的满意度。

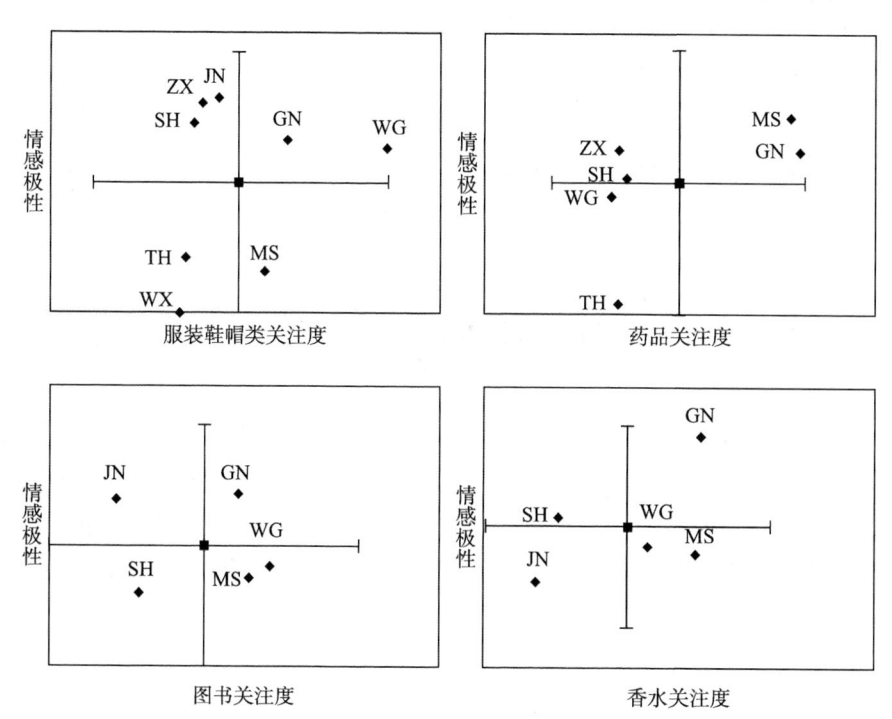

WG-外观；GN-功能；MS-描述一致性；JN-经济耐用；SH-送货服务质量；ZX-咨询服务质量；WX-维修服务质量；TH-退换货服务质量。

图 6-5 商品的关注度及情感极性分析图（2）

对于药品、图书、香水等以功能为主要特性的商品（药品，主要功能是维持或恢复生命健康；图书，主要作用是丰富人类精神世界，提高人类生存及工作生活质量；香水，并非生活必需品，具有愉悦心情、体现个人品位的功能，与前两种商品不同，属于享乐型功能），通过挖掘顾客评论，发现以下规律：（1）顾客对这三种商品的功能给予较高的关注，且对三种商品的功能均保持较高的情感极性。因此这三类商品的功能性处于优势区，需要继续保持，从而提高顾客忠诚度。（2）对于这三类商品的外观质量，顾客的关注度也处于较高水平，但是顾客对此的情感极性却普遍较低，外观质量在四分图中处于需要极力修补的区域内。这说明，零售商及供应商需对这些商品的外观质量进行优化，从而降低顾客抱怨。(3) 对这三类商品经济实惠的特征表现，顾客的关注度低于对外观、功能及描述一致性的关注度。另外，顾客对图书的经济实惠感到较为满意，而对药品及香水的经济实惠性感到不满意。这说明经济实惠对于图书类商品，属于关注度不高，但顾客感到满意的一个属性，处于四分图的维持区；而对于药品及香水类商品，经济实惠处于关注度较低、同时情感极性也较低的区域，处于机会区，如果零售商及供应商提高这类商品在经济实惠方面的表现，则有机会提高顾客的满意度。(4) 在服务质量方面，由于这三类商品自身特征的局限性，很少有维修及退换货方面的服务要求，因此顾客对这三类商品仅关注送货服务质量，且相对于商品质量，顾客对服务质量的关注度较低。

6.4 基于关注度及情感极性的商品质量管控策略

本书根据研究目的，选取顾客对手机、电脑、热水器、洗衣机、服装、鞋帽、图书、药品及香水9种不同质量表现的商品的网络评论，从中挖掘分析了顾客对各类商品质量的关注重点及情感偏好。根据各类商品的质量属性表现程度，可以将九类商品分为以下六个大类。具体的研究结果及管控策略如表6-6所示。

表6-6 各类商品的关注度及情感极性结果分析表

商品类别	质量属性及其表现		研究结果	管控策略
手机、电脑等数码类	可感知性	+	(1) 顾客对数码类商品外观的关注度较高，仅次于功能，情感极性表现较高。	(1) 外观质量的管理处于维持区，以保持顾客忠诚。
	功能性	+	(2) 顾客对数码类商品功能性的关注度最高，但情感极性表现较差。(3) 相对于家电类商品，顾客对数码类商品描述一致性的关注度处于一般水平，情感极性表现受零售商的服务质量影响明显。	(2) 功能性属于零售商应极力提高的方面，以减少顾客抱怨。(3) 描述一致性主要表现为顾客对产品是否为正品的评价，当零售商提高正品保障服务质量，则会提高顾客满意。
	安全性	+	(4) 顾客对数码类商品经济耐用性的关注度低于功能及外观，情感极性表现较差。	(4) 经济实惠，是多数顾客的购物决策标准，零售商及供应商应在提高商品使用寿命、降低顾客使用成本等方面做出改进。
	经济性	−	(5) 服务质量方面，顾客对送货服务质量及咨询服务质量感到较为满意，但对维修及退换货服务质量的情感极性较低	(5) 零售商应提高售后维修及退换货服务质量，减少顾客抱怨

续表

商品类别	质量属性及其表现		研究结果	管控策略
热水器、洗衣机等家电类	可感知性	+	（1）顾客对家电类商品的外观关注度相对较低，情感极性较高。 （2）顾客对家电类商品功能性质量的关注度及情感极性均处于较高水平。 （3）顾客对家电类商品"描述一致性、是否正品"的关注度相对较低，情感极性处于一般水平，究其原因在于顾客对商品品牌及零售商资质的信任程度。 （4）顾客对家电类商品的经济耐用性关注较高，但是情感极性表现较差。 （5）在服务质量方面，顾客对安装、维修及退换货服务质量的不满情绪表现突出	（1）家电属于功能型商品，外观质量相对于功能，对顾客的吸引力较低，也易于满足顾客的基本需求，因此零售商应维持现有对外观质量的管理方法，也可寻求创新，获得更高质量。 （2）家电类商品的功能性质量是吸引顾客的关键因素，当顾客对这类商品的功能感到不满，则必然会引起顾客流失，因此属于供应商极力保护并创新的质量属性。 （3）零售商可通过品牌宣传、提高资质及信用等方式，增强保障商品质量及正品的能力，从而提高顾客对家电产品"安全性"的满意程度。 （4）顾客对家电类商品的经济耐用性不满，主要表现在因安装、维修等使用成本偏高而做出的评价，因此零售商应考虑如何降低顾客对家电的使用成本，并提高售后安装、维修及退换货服务质量，从而减少顾客抱怨
	功能性	+		
	安全性	−		
	经济性	−		
图书类	可感知性	+	（1）顾客对图书类商品的外观质量关注度较高，但是情感极性较低。 （2）顾客对图书的内容及固有的功能给予较高关注，由于这类商品的标准化程度较高，且可感知性较高，因此顾客对图书的内容功能感到满意。 （3）顾客对图书类商品的"描述一致性"及"是否正品"的关注度较高，但是情感极性较低。 （4）顾客对这类商品在经济实惠上的表现感到满意	（1）对图书等标准化程度较高的商品，应加强材质、外形、包装等外观质量的管理，以减少顾客抱怨。 （2）图书类商品出现盗版、高仿等假冒伪劣的概率较高，在顾客负向评论中所占比重也是最高的。但由于这类商品的价格较为低廉，多数顾客不会选择投诉、维权，只会选择发表评论抱怨，从而导致盗版问题无法得以根治。对这类商品，应在提高零售商准入门槛、资质审查、对商品进行标准化管理等方面做出改进
	功能性	+		
	安全性	+		
	经济性	+		

续表

商品类别	质量属性及其表现		研究结果	管控策略
服装鞋帽类	可感知性	−	（1）顾客对服装鞋帽类商品款式、颜色及做工等外观质量的关注度最高，其次是对舒适、吸汗、轻便、保暖等功能的关注，情感极性表现为较满意，但仍有较大改进空间。 （2）顾客对服装鞋帽类商品"描述一致性、正品"等的关注度较高，但情感极性表现为最低。 （3）顾客对服装鞋帽类商品经济实惠的关注度最低，但情感极性表现为最高。 （4）顾客对服装鞋帽类商品服务质量的关注度，普遍低于对商品本身的关注度。顾客对送货服务质量及咨询服务质量给予了较高的情感极性，但是对退换货服务质量的情感极性较差	（1）对服装鞋帽等体验型商品的外观质量及功能质量进一步改进、创新，以提高顾客满意度及忠诚度。 （2）加强对体验型商品的信息描述、展示、体验等服务质量水平，保证信息描述与产品本身的真实可靠性，减少顾客的感知偏差，从而降低顾客抱怨。 （3）顾客对零售商的售前咨询及售后送货服务质量感到满意。但对于体验型商品，退换货现象较为普遍，顾客对此也较为关注，但情感极性却较低。因此，需要零售商在商品质量追溯、退换货服务保障等方面做出改进与提升
	功能性	−		
	安全性	+		
	经济性	+		
药品等保健类	可感知性	+	（1）顾客对保健类商品外观质量的关注度较低，情感极性也较低。 （2）顾客对保健类商品功能给予较高的关注度及情感极性。 （3）顾客对保健类商品描述一致性、正品等方面的关注度较高，同时情感极性也较高；对经济耐用性的关注度不高，同时情感极性也较低。 （4）服务质量方面，顾客尤为关注送货服务质量，情感极性表现一般	（1）对保健类商品，应注重外观质量的提升，如包装、产品信息描述等，降低顾客的感知风险，提高顾客满意度。 （2）对保健类商品的功能要保持并改进，从而提升顾客忠诚度。 （3）对药品这种风险性较高的商品，顾客对产品安全性的要求高于其他类别，政府及零售商在准入、资格审查、产品检验、质量监管等方面做出诸多管理措施，从而全方位保障这类商品的质量安全。 （4）由于药品的特殊功能性，有时顾客对此的需求是迫切的，会提出及时送货的要求，因此相对于其他商品，对送货服务质量提出更高的要求，零售商应提高送货服务质量，以减少顾客抱怨
	功能性	+		
	安全性	−		
	经济性	+		

续表

商品类别	质量属性及其表现		研究结果	管控策略
香水等享乐类	可感知性	−	（1）顾客对享乐类商品的享乐功能最为关注，其次是描述一致性及外观质量。顾客对享乐类商品的享乐属性感知较为满意，但是对描述一致性及外观的情感极性表现较差。 （2）相对于其他质量属性，顾客对享乐类商品的经济耐用性关注最低，情感极性也表现较差。 （3）相对于商品质量，顾客对这类商品的服务质量关注度较低，情感极性表现一般	（1）享乐型商品的享乐功能属于吸引顾客的关键因素，顾客对此的要求更高，因此应紧贴顾客需求及特征，加强对享乐性的更新改进，让更多的顾客满意。 （2）享乐型商品的外观质量，仅次于其享乐功能，也是顾客较为关注的因素，应在外观包装、产品描述等方面做出改进，以降低顾客抱怨。 （3）多数享乐品属于体验型商品，容易存在信息描述与感知不相符的缺陷，从而造成顾客抱怨，因此应为顾客提供更多的体验机会，提高产品信息展示的可靠程度。另外，在质量监管、提高准入门槛、资格审核等方面做出改进，降低顾客感知风险
	功能性	−		
	安全性	+		
	经济性	+		

6.5 本章小结

本章主要包括四部分内容：6.1节对顾客评论的特征、应用及挖掘方法进行了介绍，同时，结合本书的研究目的与研究内容，明确了本章所要选择的研究视角，并分析了技术应用的可行性。6.2节首先利用网络爬虫软件对国内四个知名网络购物平台的顾客评论进行挖掘。根据研究目的，确定选择了顾客对手机、电脑、洗衣机、热水器、服装、鞋帽、药品、图书、香水等商品的评论作为研究对象；其次，利用自组织映射神经网络方法对顾客评论进行文本分析，获得顾客评论中所关注的质量属性。6.3节采用内容分析法对顾客评论中的关注点及情感极性进行分析，提出关注度及情感极性两个概念及其具体的计算方法，得到顾客对各类商品质量属性的关注度及情感极性排序。6.4节对顾客评论挖掘及文本分析的结果进行分析、总结，并对每类商品提出相应的质量管控策略。

第7章 直播电商中的不标准现象分析及标准体系构建

直播电商,是数字技术、物流网络及新型消费理念兴起等一系列动因形成的产物,是直播与营销两种业态相融合的商业模式,已成为近几年新消费最热的风口。直播电商的便利使得网络零售市场保持稳步增长,据2023年6月统计数据,我国网络直播用户规模达7.65亿人,直播电商用户5.26亿人,直播电商成为稳增长、保就业、促消费的重要力量。

"万物可直播、人人能带货"的直播电商模式,可营销又兼具个人社交、才艺展示、媒体传播等功能,参与的主体进入门槛低、鱼龙混杂,因此快速发展的同时,存在着许多模糊空间、泡沫乱象,已成为实践管理和学术研究的关注热点。

7.1 相关政策及学术研究

7.1.1 政策及标准

党的二十大报告指出"加快发展数字经济,促进数字经济和实体经济深度融合"。直播电商作为数字经济发展的重要分支及引擎,得到国家政策的大力支持。2020年起,国务院及各部委先后发布《国务院办公厅关于以新业态新模式引领新型消费加快发展的意见》及《加快培育新型消费实施方案》,提出发展直播经济;国家互联网信息办公室、公安部、商务部等七部门联合发布《网络直播营销管理办法(试行)》,对平台主体责任、直播间运营及营销行为画定红线等；2021年，《"十四五"电子商务发展规划》强调"推动社交电商、直播电商、内容电商、生鲜电商等新业态健康发展"，为促进直播电商健康发展，要"健全电子商务行业标准，重点开展直播电商、社交电商、农村电商、海外仓等新业态标准研制"。中共中央、国务院在《质量强国建设纲要》中也指出，要"规范发展网上销售、直播电商等新业态新模式"，"鼓励超市、电商平台等零售业态多元化融合发展"，《国家标准化发展纲要》提出"推进服务业标准化、品牌化建设，健全服务业标准，重点加强食品冷链、现代物流、电子商务、物品编码、批发零售、房地产服务等领域标准化"。商务部在解读实施标准化发展纲要过程中，提出"加大新业态新模式标准研制力度，促进新兴服务业有序发展。重点研制直播电商、社交电商等标准，完善电子商务公共服务标准体系"。

在此基础上，各地方政府为促进直播的产业化发展，也相继出台了一系列行动方案。例如，2020年杭州出台《杭州市商务局关于加快杭州市直播电商经济发展的若干意见》，广州出台《广州市直播电商发展行动方案（2020—2022年）》，济南出台《大力发展电商经济打造直播经济总部基地的实施方案》；2021年，上海发布《上海市推进直播电商高质量发展三年行动计划（2021—2023年）》；2023年，深圳市出台《深圳市推进直播电商高质量发展行动方案（2023—2025年）》，明确壮大直播电商主体、打造"直播＋"产业模式、增强直播电商人才力量、提升直播电商带动效应等四大发展目标等。各地抢抓新一轮内容经济机遇，大力发展电子商务新业态。

政府在出台政策支持直播经济发展的同时，针对直播电商中的乱象，也在加强法治建设，陆续发布一系列管理办法。2019年以来，颁布实施了《中华人民共和国电子商务法》《中华人民共和国网络安全法》《网络直播营销管理办法（试行）》《网络直播营销行为规范》《市场监管总局关于加强网络直播营销活动监管的指导意见》《互联网直播营销信息内容服务管理规定（征求意见稿）》等，并在此基础上发布《电子商务直播售货质量管理规范》（GB/T 41247—2023）、《电子商务企业诚信档案评价规范》（SB/T 11227—2021）、《直播电子商务平台管理与服务规范》（SB/T 11240—2023）、《电子商务可信交易要求》（GB/T 31782—2023）、《电子商务交易产品质量监测实施指南》（GB/T 42893—2023）、《电子商务投诉举报信息分类与代码》（GB/T 42499—2023）等一系列国家及行业标准，另有多项标准正在起草中。

7.1.2 学术研究

随着直播电商的蓬勃发展及政策法规标准的持续跟进,学术界也涌现出丰富的研究成果。与本研究主题相关的文献,主要集中在以下两个方面。

一是直播情境与消费者行为意愿的关系研究,主要有以下观点:生动的沟通语言能够显著正向影响消费者购买意愿[1];增强和优化消费者对直播带货的体验感,以体验为导向设计直播带货的整体流程,丰富直播内容和加强互动,可以唤醒消费者的情绪投入[2];直播的可视性、互动性、真实性和娱乐性对消费者的购买意愿产生推动作用,对消费者感知产生正向影响,而消费者感知又在直播特征和顾客购买意愿之间发挥部分中介作用;电商主播的专业性、吸引力、互动性和知名度,通过心流体验和感知信任,对消费者产生冲动购买意愿发挥正向影响等[3]。由以上研究,可以发现直播过程中的主播特征、互动效果、平台特性等都会与顾客体验及作出购买决策有着相关关系。

二是直播电商中的问题及监管研究。主播引流作为直播电商的重要环节,独立于传统电商的平台、商家、消费者三个主体之外,因此直播电商还包括直播营销平台、主播,甚至包括主播背后的 MCN 机构,复杂的主体构成及运营模式衍生出更多新问题,如主播虚假宣传、营销责任主体不清晰、价格欺诈、产品质量不佳、违法广告、侵权假冒等。另外,主播以内容直播引流的带货模式,会引发内容同质化严重,缺乏营销模式的有效创新与优化,主播过分追求利润而忽略产品质量,为追求流量而弄虚作假等问题[4]。针对直播中的问题,李崧等(2023)认为从我国的立法现状来看,缺乏专门规制"直播带货"的法律,只能根据直播带货行为的性质,根据《中华人民共和国民法典》《中华人民共和国广告法》《中华人民共和国消费者权益保护法》《中华人民共和国电子商务法》等要求对直播带货行为进行规范,需要完善适应于直播电商的

---

[1] 黄文珺,车兰兰. 电商直播情境下消费语言对在线消费者购买意愿的影响研究[J/OL]. 价格月刊:1-8[2024-02-05]. http://kns.cnki.net/kcms/detail/36.1006.F.20240124.1720.002.html.

[2] 肖红波. 直播带货模式下农产品消费者心理体验路径与影响因素分析[J]. 商业经济研究,2024(03):115-118.

[3] 张宝生,张庆普,赵辰光. 电商直播模式下网络直播特征对消费者购买意愿的影响——消费者感知的中介作用[J]. 中国流通经济,2021,35(06):52-61.

[4] 魏剑锋,李孟娜,刘保平. 电商直播中主播特性对消费者冲动购买意愿的影响[J]. 中国流通经济,2022,36(04):32-42.

法律法规，明确各方主体责任，加强监管与执法衔接，引导商家和平台企业规范经营，加强直播消费维权意识。

7.2　直播电商中的不标准现象分析

对标现有政策、法律法规及标准，并结合直播电商的主体要素进行探索，本书针对直播电商中的不标准现象从商户、平台、主播、商品及服务保障四个方面进行分析。

7.2.1　商户方面的不标准现象分析

1. 商户诚信

因直播电商入门门槛低，从业者素质良莠不齐，部分直播电商商户存在偷税漏税、侵犯商标、刷单炒信、虚假宣传等相关问题。中国消费者协会利用互联网舆情监测系统，对 2023 年 10 月 20 日至 11 月 16 日期间相关消费维权情况进行了网络大数据舆情分析。监测期间，有关"直播带货"负面信息高达 1565203 条，占总体负面信息的 47.99%，日均信息量 55900 条，与商户诚信相关的价格优惠争议、虚假宣传、拒绝履行承诺、泄露顾客隐私等问题较为突出[1]。

2. 不正当竞争

随着直播电商的快速发展及相互间的学习模仿，直播间的差异化越来越小，竞争愈加激烈。字节跳动法务部法律研究总监李颖总结，不正当竞争多表现为：直播平台恶意挖角、主播跳槽；数据非法抓取；刷粉刷量、流量造假；虚假宣传；商业诋毁、不当对比；盗播、非法转播；不当有奖销售；账号昵称不当使用等[2]。其原因可归纳为主播及账号等虚拟财产的界定、数据的合理流通与数据合法权益保护的边界界定、竞争创新与商业道德的边界界定等方面的问题，边界不清导致直播电商存在着诸多模糊地带，需要法律及标准进行规范。

---

[1] 网经社. 中消协发布双 11 消费维权舆情报告［EB/OL］. http：//www.100ec.cn/detail—6634167.html，2023 – 11 – 23.

[2] 李颖. 网络直播领域不正当竞争案例分析［EB/OL］. 知产前沿，2023 – 07 – 12. http：//news.sohu.com/a/697184213_120133310.

7.2.2 平台方面的不标准现象分析

直播电商平台利用互联网为商家和带货主播提供技术支持和互动交易服务，并利用算法持续捕捉用户需求，为不同群体提供匹配和交互服务。但是直播平台为获得持续的用户、流量增长及资本注入，存在伙同商家数据造假、恶意侵权、低俗内容、无视商家售卖假冒伪劣产品或违禁物品、泄露隐私等问题。同时，《网络信息内容生态治理规定》中第八条及第九条明确规定，"网络信息内容服务平台应当履行信息内容管理主体责任"，"网络信息内容服务平台应当建立网络信息内容生态治理机制，制定本平台网络信息内容生态治理细则，健全用户注册、账号管理、信息发布审核、跟帖评论审核、版面页面生态管理、实时巡查、应急处置和网络谣言、黑色产业链信息处置等制度"。由此可知，平台对用户及内容具有监管责任。然而，对于直播过程中出现的不当内容及交易纠纷，存在缺乏责任划分及监管失责等现象。

7.2.3 主播方面的不标准现象分析

直播电商平台，体现在主播方面的不标准现象主要包括：部分带货主播过度美化商品，夸大产品性能功效，饥饿营销，误导消费者甚至扭曲事实；也有主播在没有对产品的质量、性能详细了解的情况下进行带货，不能全面、准确展示产品质量情况；此外，还有主播无下限扮丑、"打擦边球"引流、诱导交易等，扭曲人们的价值观、人生观。以上均需要相关标准加以规范引导。目前已形成相关的地方标准如《直播电商从业人员培训规范》（DB 3401/T 307—2023）、《直播销售员人才职业技能要求》（DB 4403/T 381—2023）等，但是还缺乏对主播具体行为的约束规范，且尚未形成对直播从业人员系统化管理的行业标准或者国家标准。

7.3 直播电商标准体系构建

针对上述现象，有必要结合现有标准，并补充必要标准构建直播电商平台运行的标准体系，以便为直播电商的健康可持续发展提供参考。

7.3.1 编制原则

(1) 目标性原则。该标准体系能够对当前直播电商运营中存在的不标准行为起到一定规范作用。

(2) 层次性原则。标准体系中各子体系之间能够形成具有共性和个性特征的层次分明的统一整体。

(3) 协调性原则。标准体系中的各子体系及各标准之间应当相互协调一致，相互依存，发挥标准体系的整体效能。

7.3.2 编制的依据

(1)《中华人民共和国标准化法》《中华人民共和国电子商务法》《中华人民共和国广告法》《中华人民共和国反不正当竞争法》等相关法律法规。

(2)《服务业组织标准化工作指南 第 2 部分：标准体系构建》（GB/T 24421.2—2023）。

(3)《标准体系构建原则和要求》（GB/T 13016—2018）。

7.3.3 标准体系结构图

各子体系间密切联系，相互支撑。其中，直播电商通用基础标准体系（见图 7-1）是直播电商服务保障标准体系和直播电商服务提供标准体系的基础；直播电商服务保障标准体系是直播电商服务提供标准体系的直接支撑，对直播电商服务提供标准体系起到保驾护航的作用；直播电商服务提供标准体系是为规范直播服务提供方及服务受众之间行为活动而建立的体系，是整个标准体系的核心。

```
                                            ┌─ 标准化工作子体系101
                                            ├─ 术语与缩略语子体系102
                    直播电商通用基础标准体系 ──┼─ 符号与标志子体系103
                                            ├─ 数据量和单位子体系104
                                            └─ 测量标准子体系105
```

直播电商服务保障标准体系 ←→ 直播电商服务提供标准体系

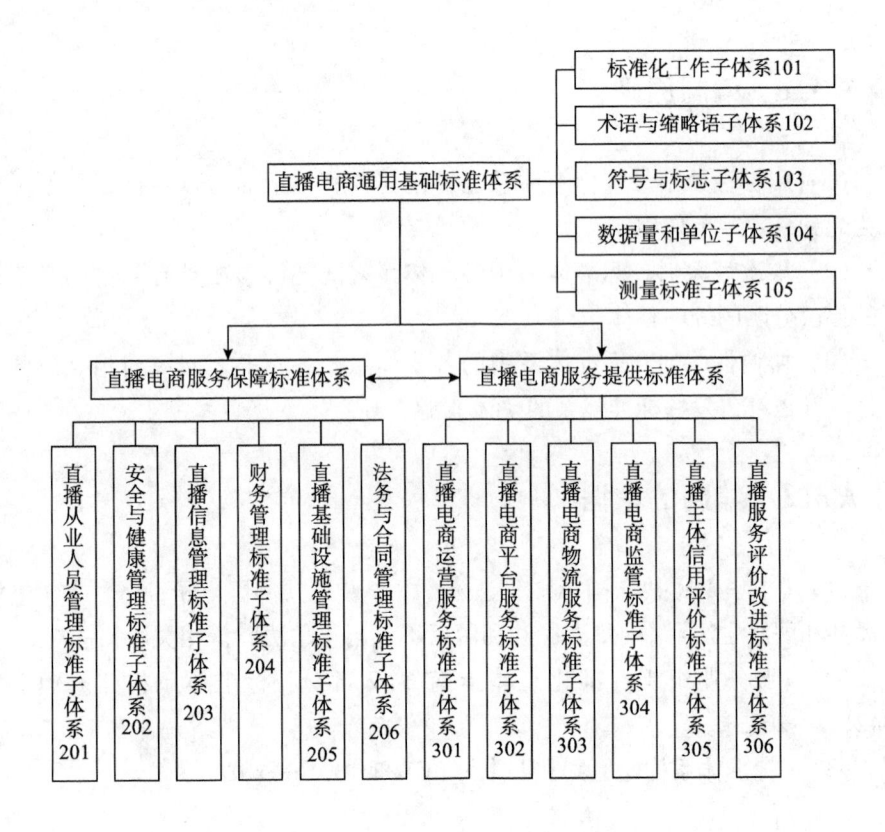

- 直播从业人员管理标准子体系 201
- 安全与健康管理标准子体系 202
- 直播信息管理标准子体系 203
- 财务管理标准子体系 204
- 直播基础设施管理标准子体系 205
- 法务与合同管理标准子体系 206
- 直播电商运营服务标准子体系 301
- 直播电商平台服务标准子体系 302
- 直播电商物流服务标准子体系 303
- 直播电商监管服务标准子体系 304
- 直播主体信用评价标准子体系 305
- 直播服务评价改进标准子体系 306

图 7-1　直接电商通用基础标准体系

7.4　标准明细表

结合直播电商的行业特色及服务业组织标准体系的构建方法，本书将在各子体系中展示具有直播电商特色的标准明细信息。为节约篇幅，部分与其他服务行业通用的标准不在此展示。

7.4.1　直播电商通用基础标准体系

直播电商通用基础标准体系，除需满足《标准化工作导则》（GB/T 1.1—2020）、《服务业组织标准化工作指南》（GB/T 24421—2023）、《企业标准体系表编制指南》（GB/T 13017—2018）等通用要求外，还需在术语与缩略语、数据量和单位、测量标准体系等方面符合电商行业的通用要求，因此，将《电子商务基本术语》（GB/T 18811—2012）、《电子商务质量管理 术语》（GB/T 35408—2017）、《电子商务参与方分类与编码》（GB/T 32875—2016）、《电子商务信用 网络交易信用主体分类》（GB/T 31951—2015）、《售后服务基本术语》（GB/T 34432—2017）、《电子商务软件构件分类与代码》（GB/T 38776—2020）等纳入基础标准体系。因直播电商与传统电商、实体零售的运营模式及产品服务的呈现方式均存在较大差异，其更关注人－货－场的生态链协同质量，故在基础标准体系中，还需要增加直播电商的专业术语、质量管理及测量体系的相关标准，以完善具有直播电商特色的基础标准体系。

表7-1 标准化导则

序号	体系内编号	标准编号	标准名称	发布日期	实施日期	备注
1	DSZB 101.1—2024	GB/T 1.1—2020	标准化工作导则 第1部分：标准的结构和编写	2020/3/31	2020/10/1	现行
2	DSZB 101.2—2024	GB/T 13016—2018	标准体系构建原则和要求	2018/2/6	2018/9/1	现行
3	DSZB 101.3—2024	GB/T 13017—2018	企业标准体系表编制指南	2018/2/6	2018/9/1	现行
4	DSZB 101.4—2024	GB/T 24421.1—2023	服务业组织标准化工作指南 第1部分：基本要求	2023/3/17	2023/3/17	现行
5	DSZB 101.5—2024	GB/T 24421.2—2023	服务业组织标准化工作指南 第2部分：标准体系构建	2023/3/17	2023/3/17	现行
6	DSZB 101.6—2024	GB/T 24421.3—2023	服务业组织标准化工作指南 第3部分：标准编写	2023/3/17	2023/3/17	现行
7	DSZB 101.7—2024	GB/T 24421.4—2023	服务业组织标准化工作指南 第4部分：标准实施及评价	2023/3/17	2023/3/17	现行

表7-2 术语与缩略语标准

序号	体系内编号	标准编号	标准名称	发布日期	实施日期	备注
1	DSZB 102.1—2024	GBZ/T 296—2017	职业健康促进名词术语	2017/9/30	2018/4/15	现行

续表

序号	体系内编号	标准编号	标准名称	发布日期	实施日期	备注
2	DSZB 102.2—2024	GB/T 18811—2012	电子商务基本术语	2012/7/31	2012/11/1	现行
3	DSZB 102.3—2024	GB/T 31951—2015	电子商务信用 网络交易信用主体分类	2015/9/21	2016/1/1	现行
4	DSZB 102.4—2024	GB/T 32875—2016	电子商务参与方分类与编码	2016/8/29	2017/3/1	现行
5	DSZB 102.5—2024	GB/T 35408—2017	电子商务质量管理 术语	2017/12/29	2018/4/1	现行
6	DSZB 102.6—2024	GB/T 38652—2020	电子商务业务术语	2020/3/31	2020/10/1	现行
7	DSZB 102.7—2024	GB/T 26997—2011	非正规教育与培训的学习服务术语	2011/9/29	2011/11/1	现行
8	DSZB 102.8—2024	GB/T 28913—2012	成人教育培训服务术语	2012/10/12	2013/2/1	现行
9	DSZB 102.9—2024	GB/T 34432—2017	售后服务基本术语	2017/10/14	2018/5/1	现行

表7-3 符号与标志标准

序号	体系内编号	标准编号	标准名称	发布日期	实施日期	备注
1	DSZB 103.1—2024	GB/T 38776—2020	电子商务软件构件分类与代码	2020/4/28	2020/11/1	现行

7.4.2 直播电商服务保障标准体系

对于直播电商服务保障标准体系，依据《服务业组织标准化工作指南 第2部分：标准体系构建》（GB/T 24421.2—2023），并结合人、机、料、法、环五要素，本书认为应建立直播从业人员管理标准、直播信息管理标准、直播基础设施管理标准、财务管理标准、法务与合同管理标准、安全与健康管理标准等。其中，直播从业人员管理标准可包括《直播电商人才培训和评价规范》《直播销售员人才职业技能要求》等。直播信息管理标准方面，目前已有电商业态的相关国家标准包括《电子商务业务过程和信息建模指南》（GB/Z 20539—2006）、《电子商务 产品核心元数据》（GB/T 24662—2009）、《电子商

务 企业核心元数据》(GB/T 24663—2009)、《电子商务信用 卖方交易信用信息披露规范》(GB/T 29622—2013)、《信息安全技术 电子文档加密与签名消息语法》(GB/T 31503—2015)、《信息安全技术 公钥基础设施 数字证书策略分类分级规范》(GB/T 31508—2015)、《电子商务产品质量信息规范通则》(GB/T 32866—2016)、《电子商务主体基本信息规范》(GB/T 32873—2016)、《信息安全技术 中小电子商务企业信息安全建设指南》(GB/Z 32906—2016)、《电子商务产品质量信息规范》(GB/T 33992—2017)、《国家物品编码与基础信息通用规范》(GB/T 35403—2017)、《电子商务平台产品信息展示要求》(GB/T 35411—2017)、《电子商务质量信息共享规范》(GB/T 39065—2020)、《快递服务与电子商务信息交换规范》(GB/T 40043—2021)、《电子商务投诉举报信息分类与代码》(GB/T 42499—2023)等。但是，由于直播电商与传统电商在内容推广、算法推荐、知识产权保护、数据信息安全等管理方面均存在较大差异，因此应结合直播电商的特点，增加相应标准或在现有电子商务相关信息管理标准的基础上做出改进。

表7-4 直播电商从业人员管理标准

序号	体系内编号	标准编号	标准名称	发布日期	实施日期	备注
1	DSZB201.1—2024	GB/T 26996—2011	非正规教育与培训的学习服务 学习服务提供者基本要求	2011/9/29	2011/11/1	现行
2	DSZB201.2—2024	GB/T 28914—2012	成人教育培训工作者服务能力评价	2012/10/12	2013/2/1	现行
3	DSZB201.3—2024	GB/T 28915—2012	成人教育培训组织服务通则	2012/10/12	2013/2/1	现行
4	DSZB201.4—2024	GB/T 29359—2012	非正规教育与培训的学习服务质量要求 总则	2012/12/31	2013/5/1	现行
5	DSZB201.5—2024	DB23/T 2954—2021	直播电商人才培训服务规范	2021/8/4	2021/9/3	现行
6	DSZB 201.6—2024	DB4403/T 381—2023	直播销售员人才职业技能要求	2023/11/2	2023/12/1	现行

表7-5 直播信息管理标准

序号	体系内编号	标准编号	标准名称	发布日期	实施日期	备注
1	DSZB 203.1—2024	GB/Z 20539—2006	电子商务业务过程和信息建模指南	2006/9/18	2007/3/1	现行
2	DSZB 203.2—2024	GB/T 24661.2—2009	第三方电子商务服务平台服务及服务等级划分规范 第2部分：企业间（B2B）、企业与消费者间（B2C）电子商务服务平台	2009/11/15	2010/2/1	现行
3	DSZB 203.3—2024	GB/T 24661.3—2009	第三方电子商务服务平台服务及服务等级划分规范 第3部分：现代物流服务平台	2009/11/15	2010/2/1	现行
4	DSZB 203.4—2024	GB/T 24662—2009	电子商务 产品核心元数据	2009/11/15	2010/2/1	现行
5	DSZB 203.5—2024	GB/T 24663—2009	电子商务 企业核心元数据	2009/8/21	2010/2/1	现行
6	DSZB 203.6—2024	GB/T 26839—2011	电子商务 仓单交易模式规范	2011/7/29	2011/12/1	现行
7	DSZB 203.7—2024	GB/T 29622—2013	电子商务信用 卖方交易信用信息披露规范	2013/7/19	2013/11/30	现行
8	DSZB 203.8—2024	GB/T 31503—2015	信息安全技术 电子文档加密与签名消息语法	2015/5/15	2016/1/1	现行
9	DSZB 203.9—2024	GB/T 31508—2015	信息安全技术 公钥基础设施 数字证书策略分类分级规范	2015/05/15	2016/1/1	现行

续表

序号	体系内编号	标准编号	标准名称	发布日期	实施日期	备注
10	DSZB 203.10—2024	GB/T 32866—2016	电子商务产品质量信息规范通则	2016/8/29	2016/12/1	现行
11	DSZB 203.11—2024	GB/T 32873—2016	电子商务主体基本信息规范	2016/8/29	2017/3/1	现行
12	DSZB 203.12—2024	GB/Z 32906—2016	信息安全技术 中小电子商务企业信息安全建设指南	2016/8/29	2017/3/1	现行
13	DSZB 203.13—2024	GB/T 33992—2017	电子商务产品质量信息规范	2017/7/12	2018/2/1	现行
14	DSZB 203.14—2024	GB/T 35403.1—2017	国家物品编码与基础信息通用规范 第1部分：总体框架	2017/12/29	2018/7/1	现行
15	DSZB 203.15—2024	GB/T 35403.2—2018	国家物品编码与基础信息通用规范 第2部分：消费品	2018/9/17	2019/4/1	现行
16	DSZB 203.16—2024	GB/T 35403.3—2018	国家物品编码与基础信息通用规范 第3部分：生产资料	2018/3/15	2018/10/1	现行
17	DSZB 203.17—2024	GB/T 36318—2018	电子商务平台数据开放 总体要求	2018/6/7	2018/10/1	现行
18	DSZB 203.18—2024	GB/T 37401—2019	电子商务平台服务保障技术要求	2019/5/10	2019/12/1	现行
19	DSZB 203.19—2024	GB/T 39065—2020	电子商务质量信息共享规范	2020/7/21	2021/2/1	现行
20	DSZB 203.20—2024	YD/T 1245—2002	基于移动环境的电子商务应用层协议（非购物型）	2002/12/10	2002/12/10	现行

续表

序号	体系内编号	标准编号	标准名称	发布日期	实施日期	备注
21	DSZB 203.21—2024	YD/T 1322.1—2004	电子商务技术要求 第1部分：基于扩充标记语言（XML）的企业对消费者（B2C）电子商务总体框架	2004/8/4	2005/1/1	现行
22	DSZB 203.22—2024	YD/T 1322.2—2004	电子商务技术要求 第2部分：支付网关	2004/8/4	2005/1/1	现行
23	DSZB 203.23—2024	YD/T 1322.3—2004	电子商务技术要求 第3部分：证书及认证系统	2004/8/4	2005/1/1	现行
24	DSZB 203.24—2024	YD/T 1322.4—2004	电子商务技术要求 第4部分：票据的表示层句法	2004/8/4	2005/1/1	现行
25	DSZB 203.25—2024	GB/T 40043—2021	快递服务与电子商务信息交换规范	2021/4/30	2021/8/1	现行
26	DSZB 203.26—2024	GB/T 42499—2023	电子商务投诉举报信息分类与代码	2023/3/17	2023/7/1	现行

表7-6　直播电商基础设施管理标准

序号	体系内编号	标准编号	标准名称	发布日期	实施日期	备注
1	DSZB 205.1—2024	DB3301/T 0350—2021	绿色直播间管理规范	2021/11/30	2020/12/30	现行
2	DSZB 205.2—2024	DB3301/T 0342—2021	公共资源交易开标直播平台管理服务规范	2021/9/15	2020/10/15	现行
3	DSZB 205.3—2024	SB/T11198—2017	商贸物流园区建设与运营服务规范	2017/8/21	2018/06/01	现行
4	DSZB 205.4—2024	SB/T11240—2023	直播电子商务平台管理与服务规范	2023/10/21	2024/6/01	发布
5	DSZB 205.5—2024	DB23/T3372—2022	直播电商共享基地建设与运营评价规范	2022/11/25	2022/12/24	现行

7.4.3　直播电商服务提供标准体系

直播电商服务提供标准体系是整个直播电商标准体系的核心，从运营、监管、评价与改进三个方面建立标准子体系。其中，主播作为直播电商的核心要素，应对其语言及行为进行规范化管理。我国于2022年发布了《网络主播行为规范》，并有团体标准《电子商务直播营销人员管理规范》（T/ZEA 007—2020），另有国家标准《电子商务直播售货质量管理规范》（GB/T 41247—2023）、行业标准《直播电子商务平台管理与服务规范》（SB/T 11240—2023）、地方标准《绿色直播间管理规范》（DB3301/T 0350—2021）等对直播电商销售过程的规范化管理进行引导。在直播电商基础设施及平台服务提供方面，构建包括《电子商务平台商家入驻审核规范》（GB/T 35409—2017）、《农村电子商务服务站（点）服务与管理规范》（GB/T 38354—2019）、《商贸物流园区建设与运营服务规范》（SB/T 11198—2017）、《直播电商共享基地建设与运营评价规范》（DB23/T 3372—2022）、《电子商务平台运营与技术规范》（GB/T 31524—2015）等标准的子体系。

对于直播电商的监管，政府鼓励直播平台自律自治，但单一平台的治理可能存在标准不一、伙同造假、监管失责、劣币驱除良币等一系列不良后果，因此需要从国家或行业层面建立跨平台、多主体协同治理机制的标准进行监管。目前，已编制《电子商务交易产品质量网上监测规范》（GB/T 37538—2019）、《电子商务产品质量监测抽样方法》（GB/T 38358—2019）等。但是以上标准都是针对电商情境中"货"的质量监测，对于直播电商运营中"人"及"场"的监测机制尚未形成，而这往往又是直播电商中的监管难点，亟须加强监管对象的界定、监管队伍人才建设、监管工具手段的使用等，在这些方面建立相关标准加以规范。

在直播电商的评价与改进方面，建议参考《基于电子商务活动的交易主体 企业信用评价指标与等级表示规范》（GB/T 26842—2011）、《基于电子商务活动的交易主体 个人信用评价指标体系及表示规范》（GB/T 28041—2011）、《电子商务供应商评价准则 优质制造商》（GB/T 30698—2014）、《电子商务供应商评价准则 优质服务商》（GB/T 36313—2018）、《电子商务平台服务质量评价与等级划分》（GB/T 31526—2015）等进行评价，专门针对直播电商的标准《直播电商服务质量的信息监测与评价规范》（GB/T 44207—

2024）即将实施。

表7-7 直播电商运营服务标准

序号	体系内编号	标准编号	标准名称	发布日期	实施日期	备注
1	DSZB 301.1—2024	GB/T 17242—1998	投诉处理指南	1998/3/6	1998/10/1	现行
2	DSZB 301.2—2024	GB/T 19013—2021	质量管理 顾客满意 组织外部争议解决指南	2021/8/20	2021/12/1	现行
3	DSZB 301.3—2024	GB/T 31524—2015	电子商务平台运营与技术规范	2015/5/15	2015/12/1	现行
4	DSZB 301.4—2024	GB/T 34827—2017	电子商务信用 第三方网络零售平台交易纠纷处理通则	2017/11/1	2018/2/1	现行
5	DSZB 301.5—2024	GB/T 35409—2017	电子商务平台商家入驻审核规范	2017/12/29	2018/7/1	现行
6	DSZB 301.6—2024	GB/T 35411—2017	电子商务平台产品信息展示要求	2017/12/29	2018/7/1	现行
7	DSZB 301.7—2024	GB/T 36061—2018	电子商务交易产品可追溯性通用规范	2018/3/15	2018/10/1	现行
8	DSZB 301.8—2024	GB/T 36302—2018	电子商务信用 自营型网络零售平台信用管理体系要求	2018/6/7	2018/10/1	现行
9	DSZB 301.9—2024	GB/T 36310—2018	电子商务模式规范	2018/6/7	2018/10/1	现行
10	DSZB 301.10—2024	GB/T 36311—2018	电子商务管理体系 要求	2018/6/7	2018/10/1	现行
11	DSZB 301.11—2024	GB/T 38354—2019	农村电子商务服务站（点）服务与管理规范	2019/12/31	2019/12/31	现行
12	DSZB 301.12—2024	GB/T 41247—2023	电子商务直播售货质量管理规范	2023/8/6	2023/10/1	现行
13	DSZB 301.13—2024	DB23/T 2953—2021	直播电商共享基地建设和运营规范	2021/8/4	2021/9/3	现行
14	DSZB 301.14—2024	DB4210/T 43—2021	农村电商（物流）综合服务站建设与运营规范	2021/11/30	2021/12/24	现行

表7-8 直播电商监管标准

序号	体系内编号	标准编号	标准名称	发布日期	实施日期	备注
1	DSZB 304.1—2024	GB/T 31232.1—2018	电子商务统计指标体系 第1部分：总体	2018/6/7	2018/10/1	现行
2	DSZB 304.2—2024	GB/T 31232.2—2014	电子商务统计指标体系 第2部分：在线营销	2014/9/30	2015/4/15	现行
3	DSZB 304.3—2024	GB/T 37538—2019	电子商务交易产品质量网上监测规范	2019/6/4	2020/1/1	现行
4	DSZB 304.4—2024	GB/T 37550—2019	电子商务数据资产评价指标体系	2019/6/4	2020/1/1	现行
5	DSZB 304.5—2024	GB/T 38358—2019	电子商务产品质量监测抽样方法	2019/12/31	2020/7/1	现行
6	DSZB 304.6—2024	SB/T 10821—2012	网络团购企业管理规范	2012/12/20	2013/6/1	现行
7	DSZB 304.7—2024	T/ZEA 007—2020	电子商务直播营销人员管理规范	2020/7/14	2020/7/14	现行
8	DSZB304.8—2024	DB3203/T 1035—2023	网络直播营销管理规范	2023/10/13	2023/11/1	现行

表7-9 评价与改进标准

序号	体系内编号	标准编号	标准名称	发布日期	实施日期	备注
1	DSZB 306.1—2024	GB/T 19018—2017	质量管理 顾客满意 企业-消费者电子商务交易指南	2017/10/14	2018/5/1	现行
2	DSZB 306.2—2024	GB/T 26842—2011	基于电子商务活动的交易主体 企业信用评价指标与等级表示规范	2011/7/29	2011/12/1	现行
3	DSZB 306.3—2024	GB/T 28041—2011	基于电子商务活动的交易主体 个人信用评价指标体系及表示规范	2011/10/31	2012/2/1	现行

续表

序号	体系内编号	标准编号	标准名称	发布日期	实施日期	备注
4	DSZB 306.4—2024	GB/T 30698—2014	电子商务供应商评价准则 优质制造商	2014/12/31	2015/8/1	现行
5	DSZB 306.5—2024	GB/T 31482—2015	品牌价值评价 电子商务	2015/5/15	2016/1/1	现行
6	DSZB 306.6—2024	GB/T 31526—2015	电子商务平台服务质量评价与等级划分	2015/5/15	2015/12/1	现行
7	DSZB 306.7—2024	GB/T 34051—2017	电子商务商品口碑指数评测规范	2017/7/31	2018/2/1	现行
8	DSZB 306.8—2024	GB/T 36313—2018	电子商务供应商评价准则 优质服务商	2018/6/7	2018/10/1	现行
9	DSZB 306.9—2024	GB/T 36315—2018	电子商务供应商评价准则 在线销售商	2018/6/7	2018/10/1	现行
10	DSZB 306.10—2024	SB/T 10411—2007	商务策划评价规范	2007/1/25	2007/5/1	现行
11	DSZB 306.11—2024	SB/T 10907—2012	网店信用评估要素指南	2013/1/23	2013/9/1	现行
12	DSZB 306.12—2024	SB/T 11051—2013	电子商务信用评价指标体系 网络零售	2014/4/6	2014/12/1	现行
13	DSZB 306.13—2024	SB/T 11052—2013	电子商务售后服务评价准则	2014/4/6	2014/12/1	现行
14	DSZB 306.14—2024	T/FJTA 001—2018	电子商务培训讲师资质等级与评定规范	2018/8/1	2018/11/1	现行
15	DSZB 306.15—2024	20214964-T-469	直播电商服务质量的信息监测与评价规范	2024/7/24	2024/11/1	即将实施

7.5 结　语

对直播电商建立标准体系，有利于发挥标准的"软法"作用，减少直播电商行业的模糊空间，使直播电商从无序发展全面转向规范化发展。近年针对直播电商领域陆续制定和修订了相关标准，但是尚未形成体系，还有许多模糊地带。本书基于现有国家标准、行业标准等构建标准体系明细表，旨在反映直播电商行业的标准概貌，同时，为后续基于 PDCA 循环对标准开展制定和修订工作、进一步健全现有标准体系提供参考。

第8章 结论与展望

8.1 研究结论

研究将商品质量属性作为影响因素考虑在内,以对新零售模式中的商品质量管控为目的,对顾客在新零售模式中的动态购物行为进行了分析。首先通过查阅文献,对新零售模式进行界定,结合该零售模式的特征将顾客全过程的购物行为划分为购前、购买和购后三个阶段。从商品质量属性、顾客偏好及渠道特征三个方面实证分析了各因素对顾客每个阶段的渠道选择行为的影响方向及程度,从而明确了在新零售模式下顾客购物行为的影响机理。另外,根据专家意见法及AHP法对商品质量属性与线上(相对于线下)渠道的匹配度进行了量化赋值。

在此基础上,根据顾客价值理论及系统动力学理论,通过不断调整商品质量属性及顾客偏好度的赋值,对顾客在新零售模式下的购物行为进行了动态模拟仿真,并据此提出在顾客购物各阶段,不同质量属性的商品在线上与线下渠道间"量"的匹配策略。另外,为了对不同属性的商品进行质量管控,本研究以顾客行为中的评论作为切入点,选取了四个国内知名网购平台上的八类商品作为研究对象,利用SOM方法,挖掘分析了顾客对各类商品的质量关注点及情感极性,并据此针对不同质量属性的商品提出"质"的管控策略。通过以上研究,本书得到以下主要结论。

第一,顾客在新零售模式下的购物行为,具体包括购前的搜索、咨询,购买的支付、交易、体验,购后的收货、使用、维修、退换货及评论等活动,渠道选择行为贯穿购物全过程的始终。商品质量是商品在一定使用条件下,适合于其用途所需要的各种特性的综合。结合新零售模式,任何商品都可以看作可感知性、功能性、安全性及经济性等属性的综合。经过实证分析，以此定义为基础，商品质量属性对顾客在购前及购买阶段选择线上渠道（相对于线下）存在显著正向影响，而与购后阶段顾客选择线上渠道的正向影响较弱，侧面反映了新零售商在购后的服务质量有待于提升。

第二，基于实证分析的结果，采用层次分析法及专家意见法对商品质量属性与线上渠道的匹配度、顾客的渠道偏好以及渠道服务质量进行评价，形成"商品质量影响因子""顾客网络偏好度"以及"线上服务质量"三个变量的线性方程。以服装、图书、电脑、洗衣机、香水、药品等六类具有明显差异且线上线下综合销量较高的商品为例，代入线性方程获得了各商品质量综合赋分（如香水3.13、服装4.03、电脑5.51、图书9.11等），从而量化分析了各类质量属性的商品与线上渠道的匹配程度。

第三，基于顾客价值理论建立了顾客的购物行为系统，整个系统按照购物阶段，可以分为购前子系统、购买子系统及购后子系统。将商品质量属性、顾客偏好及渠道服务质量作为系统的自变量，线上搜索量、线上购买量及线上好评数作为存量流量图中的累积变量，通过不断改变三个自变量的组合方式，对顾客行为系统进行动态模拟仿真，发现以下结果。

（1）在购前阶段，质量综合赋分越高的商品，顾客选择线上渠道进行搜索的概率也就越高。另外，顾客选择线上渠道搜索的概率也会受到零售商线上服务质量的影响，当零售商提高服务质量，则顾客在线上搜索的概率也会随之变高，并且，商品质量综合赋分越低的商品，顾客选择线上搜索的概率增长的幅度会越大。

（2）在购买阶段，质量综合赋分越高的商品，顾客的线上搜索转化率越高。同时，零售商的线上服务质量可以提高顾客的线上搜索转化率。对于质量综合赋分越低的商品，线上服务质量的作用越凸显。另外，顾客在线上至线下渠道的购买转移率也会因商品质量属性而存在差异，质量综合赋分越高的商品，顾客的购买转移率会相对越低。当零售商提高线上服务质量，购买转移率会逐步降低，商品质量综合赋分越高，线上服务质量对它的顾客转移率影响越大。

（3）在购后阶段，质量综合赋分越高的商品，顾客越容易给予好评。当零售商提高服务质量时，顾客给予好评的概率会提高，质量综合赋分越高的商品，顾客好评对零售商服务质量的反映越灵敏，从而越容易吸引来更多的顾客量。

第四，评论是一种最能反映顾客心理感受的显性行为。研究选取了八类质量属性各异的商品，通过 Python3.6 及 ICTCLA 系统对国内四大知名网购平台的顾客评论进行挖掘，然后采用 SOM 法量化分析了顾客对各类商品质量属性的关注度及情感极性，并提出相应的管控策略。结果如下。

（1）顾客对手机、电脑等数码类商品的功能质量最为关注，但情感极性表现较差，按照四分图分析法，这属于亟待改进的区域；其次是对这类商品外观质量较为关注，情感极性的表现较好，需要继续保持；另外，顾客对这类商品的安全性及经济耐用性的关注，相对低于功能质量和外观质量，但是顾客对这两个属性的情感极性结果表现也较差，需要改进，提升服务质量可以作为提高顾客情感极性的途径之一。

（2）顾客对洗衣机、热水器等家电类商品的功能性质量关注度最高，且情感极性表现也较高，属于需要保持的区域；其次是对这类商品经济耐用性的关注度也较高，但是情感极性表现较差，属于亟待提升的区域；另外，顾客对这类商品安全性及外观质量的关注度，相对低于对功能性及经济耐用性的关注，其中顾客对外观质量的情感极性较高，对安全性的情感极性受到品牌及商家服务质量的影响。

（3）顾客对药品等保健类商品的功能质量关注度最高；其次是对安全性的关注度，情感极性表现也处于较高水平，属于需要继续保持的区域；另外，顾客对经济耐用性的关注度较高，但是情感极性表现较差，属于需要改进提升的区域；顾客对这类商品外观质量的关注，相对于其他属性处于最低，同时情感极性表现也较低。

（4）顾客对服装鞋帽等穿着类商品的外观质量关注度最高，其次是对舒适、保暖、吸汗等功能质量的关注度较高，对以上两个属性的情感极性表现较好，但仍有较大改进区间；另外，顾客对这类商品的安全性（是否正品等）和经济（实惠）性的情感极性表现较差，属于亟待提升的区域。

（5）对于图书等标准化程度较高的商品，顾客对这类商品的外观质量及（内容）功能质量关注度最高，情感极性也较高；对经济（实惠）性的关注度低于前两个属性，顾客对该属性也表现为较满意；对"是否正品"的安全性关注度较高，但是情感极性表现较差，属于亟待监管提升的区域。

（6）对于香水等享乐性商品，顾客对这类商品的享乐功能性表现最为关注，且情感极性表现较高；对于外观质量及描述一致性的表现关注较高，但是情感极性表现较差，亟待提升；对于经济（实惠）性的关注度最低，同时对该属性的情感极性表现也较低，属于需要改进的区域。

8.2 管理启示

数字经济时代，顾客全过程的购物行为是零售商及其他相关方对商品进行质量管控的重要依据。本书将商品质量属性作为影响因素考虑在内，出于新零售模式下商品质量管控的目的，对顾客的动态购物行为进行研究，对新形势下的顾客行为理论以及商品质量管控理论的发展具有一定的参考价值。另外，为相关方如何对不同渠道的商品质量进行管控也带来一定的管理启示。

首先，通过实证分析，确定了商品质量属性、顾客特征与渠道服务质量是顾客在新零售模式中渠道选择行为的主要影响因素，零售商应结合这些因素在线上和线下渠道间合理做出匹配。根据分析结果，应在线上渠道投送可感知性、安全性、经济性等质量属性表现较强的商品，商品质量的功能性表现对渠道影响不大。在具体匹配操作上，可参考本研究提供的量化方法确定每类商品与线上渠道的匹配度，以此为据，在不同渠道确定投放比例，从"量"的角度对不同商品在渠道间的分布进行管控，从而避免供需错配，降低渠道冲突。

其次，新零售模式的主要特点便是渠道间的无缝对接，顾客根据其感知价值会在购买过程中发生渠道迁移。为留住顾客，避免顾客流失至其他商家，新零售商应提升线上线下的衔接服务质量。具体的操作，可以从降低顾客转移成本、提高商品质量保障能力、降低顾客感知风险、提高咨询及售后服务质量等方面开展。另外，通过对顾客在购物全过程的行为进行动态模拟可知，顾客对不同质量属性的商品，在线上进行搜索、购买及发生渠道转移的概率是有规律可循的，这些规律将有助于零售商对渠道间的商品分布做出有计划的调控。

另外，通过从顾客评论中挖掘顾客对各类商品质量的关注度及情感极性，以四分图的方式确定了对各类商品质量的管控侧重点。例如，对于数码、家电等商品，相关方应重视对其功能性质量的提升，同时注意提供更高水平的服务质量，以减少顾客抱怨；对于服装鞋帽等穿着类商品，应进一步改进外观、提升功能性质量，从而提高顾客满意程度；对于药品等医疗保健类商品，则需要提高包装、信息展示等外观质量，以及送货服务质量，从而减少顾客抱怨等。这些管控措施将为相关方带来具体可行的管理依据，同时，明确管控的关键点，也更有利于有针对性地提高管理效果，进而提高顾客满意。

8.3 研究局限与展望

本书的研究主旨是数字经济时代基于顾客需求的商品质量管理策略。新零售模式开展得如火如荼，但是该模式下的顾客行为及需求理论基础较薄弱。另外，将商品质量属性作为影响因素考虑在内，并以商品质量管控为目的对顾客行为及需求进行研究的可借鉴文献更是匮乏，因此，本研究只是对该领域研究的初探，在很多问题上还需要展开更为系统、深入的探讨。

首先，顾客行为是一个复杂的动态系统，尤其在新零售模式中。为了简化系统模型，本书将研究对象界定为顾客在一个新零售商处的动态购物行为，其中购物过程中发生的迁移也只是在这一个零售商的线上和线下渠道间的迁移，而现实情况中，顾客的迁移不仅包括在同一零售商处发生的渠道迁移，还包括不同零售商之间的迁移，顾客有可能在购物过程中转往其他商家。因此，为了使模型更能真实反映现实情况，在未来的研究中应该考虑在模型中引入多个零售商，对复杂环境下的顾客动态购物行为进行探索。

其次，研究以顾客感知价值理论为依据，对顾客的动态购物行为进行仿真，并首次得出顾客在各购物阶段的量化指标。顾客所感知的价值受到顾客主观因素的影响，个体差异较大。本书通过查阅参考文献，并结合当前的大量市场数据进行拟合，获得各指标的量化公式，但是当技术环境或顾客购物习惯发生改变时，有可能会影响该量化分析的结果。为使模型中所建立的指标能够紧跟时代发展的步伐，还需要不断跟进完善。

另外，研究根据顾客的动态购物行为中所体现的规律特征，对各类商品的质量提出有针对性的管控策略。但是，在具体的操作方法上如何进行管控？由谁来进行管控？管控到什么程度，才能够达到顾客满意？这些问题还需要进一步的研究探索，这将在后续研究中得以完善，形成从"体"到"面"再到"点"的商品质量管控体系。

附录1 顾客评论爬虫程序编码

```
# -*- coding:utf-8 -*-
import requests
import re
import json
import sys
import xlwt

reload(sys)
sys.setdefaultencoding('utf8')

#新建excel文件
wb = xlwt.Workbook(encoding='utf-8')
ws_phone = wb.add_sheet('手机')
ws_computer = wb.add_sheet('电脑')
ws_perfume = wb.add_sheet('香水')
ws_uniqlo = wb.add_sheet('优衣库')
ws_drug = wb.add_sheet('药品')
ws_book = wb.add_sheet('图书')

def setHeader(ws):
    ws.write(0, 0, "评价")
    ws.write(0, 1, "日期")

setHeader(ws_phone);
setHeader(ws_computer);
setHeader(ws_perfume);
```

```
setHeader（ws_uniqlo）;
setHeader（ws_drug）;
setHeader（ws_book）;

def tmall（url, ws, loop = 1, row = 1）:
    # 循环抓取数据
    content = requests.get（url + "%s"%loop）.text
    print content
    try:
        json_data = json.loads（"{" + content + "}"）
        # 循环输出 json 内容
        for data in json_data ['rateDetail']['rateList']:
            ws.write（row, 0, data ['rateContent']）
            ws.write（row, 1, data ['rateDate']）
            row = row + 1
        if loop < json_data ['rateDetail']['paginator']['lastPage']:
            tmall（url, ws, loop + 1, row）;
    except Exception as e:
        print e
        tmall（url, ws, loop + 1, row）;

# phone https://rate.tmall.com/list_detail_rate.htm?itemId = 555605464769&spuId = 860171765&sellerId = 2616970884&order = 3&currentPage =
# https://detail.tmall.com/item.htm? spm = a220m.1000858.1000725.36.186f5585RHLRaD&id = 555605464769&skuId = 3596856922594&areaId = 370100&user_id = 2616970884&cat_id = 2&is_b = 1&rn = aa6d53bdcaa1e7c78b7dd98e67751da8


# computer https://rate.tmall.com/list_detail_rate.htm?itemId = 543817340742&spuId = 717756673&sellerId = 379092568&order = 3&currentPage =
# https://detail.tmall.com/item.htm? spm = a220m.1000858.1000725.67.2c4c27f8ps1wJa&id = 543817340742&skuId = 3274129832780&areaId = 370100&standard = 1&user_id = 379092568&cat_id = 2&is_b = 1&rn = 9031a092d47d39f925770779284cfdd8


# perfume https://rate.tmall.com/list_detail_rate.htm?itemId = 37701962215&spuId = 276362106&sellerId = 1993774412&order = 3&currentPage =
```

```
# https://detail.tmall.hk/hk/item.htm?spm=a220m.1000858.1000725.1.342d75
dddYDpWn&id=37701962215&skuId=53774587916&areaId=370100&standard=1&user_id=
1993774412&cat_id=2&is_b=1&rn=a7a08e7308764df38f425f5038676ef5

# uniqlo https://rate.tmall.com/list_detail_rate.htm?itemId=553406173051&spuId=
857598172&sellerId=196993935&order=3&currentPage=
# https://detail.tmall.com/item.htm?spm=a230r.1.14.41.55d908c3BMTGEj&id=
553406173051&ns=1&abbucket=10


# drug https://rate.tmall.com/list_detail_rate.htm?itemId=539855039083&spuId=
266367911&sellerId=2928278102&order=3&currentPage=
# https://detail.liangxinyao.com/item.htm?spm=a220o.1000855.1998099587.4.3968
18c90ODlkn&id=539855039083&bi_from=tm_comb


# book https://rate.tmall.com/list_detail_rate.htm?itemId=535816887224&spuId=
688238192&sellerId=832978172&order=3&currentPage=
# https://detail.tmall.com/item.htm?spm=a220m.1000858.1000725.1.50495ac9Bnq
3Yk&id=535816887224&areaId=370100&standard=1&user_id=832978172&cat_id=
50108209&is_b=1&rn=b7aeeeeb14cc1d38a664886be2672e7c


tmall("https://rate.tmall.com/list_detail_rate.htm?itemId=555605464769&spuId=
860171765&sellerId=2616970884&order=3&currentPage=",ws_phone)
tmall("https://rate.tmall.com/list_detail_rate.htm?itemId=543817340742&spuId=
717756673&sellerId=379092568&order=3&currentPage=",ws_computer)
tmall("https://rate.tmall.com/list_detail_rate.htm?itemId=37701962215&spuId=
276362106&sellerId=1993774412&order=3&currentPage=",ws_perfume)
tmall("https://rate.tmall.com/list_detail_rate.htm?itemId=553406173051&spuId=
857598172&sellerId=196993935&order=3&currentPage=",ws_uniqlo)
tmall("https://rate.tmall.com/list_detail_rate.htm?itemId=539855039083&spuId=
266367911&sellerId=2928278102&order=3&currentPage=",ws_drug)
tmall("https://rate.tmall.com/list_detail_rate.htm?itemId=535816887224&spuId=
688238192&sellerId=832978172&order=3&currentPage=",ws_book)

#保存excel文件
wb.save('example.xls')
```

附录2 质量属性提取 Python 源代码

```python
# -*- coding:utf-8 -*-
"""
Created on Wed Oct 18 19:57:47 2017
字符分类提取测试
"""
#使用 pynlpir 包
import pynlpir
pynlpir.open()

#增加用户词典
from ctypes import c_char_p
pynlpir.nlpir.AddUserWord(c_char_p("客服".encode()))

#改变工作目录
import os
os.chdir("C:\\Users\\Plxh\\Desktop\\Recent\\SOM")

#读取 excel
import xlrd
data = xlrd.open_workbook('Reviews.xlsx')
table = data.sheets()[0]

#读取评论信息
reviews = []
for i in range(table.nrows):
    reviews.append(table.cell(i,0).value)
```

```
#词性分类
reviews_nlpir = [ ]
for j in range(len(reviews)):
    reviews_nlpir.append(pynlpir.segment(reviews[j], pos_names = 'child', pos_english = False))
#原始参考：
# ss = pynlpir.segment(s, pos_names = 'all', pos_english = False)

#名词全体
reviews_allnoun = [ ]
for i in range(len(reviews_nlpir)):
    for j in range(len(reviews_nlpir[i])):
        # flag = 0;
        if reviews_nlpir[i][j][1] == '名词' or reviews_nlpir[i][j][1] == '名词性惯用语' or reviews_nlpir[i][j][1] == '名词性语素':
            reviews_allnoun.append(reviews_nlpir[i][j][0])
            #flag = flag + 1
#名词排序
list.sort(reviews_allnoun)

#名词去重
reviews_neednoun = [ ]
for i in reviews_allnoun:
    if not i in reviews_neednoun:
        reviews_neednoun.append(i)

#整理每条评论出现的名词
reviews_sort = [[] for k in range(len(reviews_nlpir))] # 生成二维数组
for i in range(len(reviews_nlpir)):
    for j in range(len(reviews_nlpir[i])):
        # flag = 0;
        if reviews_nlpir[i][j][1] == '名词' or reviews_nlpir[i][j][1] == '名词性惯用语' or reviews_nlpir[i][j][1] == '名词性语素':
            reviews_sort[i].append(reviews_nlpir[i][j][0])
```

```
        #flag = flag + 1

#统计各评论中全体名词出现的次数
mat = [[] for k in range(len(reviews_sort))]
for noun in reviews_neednoun:
    # if noun in reviews_sort[0]:
    # reviews_mat[0].append(noun,reviews_sort[0].count(noun))
    for i in range(len(reviews_sort)):
        mat[i].append(reviews_sort[i].count(noun))

#数据输出
'''
import xlwt
f = xlwt.Workbook()#创建工作簿
sheet1 = f.add_sheet(u'sheet1',cell_overwrite_ok=True)#创建sheet
for i in range(len(mat)):
    for j in range(len(mat[i])):
        sheet1.write(i,j,mat[i][j])
f.save('mat.xls')
#bytes('zifuchuang',encoding='utf-8')
#列数不够,改 csv 格式
'''


import csv
csvfile = open('csv.csv','w')    #打开方式还可以使用file对象
writer = csv.writer(csvfile,dialect='excel')
for i in range(len(mat)):
    writer.writerow(mat[i])


csvfile.close()

#输出名词种类
File = open("hello","w")
for Index in reviews_neednoun:
    File.write(Index + "\\n")
File.close()
```

参考文献

[1] Tony Ahn, Seewon Ryu, Ingoo Han. The impact of the online and offline features on the user acceptance of internet shopping malls. Electronic Commerce Research and Applications, 2004, 3 (4): 405 – 420.

[2] Ajzen I. The theory of planned behavior [J]. Research in Nursing & Health, 1991, 14 (2): 137.

[3] Alba J, Lynch J, Weitz B, Janiszewski C, Lutz R, Sawyer A, Wood S. Interactive home shopping: consumer, retailer, and manufacturer incentives to participate in electronic marketplaces. Journal of Marketing, 1997, 61 (7): 38 – 53.

[4] Amar Cheema, Purushottam Papatla. Relative importance of online versus offline information for Internet purchases: Product category and Internet experience effects [J]. Journal of Business Research, 2010 (63): 979 – 985.

[5] Rick Andrews, Imran Currim. Behavioral Differences Between Consumers Attracted to Shopping Online vs. Traditional Supermarkets: Implications for Enterprise Design and Marketing Strategy [J]. International Journal of Marketing & Advertising, 2004, 1 (1): 38 – 61.

[6] Antonio J V J, Francisco J L M, Maria M F. Measuring Perceptions of Quality in Food Products: the Case of Red Wine [J]. Food Quality and Preference, 2004, 15: 453 – 469.

[7] Ashworth C J, Schmidt R Ä, Pioch E A, et al. An approach to sustainable 'fashion' e – retail: A five – stage evolutionary strategy for 'Clicks – and – Mortar' and 'Pure – Play' enterprises [J]. Journal of Retailing & Consumer Services, 2006, 13 (4): 289 – 299.

[8] S Balasubramanian, R Raghunathan, V Mahajan. Consumers in a multichannel environment: Product utility, process utility, and channel choice [J]. Journal of Interactive Marketing, 2005, 19 (2): 12 – 30.

[9] Bhatnagar A, Misra S, Rao H R. On risk, convenience, and Internet shopping behavior [J]. Communications of the Acm, 2000, 43 (11): 98 – 105.

[10] Blattberg, Robert C, Byung – Do Kim, Scott A Neslin. Database Marketing: Analyzing and Managing Customers [M]. New York: Springer + Business Media LLC (Chapter 28),

2008: 607 - 633.

[11] Bloch. The effect of the brand on perceived quality of food products [J]. British Food Journal, 1986, 105 (10): 811 - 825.

[12] Brown S. Tiocfaidhar la: introduction to the special issue [J]. Journal of Strategic Marketing, volume, 2006, 14: 1 - 9 (9).

[13] Butler J C, Dyerb J S, Tomak K. Enabling e - transactions with multi - attribute preference models [J]. European Journal of Operational Research, 2008, 186 (2): 748 - 765.

[14] Cha J. Exploring the internet as a unique shopping channel to sell both realand virtual items: A comparison of factors affecting purchase intention andconsumer characteristics [J]. Journal of Electronic Commerce, 2011, 12 (2): 115 - 132.

[15] Carlson J, O'Cass A, Ahrholdt D. Assessing customers' perceived value of the online channel of multichannel retailers: A two country examination [J]. Journal of Retailing & Consumer Services, 2015, 27 (6): 90 - 102.

[16] Chatterjee P. Multiple - channel and cross - channel shopping behavior: role ofconsumer shopping orientations [J]. Marketing Intelligence & Planning, 2010, 28 (1): 9 - 24.

[17] Chen C W, Cheng C Y. Understanding consumer intention in online shopping: a respecification and validation ofDelone and Mclean model [J]. Behavior & Information Technology, 2009, 28 (4): 335 - 345.

[18] Chen C W, Cheng C Y. How online and offline behavior processes affect each other: customer behavior in a cyber - enhanced bookstore [J]. Quality & Quantity, 2013, 47 (5): 2539 - 2555.

[19] Chevalier J A, Mayzlin D. The effect of word of mouth on sales: Online book reviews [J]. Journal of Marketing Research, 2006, 43 (3): 345 - 354.

[20] Childers T L, Carr C L, Peck J, Carson S. Hedonic and utilitarian motivations for online retail shopping behavior [J]. Journal of Retailing, 2001, 77 (4): 511 - 535.

[21] Chiu H C, Hsieh Y C, Roan J, et al. The challenge for multichannel services: Cross - channel free - riding behavior [J]. Electronic Commerce Research & Applications, 2011, 10 (2): 268 - 277.

[22] Cyr D. Modeling web site design across cultures: Relationships to trust, satisfaction, and e - loyalty [J]. Journal of Management Information Systems, 2008, 24 (4): 47 - 72.

[23] Dabholkar P A, Bagozzi R P. An attitudinal model of technology - based self - service: Moderating effects of consumer traits and situational factors [J]. Journal of the Academy of Marketing Science, 2002, 30 (3): 184.

[24] Danaher Peter J, Isaac W Wilson, Robert A Davis. A Comparison of Online and Offline-Consumer Brand Loyalty [J]. Marketing Science, 22 (4): 461 - 476.

[25] A Technology Acceptance Model of Empirically Testing New End - User Information Systems [C] //Theory & Results, Doctoral Dissertation, Sloan School of Management, Massachusetts Institute of Technology, 1986.

[26] Davis F D. Perceived usefulness, perceived ease - of - use, and user acceptance [J]. MIS Quarterly, 1989, 13: 319 - 339.

[27] Degeratu A M, Rangaswamy A, Wu J. Consumer choice behavior in online and traditional supermarkets: The effect of brand name, price, and other search attributes [J]. International Journal of Research in Marketing, 2000, 17 (1): 55 - 78.

[28] Dellarocas C, Narayan R. A statistical measure of a population's propensity to engage in post - purchase online word - of - mouth [J]. Statistical Science, 2006, 21 (2): 277 - 285.

[29] Demby. E - psychographics and from Where it Comes, Lifestyle and Psychographics [M]. Chicago: William D. Wells Edition, 1973.

[30] Devellis R F. Scale development: Theory and application. Applied Social Research Methods Series [M]. London: Sage, 1991.

[31] Dholakia U M, Kahn B E, Reeves R, et al. Consumer behavior in a multichannel, multimedia retailing environment [J]. Journal of Interactive Marketing, 2010, 24 (2): 86 - 95.

[32] Dishaw M T, Strong D M. Extending the technology acceptance model with task - technology fit constructs [J]. Information & Management, 1999, 36 (1): 9 - 21.

[33] Doney P M, Cannon J P. An examination of the nature of trust in buyer - seller relationships [J]. Journal of Marketing, 1997, 61 (2): 35 - 51.

[34] Dong H S, Wang H C, Foxall G R. An investigation of consumers' webstore shopping: A view of click - and - mortar company [J]. International Journal of Information Management, 2011, 31 (3): 210 - 216.

[35] El - Adly M I, Eid R. An empirical study of the relationship between shopping environment, customer perceived value, satisfaction, and loyalty in the UAE malls context [J]. Journal of Retailing & Consumer Services, 2016, 31: 217 - 227.

[36] Farrell J, Shapiro C. Dynamic Competition with Switching Costs [J]. Rand Journal of Economics, 1988, 19 (1): 123 - 137.

[37] Fernando Bernsteina, Xiaona Zheng. "Bricks - and - mortar" vs. "clicks - and - mortar": An equilibrium analysis [J]. European Journal of Operational Research, 2008, 187 (3): 671 - 690.

[38] Flavián C, Guinalíu M, Gurrea R. The role played by perceived usability, satisfaction and trust on website loyalty [J]. Information and Management, 2006, 43 (1): 1 - 14.

[39] Fornell C, Bookstein F L. Two Structural Equation Models: LISREL and PLS Applied to Consumer Exit - Voice Theory [J]. Journal of Marketing Research, 1982, 19 (4): 440 - 452.

[40] Frasquet M, Mollá A, Ruiz E. Identifying patterns in channel usage across the search, purchase and post-sales stages of shopping [J]. Electronic Commerce Research and Applications. 2015, 14 (6): 654-665.

[41] Gefen D, Straub D W. The Relative Importance of Perceived Ease of Use in IS Adoption: A Study of E-Commerce Adoption [J]. AIS Educator Journal, 2000, 1 (8): 1-28.

[42] Gefen D, Karahanna E, Straub D W. Trust and TAM in online shopping: An integrated model [J]. MIS Quarterly, 2003, 27 (1): 51-90.

[43] Gefen D, Karahanna E, Straub D W. Inexperience and experience with online stores: The importance of TAM and Trust [J]. IEEE Transactions on Engineering Management, 2003, 50 (3): 307-321.

[44] Gefen D, Straub D W. Consumer trust in B2C e-commerce and the importance of social presence: Experiments in e-products and e-services [J]. Omega, 2004, 32 (6): 407-424.

[45] Glock C Y, F M Nicosia. Sociology and the Study of Consumers [J]. Journal of Advertising Research, 1963 (3): 21-27.

[46] Goldsmith R E, Lafferty B A, Newell S J. The influence of corporate credibility on consumer attitudes and purchase intent [J]. Corporate Reputation Review, 2000, 3 (4): 304-318.

[47] Goodhue D L, Thompson R L. Task-technology fit and individual performance [J]. MIS Quarterly, 1995, 19 (2): 213-236.

[48] Gronroos C. Value-Driven Relational Marketing from Products to Resources and Competences [J]. Journal of Marketing Management, 1997, 13: 163-173.

[49] Gupta A, Su B C, Walter Z. Risk profile and consumer shopping behavior in electronic and traditional channels [J]. Decision Support System, 2004, 38: 347-367.

[50] Ha S, Stoel L. Consumer e-shopping acceptance: Antecedents in a technology acceptance model [J]. Journal of business research, 2009 (5): 62.

[51] Hair J F, Black B, Babin, B., Anderson R E, Tatham R L. Multivariate Data Analysis [M]. 6th ed. Englewood Cliffs: Prentice-Hall, 2006.

[52] Heitz-Spahn S. Cross-channel free-riding consumer behavior in a multichannel environment: An investigation of shopping motives, sociodemographics and product categories [J]. Journal of Retailing & Consumer Services, 2013, 20 (6): 570-578.

[53] Hoffman D L, Novak T P, Chatterjee P. Commercial scenarios for the web: opportunities and challenges [J]. Journal of Computer-mediated Communication, 1995, 1 (3): 0-1.

[54] Holbrook M B, Hirschman E C. The Experiential Aspects of Consumption: Consumer Fantasies, Feelings, and Fun [J]. Journal of Consumer Research, 1982, 9 (2): 132-140.

[55] Hsiao C H, Chang J J, Tang K Y. Exploring the influential factors in continuance usage of

mobile social Apps: Satisfaction, habit, and customer value perspectives [J]. Telematics & Informatics, 2016, 33 (2): 342 - 355.

[56] http://report.iresearch.cn/report/201509/2443.shtml

[57] Hübner A, Wollenburg J, Holzapfel A. Retail logistics in the transition from multi - channel to omni - channel [J]. International Journal of Physical Distribution & Logistics Management, 2016, 46 (6/7): 562 - 583.

[58] Hu L T, Bentler P M, Kano Y. Can test statistics in covariance structure analysis be trusted? [J]. Psychologically Bulletin, 1992 (112): 351 - 362.

[59] Huang P, Lurie N H, Mitra S. Searching for experience on the web: an empirical examination of consumer behavior for search and experience goods [J]. Journal of Marketing, 2009, 73 (2): 55 - 69.

[60] James A. Narus, James C. Anderson. Master's Level Education in Business Marketing: Quo Vadis? [J]. Journal of Business - to - Business Marketing, 1998, 5 (1 - 2): 75 - 93.

[61] Jiménez F R, Mendoza N A. Too Popular to Ignore: The Influence of Online Reviews on Purchase Intentions of Search and Experience Products [J]. Journal of Interactive Marketing, 2013, 27 (3): 226 - 235.

[62] Kang Y, Zhou L. RubE: Rule - based Methods for Extracting Product Features from Online Consumer Reviews [J]. Information & Management, 2017: 166 - 176.

[63] Keen, Cherie, Martin Wetzels, K O de Ruyter, Richard Feinberg. E - tailers Versus Retailers: Which Factors Determine Consumer Preferences [J]. Journal of Business Research, 2004, 57: 685 - 695.

[64] Kenneth A. Coney. Consumer Behavior: Building Marketing Strategy [M]. New York: MCGVAW - Hill/irwin, 2000.

[65] Keyser A D, Schepers J, Konuş U. Multichannel customer segmentation: Does the after - sales channel matter? A replication and extension [J]. International Journal of Research in Marketing, 2015, 32 (4): 453 - 456.

[66] Klopping I M, McKinney E. Extending the Technology Acceptance Model Extending the Technology Acceptance Model and the Task and the Task—Technology Fit Model to Technology Fit Model to Consumer E Consumer E - Commerce Commerce [J]. Information Technology Learning & Performance Journal, 2004, 22 (1): 36 - 47.

[67] Konus U, Verhoef P C, Neslin S A. Multichannel shopper segments and their covariates [J]. Journal of Retailing, 2008, 84 (4): 398 - 413.

[68] Kushwaha T, Shankar V. Are multichannel customers really more valuable? The moderating role of product category characteristics [J]. Journal of Marketing, 2013, 77 (4): 67 - 85.

[69] Lee K S, Tan S J. E - retailing versus physical retailing: A theoretical model and empirical

test of consumer choice [J]. Journal of Business Research, 2004, 56 (11): 877 – 885.

[70] Liang T P, Huang J S. An empirical study on consumer acceptance of products in electronic markets: a transaction cost model [J]. Decision Support Systems, 1998, 24 (1): 29 – 43.

[71] Liao Z Q, Cheung M T. Internet – based E – shopping and Consumer Attitudes: an Empirical Study [J]. Information & Management, 2001 (38): 299 – 306.

[72] Lin J C C, Lu H. Towards an understanding of the behavioural intention to use a web site [J]. International Journal of Information Management, 2000, 20 (3): 197 – 208.

[73] Lu Y, Cao Y, Wang B, et al. A study on factors that affect users' behavioral intention to transfer usage from the offline to the online channel [J]. Computers in Human Behavior, 2011, 27 (1): 355 – 364.

[74] Mccloskey D W. The importance of ease of use, usefulness, and trust to online consumers: An examination of the technology acceptance model with older consumers [J]. Journal of Organizational & End User Computing, 2008, 18 (3): 47 – 65.

[75] Maeyer P D, Estelami H. Consumer perceptions of third party product quality ratings [J]. Journal of Business Research, 2011, 64 (10): 1067 – 1073.

[76] Mathwick C, Malhotra N, Rigdon E. Experiential value: conceptualization, measurement and application in the catalog and internet shopping environment [J]. Journal of Retailing, 2001, 77 (1): 39 – 56.

[77] Mathwick C, Malhotra N K, Rigdon E. The effect of dynamic retail experiences on experiential perceptions of value: an Internet and catalog comparison [J]. Journal of retailing, 2002, 78 (1): 51 – 60.

[78] Mathwick C, Rigdon E. Play, Flow, and the Online Search Experience [J]. Journal of Consumer Research, 2004, 31 (2): 324 – 332.

[79] Morrison P D, J H Roberts. Matching Electronic Distribution Channels to Product Characteristics: The Role of Congruence in Consideration Set Formation [J]. Journal of Business Research, 1998 (41): 223 – 229.

[80] Mowen. Consumer Behavior [M]. 2nd Edition. New York: Macmillan, 1990.

[81] Nelson P. Information and consumer behavior [J]. The Journal of Political Economy, 1970: 311 – 329.

[82] Neslin S A, Shankar V. Key Issues in Multichannel Customer Management [J]. Journal of Interactive Marketing, 2009, 23: 70 – 81.

[83] Neslin Scott A, Dhruv Grewal, Robert Leghorn, Venkatesh Shankar, Marije L Teerling, Jacquelyn S Thomas, Peter C Verhoef. Opportunities and Challenges in Multichannel Customer Management [J]. Journal of Services Research, 2006, 9 (2): 95 – 112.

[84] Novak T R, Hoffman D L, Yung Y F. Measuring the customer experience in online environ-

ments: A structural modeling approach [J]. Marketing Science, 2000, 19 (1): 22 - 42.

[85] Okada E M. Justification Effects on Consumer Choice of Hedonic and Utilitarian Goods [J]. Journal of Marketing Research, 2005, 42 (1): 43 - 53.

[86] Olson J C, Jacob Jacoby. Cue Utilization in the Quality Perception Process [A]. In M Venkatesan, (ed.). Proceedings of the Third Annual Conference of the Association for Consumer Research [C]. Iowa City: Association for Consumer Research, 1972: 167 - 179.

[87] Parasuraman A. The impact of technology on the quality - value - loyalty chain: a research agenda [J]. Journal of the Academy of Marketing Science, 2000, 28 (1): 156 - 174.

[88] Parasuraman A, Zeithaml V A, Malhotra A. E - S - Qual: A Multiple - Item Scale for Assessing Electronic Service Quality [J]. Journal of Service Research, 2005, 7 (3): 213 - 233.

[89] Park D H, Lee J, Han, I. The effect of on - line consumer reviews on consumer purchasing intention: The moderating role of involvement [J]. International Journal of Electronic Commerce, 2007, 11 (4): 125 - 148.

[90] Park S, Lee D. An Empirical Study on Consumer Online Shopping Channel Choice Behavior in Omni - channel Environment [J]. Telematics & Informatics, 2017, 34 (8): 1398 - 1407.

[91] Pavlou P A. Consumer acceptance of electronic commerce: Integrating trust and risk with the technology acceptance model [J]. International Journal of Electronic Commerce, 2003, 7 (3): 101 - 134.

[92] Pozzi, Andrea. Shopping Cost and Brand Exploration in Online Grocery [J]. SSRN Electronic Journal, 2009, DOI: 10.2139/ssrn.1499855.

[93] Pratt, Jr. W Robert. Measuring Purchase Behavior, Handbook of Marketing [M]. New York: McGraw - Hill Corporation, 1974.

[94] Qi J, Zhang Z, Jeon S, et al. Mining customer requirements from online reviews [J]. Information & Management, 2016, 53 (8): 951 - 963.

[95] Rebentisch E, Schuh G, Riesener M, et al. Determination of a Customer Value - oriented Product Portfolio [J]. Procedia Cirp, 2016, 50: 82 - 87.

[96] Rintamäki T, Kirves K. From perceptions to propositions: Profiling customer value across retail contexts [J]. Journal of Retailing & Consumer Services, 2017, DOI: 10.1016/j.jretconser.2016.07.016.

[97] Rodrigues A P, Chiplunkar N N. Mining online product reviews and extracting product features using unsupervised method [C] //India Conference. IEEE, 2017: 1 - 6.

[98] Saeed K A, Grover V, Hwang Y. Creating synergy with a clickand mortar approach [J]. Communications of the ACM, 2003, 46 (12): 206 - 212.

[99] Saghiri S, Wilding R, Mena C, et al. Toward a three - dimensional framework for omni -

channel [J]. Journal of Business Research, 2017: 77.

[100] Salisbury W D, Pearson, R A, Pearson A W, Miller D W. Perceived security and World Wide Web purchase intention [J]. Industrial Management & Data Systems, 2001, 101 (4): 165 – 176.

[101] Schepers J, Wetzels M. A meta – analysis of the technology acceptance model: Investigating subjective norms and moderation effects [J]. Information & Management, 2007, 44 (1): 90 – 103.

[102] Schiffman L G, L L Kanuk. Consumer Behavior [M]. New Jersey: Prentice Hall, 1991.

[103] Schoenbachler D D, Gordon G L. Multi – channel shopping: understanding what drives channel choice [J], Journal of Consumer Marketing, 2002, 19 (1): 42 – 53.

[104] Schneider, Frank, Klabjan, et al. Inventory control in multi – channel retail [J]. European Journal of Operational Research, 2013, 227 (1): 101 – 111.

[105] Schoenbachler D D, Gordon G L. Multi – channel shopping: understanding what drives channel choice [J]. Journal of Consumer Marketing, 2002, 19 (1): 42 – 53.

[106] Schröder H, Zaharia S. Linking multi – channel customer behavior with shopping motives: an empirical investigation of a German retailer [J]. Journal of Retailing & Consumer Services, 2008, 15 (6): 452 – 468.

[107] Shankar Venkatesh, Arvind Rangaswamy, Michael Pusateri. The Online Medium and Customer Price Sensitivity [D]. College Park: University of Maryland, 2001.

[108] Shy O. A quick – and – easy method for estimating switching costs [J]. International Journal of Industrial Organization, 2002, 20 (1): 71 – 87.

[109] Steinfield C, Adelaar T, Lai Y. Integrating brick and mortar locations with e – commerce: understanding synergy opportunities [C] //System Sciences, 2002. HICSS. Proceedings of the 35th Annual Hawaii International Conference on. IEEE, 2002: 2920 – 2929.

[110] Steinfield C, Bouwman H, Adelaar T. The Dynamics of Click – and – Mortar Electronic Commerce: Opportunities and Management Strategies [J]. Internal Journal of Electronic Commerce, 2002, 7: 93 – 120.

[111] Teo T S, Yu Y. Online buying behavior: a transaction cost economics perspective [J]. Omega 2005, 33 (5): 451 – 465.

[112] Grim L G, Yarnold P R. Reading and understanding multivariate statistics [M]. Washington DC: American Psychological Association, 1998.

[113] Venkatesh V, Davis F D. A Theoretical Extension of the Technology Acceptance Model: Four Longitudinal Field Studies. [J]. Management Science, 2000, 45 (2): 186 – 204.

[114] Venkatesh V, Morris M G, Davis G B, Davis F D. User acceptance of information technology: toward a unified view [J]. MIS Quarterly, 2003: 425 – 478.

[115] Verhoef Peter C, Scott A Neslin, Björn Vroomen. Multichannel Customer Management: Understanding the Research – Shopper Phenomenon [J]. International Journal of Research in Marketing, 2007, 24 (2): 129 – 148.

[116] Walters C G, G W Paul. Consumer Behavior: an Integrated Framework [M]. Homewood: Richard Irwin Incorporation, 1970.

[117] Wells J D, Sarker S, Urbaczewski A, et al. Studying Customer Evaluations of Electronic Commerce Applications: A Review and Adaptation of the Task – Technology Fit Perspective [C] //36th Annual Hawaii International Conference on System Sciences, 2003. Proceedings of the. IEEE, 2003. DOI: 10. 1109/HICSS. 2003. 1174441.

[118] Wheatley J J, Chiu J S Y, Goldman A. Physical Quality, Price, and Perceptions of Product Quality: Implications for Retailers [J]. Journal of Retailing, 1981, 57 (2): 100 – 116.

[119] Weathers D, Swain S D, Grover V. Can online product reviews be more helpful? Examining characteristics of information content by product type [J]. Decision Support Systems, 2015, 79 (C): 12 – 23.

[120] Williams T G. Consumer Behavior Fundamental and Strategies [M]. St. Paul Minninberg: West Publishing Corporation, 1982.

[121] Woodruff B Robert. Customer value: the next source for competitive advantage [J]. Journal of the Academy of Marketing Science, 1997, 25 (2): 139 – 153.

[122] Wu J H, Wang S C. What Drives Mobile Commerce? An Empirical Evaluation of the Revised Technology Acceptance Model [J]. Information & Management, 2005, 42 (5): 719 – 729.

[123] Yan Z, Xing M, Zhang D, et al. EXPRS: An extended pagerank method for product feature extraction from online consumer reviews [J]. Information & Management, 2015, 52 (7): 850 – 858.

[124] Yang Q, Huang L, Xu Y. Role of trust transfer in e – commerce acceptance [J]. Tsinghua Science & Technology, 2008, 13 (3): 279 – 286.

[125] Yoo B, Donthu N, Lee S. An examination of selected marketing mix elements and brand equity [J]. Journal of the Academy of Marketing Science, 2000, 28 (2): 195 – 211.

[126] Zaltman, Gerald and Robin Higgie Coulter. Seeing the Voice of the Customer: Metaphor – based Advertising Research [J]. Journal of Advertising Research, 1995 (35): 35 – 51.

[127] Zeithaml VA. Consumer Perceptions of Price, Quality, and Value: A Means – End Model and Synthesis of Evidence [J]. Journal of Marketing, 1988, 52 (7): 2 – 22.

[128] Zhang M, Guo L, Hu M, et al. Influence of customer engagement with company social networks on stickiness: Mediating effect of customer value creation [J]. International Jour-

nal of Information Management, 2017, 37: 229 - 240.

[129] Zhang J, Farris P W, Irvin J W, et al. Crafting Integrated Multichannel Retailing Strategies [J]. Journal of Interactive Marketing, 2010, 24 (2): 168 - 180.

[130] 艾瑞网. 2015 中国企业 O2O 化服务模式研究报告 [R]. [2015 - 09 - 07]. http://report.iresearch.cn/report/201509/2443.shtml.

[131] 中国连锁经营协会. 传统零售商开展网络零售研究报告（2014）[R]. [2014 - 10 - 30]. http://www.ccfa.org.cn/portal/cn/xiangxi.jsp?id = 417005&ks = % E4% BC% A0% E7% BB% 9F% E9 % 9B% B6% E5% 94% AE&type = 33.

[132] 卞保武. 企业电子商务网站转化率问题的研究 [J]. 中国管理信息化, 2010, 13 (2): 97 - 99.

[133] 曹玉枝. 多渠道环境中消费者渠道使用转移行为研究 [D]. 武汉：华中科技大学, 2012.

[134] 陈伯成, 梁冰, 周越博, 等. 自组织映射神经网络（SOM）在客户分类中的一种应用 [J]. 系统工程理论与实践, 2004, 24 (3): 8 - 14.

[135] 陈新跃, 杨德礼. 基于顾客价值的消费者购买决策模型 [J]. 管理科学, 2003, 16 (2): 59 - 62.

[136] 董大海, 金玉芳. 作为竞争优势重要前因的顾客价值：一个实证研究 [J]. 管理科学学报, 2004, 7 (5): 84 - 90.

[137] 杜栋, 庞庆华, 吴炎. 现代综合评价方法与案例精选 [M]. 北京：清华大学出版社, 2008: 11 - 12.

[138] 房文敏, 张宁, 韩雁雁. 在线评论信息挖掘研究综述 [J]. 信息资源管理学报, 2016 (1): 4 - 11.

[139] 高平, 刘文雯, 徐博艺. 基于 TAM/TTF 整合模型的企业实施 ERP 研究 [J]. 系统工程理论与实践, 2004, 24 (10): 74 - 79.

[140] 高洋, 王琳雅. 基于匹配理论的消费者渠道选择行为影响因素 [J]. 沈阳工业大学学报（社会科学版）, 2016, 9 (1): 91 - 96.

[141] 韩兆林, 张晓燕. 高科技企业分销渠道的模式、特征及影响因素研究 [J]. 南开管理评论, 1999 (6): 37 - 41.

[142] 郝媛媛, 邹鹏, 李一军, 等. 基于电影面板数据的在线评论情感倾向对销售收入影响的实证研究 [J]. 管理评论, 2009, 21 (10): 95 - 103.

[143] 黄李辉, 阮永平. 文献分析法在我国管理会计研究中的应用——基于 33 篇样本文献的分析 [J]. 财会通讯, 2017 (4): 39 - 43.

[144] 黄文珺, 车兰兰. 电商直播情境下消费语言对在线消费者购买意愿的影响研究 [J/OL]. 价格月刊, 2024, 2: 1 - 8.

[145] 贾璐. 基于 TAM 和 IDT 的飞信业务用户行为研究 [D]. 成都：电子科技大学, 2009.

[146] 贾仁安. 系统动力学: 反馈动态性复杂分析 [M]. 北京: 高等教育出版社, 2002: 211-214.

[147] 蒋传海, 夏大慰. 产品差异、转移成本和市场竞争 [J]. 财经研究, 2006, 32 (4): 5-12.

[148] 李飞. 迎接中国多渠道零售革命的风暴 [J]. 北京工商大学学报（社会科学版）, 2012 (3): 1-9.

[149] 李恒. 在线评论特征的维度综述 [J]. 企业技术开发月刊, 2015 (1): 119-120.

[150] 李崧, 曹阳丽, 严明. 网络直播营销领域的执法问题及对策研究 [J]. 中国市场监管研究, 2023 (11): 71-77.

[151] 李颖. 网络直播领域不正当竞争案例分析 [DB/OL]. 知产前沿, 2023-07-12. http://news.sohu.com/a/697184213_120133310.

[152] 李源泉, 齐佳音, 舒华英. Review of Relationships among Variables in TAM [J]. 清华大学学报自然科学版（英文版）, 2008, 13 (3): 273-278.

[153] 李宗伟, 张艳辉. 体验型产品与搜索型产品在线评论的差异性分析 [J]. 现代管理科学, 2013, (8): 42-45.

[154] 蔺哲. 商品质量定义之我见 [J]. 山西财经大学学报, 1999 (21): 59-61.

[155] 刘可. 顾客价值供求匹配理论及模型研究 [D]. 杭州: 浙江大学, 2006.

[156] 刘群, 张华平, 俞鸿魁, 等. 基于层叠隐马模型的汉语词法分析 [J]. 计算机研究与发展, 2004, 41 (8): 1421-1429.

[157] 刘新华, 向俊龙, 范莉莉. 快消品产品属性对消费者购后行为影响的实证研究 [J]. 软科学, 2013, 27 (3): 140-144.

[158] 龙贞杰, 刘遗志. 网络购物行为影响因素实证研究——基于双渠道视角 [J]. 技术经济与管理研究, 2013 (10): 60-65.

[159] 迈克尔·波特. 竞争战略 [M]. 陈小悦, 译. 北京: 华夏出版社, 1997.

[160] 盘英芝, 崔金红, 王欢. 在线评论对不同热门程度体验型商品销售收入影响的实证研究 [J]. 图书情报工作, 2011, 55 (24): 126-131.

[161] 齐永智, 张梦霞. 全渠道零售: 演化、过程与实施 [J]. 中国流通经济, 2014 (12): 115-121.

[162] 全国电子商务公共服务网数据中心 [DB/OL]. https://dzswgf.mofcom.gov.cn/.

[163] 孙建军, 成颖, 柯青. TAM 模型研究进展——整合分析 [J]. 情报科学, 2007, 25 (7): 961-965.

[164] 孙建军, 成颖, 柯青. TAM 模型研究进展——模型演化 [J]. 情报科学, 2007, 25 (8): 1121-1127.

[165] 任晓雪, 于晓秋. O2O 实体渠道与网络渠道价格差异的竞争分析 [J]. 数学的实践与认识, 2017, 47 (12): 49-56.

[166] 桑辉, 王方华. 顾客转换成本研究综述 [J]. 哈尔滨工业大学学报 (社会科学版), 2006, 8 (2): 102-106.

[167] 史宏伟. 电商平台如何管控商品质量 [J]. 中国纤检, 2016 (3): 41.

[168] 万融. 商品学概论 [M]. 4版. 北京: 中国人民大学出版社, 2010.

[169] 王新新, 杨德锋. 基于线索利用理论的感知质量研究 [J]. 经济研究导刊, 2007 (4): 97-102.

[170] 汪旭晖, 王东明, 郝相涛. 线上线下价格策略对多渠道零售商品牌权益的影响——产品卷入度与品牌强度的调节作用 [J]. 财经问题研究, 2017 (6): 93-100.

[171] 王娟娟. 一带一路战略区电子商务新常态模式探索 [J]. 中国流通经济, 2015 (5): 46-54.

[172] 温德成. 质量与责任 [M]. 北京: 中国计量出版社, 2009.

[173] 温德成, 李韶南. 质量管理学 [M]. 北京: 中国计量出版社, 2009.

[174] 吴迪, 李苏剑, 李海涛. 混合渠道分销企业动态库存及分配策略 [J]. 软科学, 2013, 27 (10): 39-44.

[175] 吴锦峰, 常亚平, 潘慧明. 多渠道整合质量对线上购买意愿的作用机理研究 [J]. 管理科学, 2014 (1): 86-98.

[176] 王崇, 刘健, 吴价宝. 网络环境下消费者感知效用模型的构建与研究 [J]. 中国管理科学, 2011, 19 (3): 94-102.

[177] 汪海涌. 商品质量的市场属性与综合治理 [J]. 管理观察, 2015 (27): 79-81.

[178] 王俊男. 基于顾客价值理论的顾客购后行为研究 [J]. 技术与创新管理, 2010, 4 (31): 465-468.

[179] 王锡秋. 顾客价值及其评估方法研究 [J]. 南开管理评论, 2005, 8 (5): 31-34.

[180] 王新新, 杨德锋. 基于线索利用理论的感知质量研究 [J]. 经济研究导刊, 2007 (4): 97-102.

[181] 魏剑锋, 李孟娜, 刘保平. 电商直播中主播特性对消费者冲动购买意愿的影响 [J]. 中国流通经济, 2022, 36 (04): 32-42.

[182] 新华社. 习近平: 高举中国特色社会主义伟大旗帜 为全面建设社会主义现代化国家而团结奋斗——在中国共产党第二十次全国代表大会上的报告 [EB/OL]. [2023-03-19] http://www.gov.cn/xinwen/2022-10/25/content_5721685.htm.

[183] 肖红波. 直播带货模式下农产品消费者心理体验路径与影响因素分析 [J]. 商业经济研究, 2024 (03): 115-118.

[184] 杨翾, 彭迪云, 谢菲. 基于TAM/TPB的感知风险认知对用户信任及其行为的影响研究——以支付增值产品余额宝为例 [J]. 管理评论 2016, 28 (6): 229-240.

[185] 杨龙, 王永贵. 顾客价值及其驱动因素剖析 [J]. 管理世界, 2002 (6): 146-147.

[186] 余传明. 从用户评论中挖掘产品属性——基于SOM的实现 [J]. 现代图书情报技

术，2009，25（5）：61－66．

[187] 余芳．大数据背景下 C2C 电商平台商品质量管控研究［J］．吉林工商学院学报，2017，33（3）：45－48．

[188] 于洋，基于系统动力学的供应链管理研究［D］．成都：西南交通大学，2008．

[189] 张宝生，张庆普，赵辰光．电商直播模式下网络直播特征对消费者购买意愿的影响——消费者感知的中介作用［J］．中国流通经济，2021，35（06）：52－61．

[190] 张初兵．网购顾客转换成本对购后行为意向影响的实证研究——顾客后悔的中介作用［J］．当代财经，2013（6）：77－86．

[191] 张明立，樊华，于秋红．顾客价值的内涵、特征及类型［J］．管理科学，2005，18（2）：71－77．

[192] 张明立，胡运权．基于顾客价值供求模型的价值决策分析［J］．哈尔滨工业大学学报（社会科学版），2003，5（3）：45－49．

[193] 张璐，吴菲菲，黄鲁成．基于用户网络评论信息的产品创新研究［J］．软科学，2015，29（5）：12－16．

[194] 张武康，郭立宏．多渠道零售研究述评与展望［J］．中国流通经济，2014，28（2）：88－96．

[195] 张晓文．第二讲 商品质量与质量管理［J］．商讯商业经济文荟，1988（3）：47－49．

[196] 张言彩，韩玉启．估算转换成本的纳什——伯特兰均衡模型［J］．改革与战略，2007（1）：12－15．

[197] 赵宝库．论商品质量［J］．海南大学学报（人文社会科学版），1993（3）：33－36．

[198] 中国互联网络信息中心．第 52 次《中国互联网络发展状况统计报告》［EB/OL］．［2023－03－19］．https：//cnnic.cn/n4/2023/0828/c88－10829.html．

[199] J. M. 朱兰，A. B. 戈弗雷．朱兰质量手册［M］．北京：中国人民大学出版社，2003．

[200] 赵卫宏．网络零售中的顾客价值及其对店铺忠诚的影响［J］．经济管理，2010（5）：74－87．